U0784790

让孩子学会写作

蒋军晶 著

中国人民大学出版社
·北京·

这间写作教室，能收容多少流浪在外的孩子

我新开了一个微信公众号，名字叫“有一间读写教室”。

创办这间读写教室的愿望有点儿奢侈——当孩子们在写作上遇到困难时，我能帮到他们。

在这本书里，我尽量不说概念。现在的概念太多了。佐藤学似乎早就看清楚了这一点，他说，只要学习指导领域提出了一个新概念，立刻就会围绕它形成一个庞大的市场。那些不想通过自己的实践去深入研究的大人也乐得依据这些概念去教自己的孩子。其实，对大人而言，很重要的一点是不要被人操纵，不要陷入概念的旋涡中。作为一个一线教师，我写书时不想玩概念。在这本书里，我更多的是在讲想法、讲怎么做、讲故事。

在这本书里，结合故事，我讲了很多孩子听得懂、记得牢、用得上的写作技巧，因为我认定写作是一门可以传授的技能。在近十多年里，我很认真、老实地一个一个总结孩子的写作困难，然后想办法给予他们帮助。当然，我也有我的不安，我怕被人误解为一个技术主义者，我怕人们把我的书和市场上那些“作文宝典”等同起来。我希望你能看完整本书，而且能花点儿心思看。我希望你能看出我总结的这些写作技巧和文学也是不违背的；我希望你能看出我的写作课志在唤醒孩子们对生活的敏感与热情。我希望孩子们能在写作中丰富自己的生命体验。

在这本书里，我尽量说得简单、直接。我不想说一些不切实际自己也做不到的宏愿，所以我选择用清晰、直接的语言。我甚至直接讲自己真实的忧伤，我承认我教的很多孩子，他们的写作在考试面前，不得不俯首称臣。我的忧伤，似乎是不能逾越的忧伤，是不能缓解的痛。可我在书中很明确地表示了我不愿意妥协，我一直在努力，努力缩短好作文和好的考试作文之间的距离。

好多孩子还在写作门外徘徊，甚至流浪呢。我希望这间读写教室，能收容流浪在外的孩子们！

目录
CONTENTS

第一章 写作是可教可学的

作

第二章 14堂作文课

作

写作是
可教可学的

一 二 三

我为什么主张教写作技巧

他们写作上的苦恼

每次接一个班，班上总有几个有“写作困难”的孩子。

例如，张天琦（化名，本书所有学生名字均为化名）。张天琦永远像一只鸟儿一样栖息在自己的椅子上。他根本不会用屁股“坐”，只会用脚“蹲”。蹲就蹲吧，可他还要动。先是手动，他的桌面上永远都有三支铅笔、四块橡皮、五个修正带，就这几样东西，搬来移去，他就可以鼓捣出一场战争。他的头呢，也永远在动，前边的林乐在看闲书，后边的冯一轮在睡觉，靠窗的陈鸣在吃东西……他都能在第一时间看到。看到了就看到了吧，可他还要喊出来。

“老师，林乐在看书。”

“老师，冯一轮在睡觉。”

“老师，陈鸣在吃东西。”

回到张天琦的写作问题。他每次写作文都只能写两百多个字，而且这两百多个字根本就是流水账……

例如，冯一轮。冯一轮是不得不说的。每次看到他，我好不容易积攒起来的怒火立马就灭了一半。他很可爱，不过，可爱是指他的样子，他肥嘟嘟的，一笑露出两颗大门牙，谁见到他都忍不住要在他脸上捏一把。他长出这身婴儿肥是有原因的。他爱睡觉。他每天都迟到，早上第一节课开始十分钟后，他拖着巨大的书包来了，进入教室第一件事是打三个哈欠，然后睡觉。他有一句经典名言：“手臂当枕头，还是肉太少。”他来学校完全是来睡觉的。你叫他一声“冯一轮”，一分钟后，他抬头答应一声：“嗯？”睡眼惺忪，然后倒头继续睡觉。如果是6月份，他能睡到脸上压出手腕印、桌上流一摊口水。

冯一轮是被宠坏了。一次，我请他到办公室来补作业，他已经三四天没做作业了。

他腆着肚子，毫无顾忌地用“笑”把一对门牙推到嘴唇外面，磨蹭着走进来。

他进门后的第一句话差点儿让我从椅子上翻下来。他说：“蒋老师，请你以后不要让我到你的办公室来做作业了，我家的厕所也比你的办公室条件好，我家的马桶都是镶金的。”

他写不好作文是因为懒得写字。

他的作文哪，永远是一个样子——字一个比一个大，全部超出方格，最多四行。

例如，小奇。小奇最害怕的就是写作文，他妈妈告诉我，每个双休日，他都要用大半天的时间来写周记。他不仅仅写文章慢，做任何作业都慢。

有一次，他在学校做作业。我发现他是看一个字，写一个字，根本没有注意字与字之间的联系，也就是说，他根本没有词语、句子的概念。

我当时就对他提出了要求：必须看一句，记住一句，写一句。

他爸爸当时很惊讶：原来做作业可以这样啊，你到底是名师，家庭教师从来没有提出过这样的要求。

我有些哭笑不得。如果一个人，他的脑袋里只有一个一个零碎的毫无关联的字，没有词语的概念，没有句子的概念，没有篇章的概念，他怎么能写好文章呢？

下面是小奇的两篇周记。

日　本

这个暑假，我去了日本的冲绳岛，它是目前美国在国外最大的军事基地。

我在那儿看见了空中“巨无霸”运输机，不止一架，有两架，一架黑的，一架灰的。除了运输机，还有七八架战斗机，我隐隐约约地看到了“B-2”

隐形战斗机，它是美国开发的隐形战斗机。

之后，我还去了日本以前的一个叫“首里城”的城堡，我还听说日本到现在还有天皇，而且听说他不能管事情。

之后，我又去了东京，到了东京后，我就去了东京塔，在上面看到了东京的全景。从上往下看，日本真的是美上加美，而且天也很蓝，云也很白，一看就是一个不可能有雾霾的国家。

我的一周

这个星期，是我们班值周，而且，我是国旗班中的一个，因为要值周，所以每天都要早起。早起，是我一生中最大的困难！那是因为放假或者双休日，我都是10:00—13:00起来的。

这个星期的第一天，我霸气地出场，那是因为我们家除了法拉利之外，就没有一辆（车）是可以在星期一开的了，所以才开法拉利来学校。一进校门，听同学说“霸气地出场”，不错。

之后，一个同学来了一句，不对，是看到的同学都来了一句：“下次直升机空降吧！”

听到这话，我的脑海里出现了这样一幅图画：我在用绳子空降的画面。

这就是我的一周。

或许你读完，第一反应是——还可以呀，话说明白了，事情也讲清楚了。如果你有这样的念头，那是因为你面对的不是你家孩子的作文。

很多六年级的孩子已经能在文章里对事物进行细腻的刻画，就那架“B-2”隐形战斗机，如果给他们足够的时间，他们就连款式、构造、性能等都能给你讲解得清清楚楚，写两千字都没有问题。而且有的孩子还能灵活自如地在中间穿插一些小幽默，个性化地发表自己的感想和见解。

在这个强调横向比较的应试体系里，如果你是小奇的父母，看到别人家的孩子已经能写出篇幅那么长且具有一定水准的文章，有时是很难淡定的。

即使撇开应试的因素，小奇也还是需要掌握一些写作常识，以改善自己已经萎缩的写作能力。是的，这是一个写作能力极速萎缩的年代，很多人都丧失了这种最基本的能力。

作为小奇的语文老师，我很想帮助他。我很希望自己有那样的能力——稍做指导，他的写作能力就像7月杭州的气温，噌噌噌往上升。

但是，当语文老师的人，经常有这样的困惑：你很想帮助某个孩子，你在他身上倾注了很多心血，可是他的背影却离你越来越远。这让你很有挫败感。

不能永远只讲感悟

一个人写不好作文，原因很复杂。

有的人是因为没有这方面的兴趣和天赋。真正的教育首先是承认差异的。就像有的人生来颜值就高，有的人生来协调性就特别好，有的人生来节奏感就特别强一样，有的孩子语言组织能力就是高人一筹，反之，有的孩子在语言组织方面确实经常力不从心。

有的人是因为书读得少、不会读。阅读与写作是高度相关的，表达能力强的孩子一定是爱读书、读书多的孩子（不过，一个读了很多书的孩子却未必会写作，这还涉及读书方法的问题，在其他章节中论述）。

有的人是因为写得太少。写作一定是在写作中学会的，要想写得好，还是要多写。在学校的语文课程体系里，写作教学时间偏少，两周才要求孩子写一篇文章，这样的练习量是不足以帮助孩子提升写作水平的。我们还是要想办法让孩子多写一点儿，让孩子有章有法地练，让孩子有序地写、模仿着写，还要让孩子无拘无束地写，写自己能写的，写自己想写的。写得多了，他们就能慢慢找到写的感觉了。

有的人是因为缺乏一定的写作技巧。跟很多艺术家崇尚“无法”一样，很多作家总是反感谈写作技巧，其实他们自己却经历过严格的写作训练。写文章在某种程度上就是个技术活儿，在我看来，一个孩子能否写好作文，很大一部分原因在于是否了解、掌握一定的写作技巧。

根据上面四个原因，我们就可以研究如何对症下药帮助孩子。

首先是天赋。天赋是什么意思？天赋就是天分，写作如果上升到文学的高度，就与天赋关联得比较紧密。有些作家文字独特、视角独特、思想独特，创造了某种风格，开创了某个文学流派，主要是因为天赋其才，不是哪个人用某种方法教出来的。很显然，天赋所对应的教学上可以有的作为就是发现、承认、鼓励。对天才，我们培养不了，但要努力做到“不扼杀”。

其次是阅读与写作。是的，多读多写，一个人的写作能力就会提升。与此相对应的教学法就是感悟教学。沈从文没怎么正经上过学，莫言写作时只有小学文凭，他们的写作能力是自己在大量读写中感悟出来的。其实，我也不反对感悟教学。但是感悟教学要具备两个条件。一是需要大量时间，二是需要学习者悟性高。就说“需要大量时间”吧，古代一直主张、践行感悟教学。那是因为在古代，所谓学习，就是学语文。古代小学教育的内容主要是识字、写字、习经史、学六艺，《急就章》《千字文》都曾是小学的课本。从下面这些诗句中就可以看出古代孩子的一些学习内容：“孝经论语教儿童”（《农事稍间有作》）、“朴学教儿童”（《农家》）、“年丰村舍好，稚子学诗书”（《出城》）、“卧听儿童读汉书”（《书斋夜坐》）。另外，古代的孩子读书时间也不短。有的学校规定每天5—7点到校、17—19点回家；每年正月十五开学，一直上到腊月初十才结束；所有的休假时间只有每年年末不到一个月的时间。有的学校则规定每天7—9点到校、15—17点回家，每个月放假三天，其他时间不得擅自离校。还有的学校则是每日日出上学、日落放学、9—11点吃午饭；每年端阳初四、初五，中秋十四、十五，清明，七月半，十月朔各放假一天，平时概不放假。看到了吧，古代的孩子读书并不轻松。而现在的孩子身处知识爆炸的时代，从三年级开始就要学习语文、数学、科学、英语等多门学科，他们花在语文学习上的时间远远少于古代的孩子。因此，在现代，单一的沉浸式的感悟教学失去了一个重要的基础。再说，即使有那么多时间，也不是所有人都能自读自悟出写作的奥秘的，或者说大部分人是悟不出来的。有的人读得挺多，但拿起笔来就不是那么一回事了，笔尖上的成长极其缓慢。而现代教育的核心就是“缩短天生能力之间的差距”，有些孩子悟不出来，我们就说出来、讲出来，让他们知道。

最后说写作技巧。我始终觉得教写作技巧是写作教学中最能有所作为的事。“写作几乎是天赋技能”，说实话，每当看到这种话时，我总是有点儿生气。原因是我所重视的事情——写作教学，竟然受到了如此的轻视。在我的理解里，这句话的潜台词是写作这种事情，根本不是老师教会的。但我坚信，写作是可教可学的。我们不能只强调感悟。任何技能的形成，都有自然生长和刻意追求之分。教学，就是刻意追求。我们不能一味地强调自然生长，而放弃了刻意追求。

实用的技巧比天赋更重要

有一年，冰心奖新增设了一个奖项——“冰心作文奖”。主办方面向全球中小学生征稿，最终收到海内外5万多篇作品，最终脱颖而出的是一个七岁孩子的作文，它一共107个字（不含标点符号），全文如下：

前段时间，妈妈去杭州学习，去了好长时间，可能有一个月吧。今天，妈妈终于从杭州回来了，我非常高兴！因为妈妈的怀抱很暖和，因为妈妈回来了，爸爸的生日就能过得更好，因为妈妈在家里会给我读书……

妈妈不在家的时候，我很想她，想妈妈的感觉，是一种想哭的感觉。

这篇文章让著名儿童文学作家秦文君等评委眼前一亮。评委们认为作者是以一种不加任何修饰的文字真切地表达了“妈妈回来”带给自己的温暖和喜悦。这篇七岁孩子所写的作文不是通常意义上的作文，而是一个孩子在“说话”，说自己的心里话。

说实话，我也喜欢这篇文章，喜欢里面纯真的感情和宝贵的童趣。我有个习惯，喜欢跟学生分享我看到的好东西。看到这篇文章的当天，我就把它读给学生听。当时我的学生已经五年级了，听了之后似乎并不觉得好，有的觉得不错，但也说不出好在哪里。我想他们的反应是正常的。“纯真”“富有童趣”“自然流露”，是很高级的写作技巧；“绚烂之极，复归平淡”，是很多作者穷其一生也达不到的境界。对孩子来说，这样的文章不要说写出来，就是欣赏到，都很难。

那么，一个七岁的孩子是怎么写出这么一篇纯真、平淡又饱含真情的文章的呢？有三种情况：

1．这个孩子是天才。

2．这篇文章是家长修改出来的。

3．瞎猫碰死耗子碰上的。

我个人倾向于后两种情况。现在很多中小学生参加写作比赛的文章都是家长或者老师反复修改出来的，大家都见怪不怪了。当然也有可能这篇文章完全是原创的，我前面的推测属于以小人之心，度君子之腹。

但这“原创”我觉得很可能是“无心插柳柳成荫”，并不是孩子有意识的创作。孩子无意识地写出了一篇符合成人的某种趣味、标准的文章，这样的文章就相当于书法里的“伪好书”。

你听说过“伪好书”这个概念吗？我原来有一个书法老师，喜欢收集七八岁孩子的涂鸦，就是让一些七八岁没有经过书法练习的孩子拿一支毛笔随便在宣纸上画线条。如果运气好，他会从中找到几根线条，然后郑重其事地装裱起来。他认为这几根线条稚拙、天真、富有童趣，是真正的艺术。你发现了吗？这些词语看上去很熟悉——它们是成人看多了繁华、艳丽、工整之后生出的比较小众也比较高级的审美趣味。

请问，画出这几根线条的孩子称得上艺术家吗？肯定称不上。他们后面如果没有严格的练习，字往往比一般人都写得差。因此，这些被装裱起来、完全是无意识画出来的线条被称作“伪好书”。同样，那篇获奖的七岁孩子的作文是不是也可以称为“伪好作文”呢？

当然，写出“伪好书”“伪好作文”的孩子在写字、写作方面可能是有一些天赋的，但是这种天赋如果不通过练习固化下来，成为一种有意识的创作技能，就成了“假天赋”了。

一个艺术家，如书法家里的徐渭、画家里的凡·高，尽管最终追求的是自然、平淡、天真的艺术风格，但是在开始的练习阶段，也是在努力掌握基本的技巧。你若看过他们初期的临摹作品，就会有深切的感受。

同样，如果你想成为一个作家，那么在各个学习阶段，都得注重写作技巧的积累，而不是轻信、曲解“儿童天生就是诗人”“孩子天生就是作家”，坐等“收成”。

我的一个学生在五年级时就开始总结写作技巧，当然这不是人云亦云，而是他在大量阅读与写作中提炼出来的。

如果你想听听我的建议，不妨试着读一读下面我总结的几点写作小经验。

1. 文章中的主人公，你一定、一定、一定别让他说太多话，而是用他的行动、神态及别人的语言来突出他的性格、他的与众不同。

2. 若写景，务必多用长句子。不许跟我说你想不出来！若真想不出来，就多看书，如果不太愿意经常看书，那就写作文前看半小时书。若写事，须多用形容词，哪怕你实在“库存量太少”。

3. 抓住生活中的一切细节，把细节描述得越细，就越能打动人。如写小朋友哭，可以从他使劲忍着不让眼泪流下来，到眼圈发红，到无声流泪，再到号啕大哭，每一步都写最细小的部分。这样，想不打动人也难。

4. 文章中万万不能出现“终于”二字，这是我得出的结论。要是出现了，你也就没东西好写了。没东西好写的结局是什么？就是你的作文怎么都写不下去了。

5. 最后，我想说的是，写作文一定要一气呵成，中途千万别干那些琐碎的事，如上厕所、吃水果之类的。一般我开始写的时候，连水也是不喝的。因为一会影响你的思路，二会令你迷茫于上一句和下一句该怎么接比较合适。

著名作家乔治·奥威尔，那个写出《动物庄园》的乔治·奥威尔，似乎是靠天赋写作的作家，也经常总结写作技巧。

乔治·奥威尔关于写作的六条基本规则：

1. 绝不要使用在印刷物里经常看到的隐喻、明喻和其他修辞方法。

2. 如果一个字能说清，就不要用两个字。

3. 但凡一个字能删掉，就一定要删掉。

4. 只要能用主动语态，就绝不要用被动语态。

5. 能用常用词的时候，就不要用外来词、科学术语和行话。

6. 绝不要用下流语言，为此可以打破上面所有规则。

教技巧是为了缩短天生能力之间的差距

为了说明我的观点——教技巧是为了缩短天生能力之间的差距，我得讲一个写作教学案例。

一次，我根据教材的安排，让孩子们将一则新闻改写成一个故事。新闻是这样的：

据古巴《起义青年报》9月29日报道，一群憨态可掬的小鸭子正在鸭妈妈的带领下漫步在温哥华街头。突然，几只小鸭失足跌入了路旁的下水道。危急时刻，鸭妈妈沉着冷静，向巡警求助，并带领他们赶到“出事地点”。巡警从下水道中捞出了将要被冲走的小鸭子，目送它们摇摇摆摆地上路了。

我在学校做了一个实验：老师不做任何指导，让孩子们在35—40分钟时间内把这则新闻改写成故事。六年级的孩子，无论是主动的，还是被逼无奈的，已经是写作方面的熟练工了。我一声令下，大家奋笔疾书。我很认真地看了他们的习作，他们对故事都有了基本的把握能力，而且都写到了这样五个画面：

1. 漫步在温哥华街头。
2. 小鸭跌入下水道中。
3. 鸭妈妈向巡警求救。
4. 巡警救小鸭。
5. 目送鸭子过马路回家。

在这个共同点下，差异也非常明显地存在着，有的篇幅比较长，最长的写了981个字；有的篇幅比较短，最短的只有289个字。

我把这些习作放在一起，继续比较研究，希望有一些特别的发现，结果还真是有收获。

王××	黄××
例：鸭妈妈说：“还不赶快谢谢警察叔叔。”小鸭子支支吾吾地说道：“谢谢警察叔叔。”	例：一路上它高兴地扑闪着翅膀，“嘎嘎”地叫着，好像在说：“谢谢！谢谢！”

你发现两者之间的差别了吗？王××是用童话的笔法写的，在他的文章里鸭子是能够讲话的。在黄××的文章里鸭子也说话了，但她用的是“好像在说”的写法，鸭子并没有真正说话，只是作者的联想。

方法没有好坏。但是，我进一步做了梳理，发现写作水平比较高的孩子普遍用了“好像在说”这种写法，他们的作文篇幅也比较长，包括那篇写了981个字的文章。而写作能力弱的孩子则不约而同地用了童话的写法，他们的作文一般在400字以下，包括那篇最短的289个字的文章。

我把我的发现讲给孩子们听。他们比平时听得认真，因为他们觉得自己不是被教训、被教导的角色了，他们进入了一个研究的氛围中。王××说：“我回家就去修改我的文章，用上‘好像在说’。”第二天他真的把文章拿来了。

鸭子与爱

王××

2001年9月29日，一群憨态可掬的小鸭子在鸭妈妈的带领下漫步在温哥华街头。

只见那群小鸭子一边“嘎嘎”地叫着，一边摇摇摆摆地走着，鸭妈妈好像在叫：“大家小心！不要掉队了！”

“嘀——嘀嘀叭叭——”

“大家小心了！快一点儿哦。”鸭妈妈好像在叫。

突然几只小鸭子失足跌入水中，好像在喊：“救命！救命啊！”

“孩子们别怕，我来救你们，要坚持住哇！”鸭妈妈好像在向巡警求助，“警察，你快——快救救我的孩子吧！它们不小心跌到下水道里去了，赶快救救它们吧！”

巡警立刻跟鸭妈妈来到了“案发现场”，将就要被冲走的小鸭子捞了起来。鸭妈妈好像在说：“还不赶快谢谢警察叔叔。”小鸭子抖了抖身子好像在说：“谢谢警察叔叔。”

我把这篇文章复印并分发给大家，大家看了之后都笑了，然后七嘴八舌地议论开了。

“蒋老师，‘好像在说’在一篇文章里不能用得太多。”

“蒋老师，‘好像在说’前面应该写点儿什么，如鸭子的神态呀，动作呀，让‘好像在说’出来得自然一点儿。”

我有时候真佩服这些孩子，他们的发现能力经常会超出你的想象，给你带来惊喜。我所要做的就是把他们的发现敲实，变成大家的方法。

我从法国纪录片《迁徙的鸟》里截取了一个片段放给孩子们看。好的影片是会给人带来冲击的。这段影片讲的是栅栏里的鹅看到天空中飞翔的大雁时的各种表现——扑扇翅膀、摇摆身子扑腾、啄铁丝、引吭大叫……最后定格成一个痴望的眼神。

“影片里的鹅好像要说什么？”

“我要飞翔。”

“我要回家，天空才是我的家。”

“我要和天上的大雁一样，自由自在地飞翔。”

“为什么你们觉得这些鹅想说这样的话？你是从哪里看出来的？”

“它们看到大雁飞来，一直在地上扑跳，很兴奋的样子。”

“它们的叫声很凄厉。”

“它们啄着铁丝网。”

…………

一番讨论之后，孩子们开始练习写作。大部分孩子已经明白，“好像在说”这种写法，重点不在后面，而在前面。

村边上，院落里的家鹅骚动起来，它们本来早就忘了往日的自由了，但是听到这大雁的鸣叫声，莫名的激动又被撩拨起来，它们带着一种冲动向天空泼剌泼剌地扑动翅膀。翅膀对它们来说只是一种装饰，因此它们只能在地上扑跳。它们长时间地叫唤着，叫声穿越天空，听起来很是苦闷和凄惶。它们啄着铁丝网，发现要啄开它根本是不可能的事，眼神中透出一种无奈的悲哀和忧伤，好像在说：“我要回家，天空才是我的家。”

不能否认，有的孩子通过阅读、写作，自己就能归纳出很多写作技巧，至少能形成一种写作直觉，我不这么教，他们已经写得很好了。

但同样不能否认的是，还有很多孩子，在写作这回事上，需要我们明确的点拨和实实在在的帮助。

一节课这样教没什么，十节课呢?

一年这样教没什么，三年呢?

偶尔一次教技巧没什么，经常这样教技巧呢?

要教就教成堆的技巧

10个写作技巧风靡微信朋友圈

文学词典上有个词极不走运，就是“技巧”。多数人说到技巧时，都有一种鄙视的意味；还有一部分人则极害羞，生怕在别人面前提这两个字，它似乎包含着纤细、琐碎、空洞等意味。评价一篇文章时，若加上“技巧很好”的字样，则似褒实贬。

因为这样一个氛围，在教写作的时候，很多人是闭口不谈写作技巧的。“扔掉一切写作指导，抛开一切关于写作的教条”这样的话大受欢迎，因为它可以成为我们懒惰和无能的掩饰，因为秉持这样的主张，我们大人就不用费尽心思去发现、提炼什么写作规律了，况且我们也根本提炼不了，我们自己都几乎不写作了，连写作的甘苦都很少体验，如何提炼？

在这样的氛围里，像我这样旗帜鲜明地主张教技巧的人是很危险的。最近，我被人贴上了“应试派”“实用主义者”的标签。但是，我没有理会那些批评。这两年我致力于整理写作技巧，刚开始，《都市快报》刊发了我总结的10个写作技巧，结果这篇新闻在网上被转发了几百万次，因为大家发现这些技巧孩子听得懂、记得牢、用得上，而且不是大家想象中的那种应试技巧，跟文学也不违背，所以大家一下子就喜欢上了。

下面的10个技巧是记者朋友根据我的网络授课整理的，因为考虑到篇幅，整理时压缩得太厉害，有些地方没讲清楚，甚至有点儿“失真”，但主要意思还是呈现出来了。人民邮电出版社出版了我的《作文九问——跟特级教师蒋军晶学写作妙招》（基础篇、实战篇），在这两本书里，我提供了近100个写作技巧。

写外貌不用“有”

作文如何写外貌？在孩子的作文里总会看到类似这样的文字：“××可漂亮了，她有一头卷卷的黄头发，有一双乌黑的葡萄般的大眼睛，有一个高高的鼻子，还有一张樱桃小嘴。”不太会写作的孩子写人的外貌，一般是用“有”和“一”来串联五官的。

如果你试着让他们去掉文中的“有”，把文字重新串联一遍，就会发现作文顺了很多：“××可漂亮啦。一头卷卷的黄头发自然地披在肩上。她的眼睛太吸引人了，乌黑乌黑葡萄一般。高高的鼻子，和樱桃小嘴配合起来，有点儿混血的味道，同学们可喜欢她啦。”

这段外貌描写仍有程式化的嫌疑，但读起来确实舒服多了。

写想不出现“想”

知道描写心理活动当然是作文进步的一个表现，但很多孩子一写心理就会跳出这样的句子：“我脑子里跳出两个小人，一个小人……另一个小人……”

不用这样的句子，又该怎么写？最常用的就是“我心想”。比如某学生写道：“数学老师出了一道难题要我们带回家写。我心想：‘这该怎么办呢？’”

其实，很多孩子不知道“我心想”三个字有时可以去掉，例如：“数学老师出了一道难题要我们带回家写。这该怎么办呢？”将心理活动融入文章的叙述中，照样读得通，并且更简洁。当然，为了出点儿效果，可以在心理描写中适当加点儿感叹词，例如：“数学老师出了一道难题要我们带回家写。天哪！这该怎么办呢？”

不用成语

作文为什么写不长？很多时候都是成语惹的祸！不是说多用成语才显得有文采吗？其实不然，当作文只会按照套路使用成语时，文章的细节就没了，文章的个性就没了，文章的真情实感就没了，还不如让孩子老老实实地把自己看到的、感受到的都写出来。什么天高云淡、风和日丽、桃红柳绿、炯炯有神、心旷神怡……这些被用滥的成语还是少出现为妙。比如，写春天别用“风和日丽”，而是这样写：“风儿拂过林梢，原本平静的湖面漾起了圈圈涟漪，湖边的柳树轻摇着身姿，我也忍不住张开双臂，任风抚过我的每一寸肌肤，暖暖的，痒痒的。”

让孩子想办法用具体的句子替换掉被人用滥的成语，可能可以解决他作文写不长、写不具体的难题。

遇到“很”和“非常”想一想

对文章写不长的孩子，可以训练他另一个技巧：遇到“很”和“非常”想一想。观察学生的习作，你会发现出现频率最高的字眼包括“很”“非常”。孩子写作的时候可以提醒他，遇到要写这几个字时不要轻易下笔，停下来想一想，是不是非要出现它们？比如写热，别出现“很热”两个字，学会用其他描写来体现热：“骄阳似火，没有一丝风。树叶低垂，毫无生气……”这样，文章自然就能写长。

环境里面有“真”“情”

到了五六年级，孩子都要学习环境描写。如有的孩子会写：“早上天气还挺好的，放学回家时，却哗哗下起雨来。雨珠在下，泪珠在滴，老天也好像在为我哭泣。”首先，这个孩子能用环境衬托自己的心情，要表扬。但是很多孩子只要一写环境，肯定就是小花微笑、小草点头、小鸟歌唱、小雨哭泣，成了套路，难道世界上只有小草、小鸟、小花吗？为什么不能写身边更真实的东西呢？云、雾、桌子，哪怕是电线杆都可以写。这个技巧是提醒孩子不仅要让人活在环境里，还要让人活在真实的环境里。

要动连着动

文章要一波三折才好看，但现在的孩子生活都很平淡，你不能强求他们写出一波三折的内容，那就让他们学会一波三折地使用动词。这就是“要动连着动”——学会连续使用动词。比如某学生写一场乒乓球比赛：“他发了一个旋转球，让人看得眼花缭乱。”写运动，“动词”却用得很少。“要动连着动”就是要你千方百计在前后多加几个动词，比如：“只见他高高地将球抛起，眼睛死死盯着，在球接触球拍的一瞬间，他手腕轻轻一抖，脚一跺，球高速旋转着，向这边飞来，让人看得眼花缭乱。”一个动词转瞬变成了六七个，文字即刻灵动、丰富起来。

一秒钟的事写三百字

这还是针对作文写不长的一种技巧训练：用三百字来描写一秒钟内发生的事。比如，关于破校运会跳高纪录瞬间的描写原本只有二十几个字：“只见某某纵身一跳，一下子飞过横杆，新的校运会纪录诞生了！”怎么变成三百字？可以有条理地加上动作分解——如何助跑、起跳、翻越、落地，加上联想——往届校运会有人挑战失败、某某平时如何一次次练习等，还可以加上细节来充实——起跳前如何与同学们进行眼神交流、成功后同学们如何向他祝贺……可以找一些一秒钟的素材让孩子们进行写作练习，学会了这个技巧还怕考试写不出四五百字吗？

一段话里至少出现6种标点

很多孩子不会用标点，他们的习作中常常只有逗号、句号，甚至连逗号都没有，把老师读到断气为止。针对这个现象，可以让孩子们进行“一段话里至少出现6种标点”的技巧训练。比如逗号、句号、问号、叹号、省略号、冒号、双引号，这些标点孩子们的作文中都有吗？没有的话，请他们尝试着用起来。经过几次训练后，你会发现孩子们的变化很大：意味深长的句子会写了，人物语言加进去了，心理活动结合进去了，还会用反问句了。这些句子加进去后，文章当然就生动起来。一位作家就曾用这种方法对自己作文写不好的孩子进行训练，收效明显，孩子进步很快。

字数三、四、五

这个技巧说白了就是学习写短句。学了一段时间写作的孩子容易在作文中写长句，而长句写不好就会变成病句。事实上，很多作家也是以写短句见长的，像沈从文、汪曾祺。要提醒孩子们注意控制每句话的字数，建议他们把十几个字、几十个字的长句改成只有三、四、五个字的短句，这样，作文有节奏感，读起来会舒服很多。比如某学生的原文："高高的绿绿的草散发着诱人的清香。一根一根都看得那么清楚，很挺拔的样子。"经指导后改成："草绿了，高了，散发着清香。一根一根，看得清清楚楚，很挺拔的样子。"是不是很有节奏感？

学会用对称

你发现了没有？古人写东西，喜欢用对称，就是前一句话和后一句话字数一样，结构也差不多。读起来有节奏感，让人感觉特别舒服。比如《三字经》："人之初，性本善。性相近，习相远。苟不教，性乃迁。教之道，贵以专。……"比如《晨读对韵》："天对地，室对家，落日对流霞。黄莺对翠鸟，甜瓜对苦瓜。……"

有的人觉得这些都是古人的东西，现在不适用了，我们现代人写的文章，句子都是长长短短的。说得没错。但是，如果在句子长长短短的文章里，偶尔运用一下对称，会让人感觉特别棒。比如，"春天里开着花，花把春天点缀得特别漂亮"这句话可以改为"春天里开着花，花展示着春天"。

好的技巧和文学也不违背

很多人讨厌、拒绝技巧。

我理解他们的想法。是的，现在市场上"作文满分妙诀""快速构思技巧""出奇制胜技巧"满天飞。这些技巧充满了套路，都是考试作文技巧。如果我们致力于迎合考试的"结构""开头""结尾""变换角度""一材多用”的训练，让孩子们为作文而作文，最终就会发现，我们使尽浑身解数，也只能装扮出苍白、丑陋、僵死的“花”。

例如，有的书里总结出“作文开头八法”，什么首尾呼应式开头、写景式开头、回忆式开头、名言式开头……是的，这是一些包打天下的规矩、套路。

套路会深到什么程度呢？有的人会告诉孩子，如果你没背过几句名人名言也没什么关系，只要你在开头写一句“有一个名人曾经说过……”，阅卷老师往往就会被你的这种写法镇住，而且几乎没有阅卷老师会去验证是否真有这样一句名言。

你现在应该大致明白了，为什么有人会对教技巧如此深恶痛绝，尽管教的人并没什么恶意，他只是想帮助孩子应付一次又一次的考试。

那么，怎么理解“好的技巧和文学也不违背”这句话呢？还是举个例子吧。

有一段时间，《舌尖上的中国》这个电视节目特别热。我发现班里很多孩子都看了这个节目，就对他们说，既然你们每个人都表现得像一个吃货，那我们就写一道菜。写一道菜和做一道菜一样是有方法的。

第一种方法是“一样一样写过去”，比如写大杂烩：

这大杂烩味道好极了。鱼蛋既有鱼味儿，又有蛋味儿，吃起来有Q感。青菜炖得够烂了，而且充满了水分，就像一个海绵一样。面条不仅长，还很有嚼劲，不易拉断。猪血用力夹都不会散，吃起来不比毛血旺中的鸭血差。猪大肠更是让我无话可说。最好的就是这个汤了，舀一勺，一股浓稠的鲜味儿立刻荡漾在口中，你就像一位得道大仙，在味觉的世界里腾云驾雾。

你发现了吗？所谓“一样一样写过去”，就是将这道菜的食材一样一样写过去：鱼蛋、青菜、面条、猪血、猪大肠……

第二种方法是“多用颜色”，比如写羊肉泡馍：

这羊肉泡馍，就像一件完美而杰出的艺术品。红红的辣子油漂浮在汤上，灰蒙蒙的羊肉、翠绿的香菜和葱末、晶莹剔透的粉丝、雪白的馍真令人赏心悦目。看着看着，我仿佛看到羊肉汤变成了大海，粉丝就像层层波浪，馍块和肉片就像星罗棋布的小岛，而翠绿的香菜和葱末就像点缀在小岛上的郁郁葱葱的树木。

你发现了吗？所谓“多用颜色”，就是尽量多用一些关于颜色的词语：红红的、灰蒙蒙的、翠绿的、雪白的……我们用色香味俱全形容美食，色是排在第一位的。

第三种方法是“让味道动起来”。比如写臭豆腐：

我迫不及待地把臭豆腐蘸上辣酱送入口中，一股辣辣的、香香的味道就像一支声势浩大的联合军队暴风骤雨般占领了舌尖，游荡在口腔，让一切余味纷纷缴械投降，紧接着，它们冲进食管，你马上会感觉到一个个顽皮的小精灵在脖子中“按摩”。

你发现了吗？所谓“让味道动起来”，就是把味道经过的人体部位当作“运动场”，夸大味道“游历”的过程。

第四种方法是“用上比较”，比如写片儿川（杭州特色面条）：

我喜欢吃片儿川。片儿川闻起来混着一股肉的鲜味儿与笋的清香，不像拌面，只有一股单纯的酱油味儿。片儿川的“颜值”也高，面条浮在浓汤上，肉片、笋片与雪里蕻有致地点缀在其中，不像炸酱面，只是一团面，上面盖着一层肉酱。就以模样论，片儿川就像一个高贵的面公主。用筷子挑起几根面条，放入嘴中，滑滑软软的面条虽然软，却又不失嚼劲，拌着肉、笋的鲜香，又配上一点儿雪里蕻的咸味儿，那感觉就像是……怎么说呢？跟法国顶级美食龙虾的味道有的一比……

你发现了吗？所谓“用上比较”，就是将这种食物的样子、味道等与其他食物相比，一比就比出这种食物的特点了。

我给孩子们讲这些方法，你觉得对那些写作有困难的孩子来说是一种伤害吗？你觉得作家会排斥这些方法吗？你觉得这样教会限制孩子们今后在文学上发展的可能性吗？对这些问题，我自己是有答案的。讲这些方法，对有写作困难的孩子绝对是一种帮助。作家也从来不排斥这些方法，而且很多时候新的方法的引进会促进文学的发展。比如写外貌，现代文学出现之前，中国的话本小说对人物外貌的描写因为缺少方法，总是显得千篇一律，总是从固定词库中挑选一些词语来组装，“写起美人来，左不过眉如什么、眼如什么、肤如什么、体如什么，再叫出历史上几位大美女比如西施、飞燕来帮衬一番”，古代话本小说里的美人是很模糊的，是长得一个样的。直到现代，直到看到西方小说，中国作家们才看到了写外貌的另外的方法，看到了写外貌的另外的可能性，他们对外貌的描写多了一种选择，于是有了长足的进步。好了，回到写美食，中国善于写美食的作家很多，张爱玲、老舍、汪曾祺、张海迪……他们在写美食时难道不用前面所提的那些方法吗？照样用，只不过用得更自然而已。随便举几个例子吧。

张海迪在《美丽的清贫》里写清蒸带鱼：

在火车上，妈妈从不买饭吃，她总是在家里就准备好了路上的饭。妈妈吃馒头夹咸菜，用一只缸子喝列车员送的开水。我也是吃馒头，可是我不夹咸菜，妈妈要我吃装在玻璃瓶里的带鱼或是肉末炒雪里蕻。更多的时候妈妈让我吃带鱼，鱼是妈妈自己做的，那是清蒸带鱼，透过玻璃瓶可以看见银色的鱼块上洒着嫩黄的姜片儿和绿莹莹的葱丝儿。

张海迪用了什么方法写清蒸带鱼？用的就是“一样一样写过去”和“多用颜色”的方法，只不过她写得简洁又自然，让我们感受到了菜肴背后的情感，她的写作是有温度的。

老舍在《骆驼祥子》里写祥子吃豆腐花：

坐在那里，他不忙了。眼前的一切都是熟习的，可爱的，就是坐着死去，他仿佛也很乐意。歇了老大半天，他到桥头吃了碗老豆腐：醋，酱油，花椒油，韭菜末，被热的雪白的豆腐一烫，发出点顶香美的味儿，香得使祥子要闭住气；捧着碗，看着那深绿的韭菜末儿，他的手不住的哆嗦。吃了一口，豆腐把身里烫开一条路；他自己下手又加了两小勺辣椒油。一碗吃完，他的汗已湿透了裤腰。半闭着眼，把碗递出去：“再来一碗！”

老舍用了哪些方法写豆腐花？有“一样一样写过去”，有“多用颜色”，有“让味道动起来”，只不过老舍用得自然、恰当，让我们真切感受到了一碗豆腐花对祥子这样的社会底层人物来说，是难得的享受，他的写作是有深度的。

汪曾祺是怎么写番茄炒蛋的?

番茄炒鸡蛋，番茄炒至断生，仍有清香，不疲软，鸡蛋成大块，不发死。番茄与鸡蛋相杂，颜色仍分明，不像北方的西红柿炒鸡蛋，炒得“一塌糊涂”。

汪曾祺在这段话里主要用的是“用上比较”，只不过他用的比较充满生活气息，很接地气，有幽默感，一般人想不到而已，但方法就是那个方法。

金庸在《射雕英雄传》里这样写黄蓉做的菜：

说到这里，黄蓉笑盈盈地托了一只木盘出来，放在桌上，盘中三碗白米饭，一只酒杯，另有两大碗菜肴。郭靖只觉得甜香扑鼻，说不出的舒服受用，只见一碗是炙牛肉条，只不过香气浓郁，尚不见有何特异，另一碗却是碧绿的清汤中浮着数十颗殷红的樱桃，又飘着七八片粉红色的花瓣，底下衬着嫩笋丁子，红白绿三色辉映，鲜艳夺目，汤中泛出荷叶的清香，想来这清汤是以荷叶熬成的了。

你看，金庸用的方法是什么？是“一样一样写过去”，是“多用颜色”。金庸的语言简洁，串联自然，很有画面感。

好了，我们还是来看一看小朋友写的菜肴吧。这两篇关于美食的文章是刻意练习的结果，他们有意用上了我教的写美食的方法。其实，许多写作大师不也是从刻意练习开始的吗?

长沙臭豆腐

俞东睿

在杭州，臭豆腐大街小巷都有的卖，一块块在油里炸成金黄色直接吃，味道鲜美，但是，自从我去了长沙之后，就有了完全不一样的看法，杭州的臭豆腐从我心目中的NO.1一下子滑落千丈，长沙臭豆腐荣登皇位。

寒假里，我和家人去长沙旅游，一听到目的地是长沙，号称吃货的我马上上网查了那里的美食，原来长沙最有名的是臭豆腐，味道究竟如何，我非常期待。到了长沙，大街小巷都有卖臭豆腐的，可我一直没下手，因为我是吃货呀，吃货就应该找当地最好吃的那家。到长沙的第三天，我们来到太平街，那里集中了当地众多美食。我们一路找着一家叫陈记的店，听说那里的臭豆腐最好吃，很快我们就找到这家店。哇哦！队伍好长啊，生意兴隆意味着货真价实啊！排队时我已经开始打量了，发现正宗长沙臭豆腐的外皮是黑色的，而不是豆腐本色的。这也让我明白了，杭州在卖的长沙臭豆腐都是假冒货。

轮到我了，只见店员小哥把生的臭豆腐扔进滚油里，过了一会儿，油沸腾起来，臭豆腐也跟着翻滚起来，大约又过了三分钟，店员小哥就把炸好的臭豆腐用长筷夹起，在每块臭豆腐中间都挖一个小洞，在洞里放上自制辣椒酱，最后再浇上本店秘制鲜汁，洒上香菜，这样，一碗色香味俱全的臭豆腐就制作完毕。最后几个步骤在杭州都是没有的，正宗和假冒的区别也就不言而喻了。

接过热气腾腾的臭豆腐，一股“臭味”扑鼻而来，我陶醉了，细细地端详着它们，一块块做工精致，好像是用一个模板制作的，让人不忍下口。

最后终于下定决心咬下去的时候，一股香味顺着舌尖坐滑梯滑了下去，顿时充满了整个身体，让人精力充沛。此款臭豆腐皮脆肉嫩，咬下去还有汁水不停地往外流，让人回味无穷。这时，身体里突然爆发出了一种辣味，这辣味在身体里烫开一条路，传遍了整个身体，我立刻感到一阵辣爽。紧接着，我拿起水杯，用水来平息这股受不了的辣味。湘菜的辣是真辣呀，辣得让人受不了，我弟弟竟然被臭豆腐的辣辣哭了。于是在接下来的几家店吃臭豆腐时，我都预先交代店员千万不要放辣椒，这让我们这些不吃辣的人辣得受不了！

同学们，下次你们吃臭豆腐时一定要认准黑皮的，一定要吃中间挖过洞的，还要浇过汤汁的，所以有机会一定要去长沙品尝正宗的臭豆腐，它会让你终生难忘哦！

“鱼”中之最

周心怡

要论鱼的可口、美味，那肯定是我的至爱——酸菜鱼了。

酸菜鱼，选用黑鱼最佳，鱼肉松软，酸菜酸度正好，适当放点儿辣椒，嗯，味道错不了。不过，说到底我还没有做过呢，我只会等着吃。

我虽然没有亲手做过，但看得多了，也知道大概的做法。首先，把鱼切片，不留鱼头、鱼尾，挑刺，把大的鱼刺片出来，以保证人们在吃的时候不卡进气管里。然后，烧开水把鱼片放入过水，一分钟后捞出来。接下来放油和葱、姜、蒜，再放酸菜一起烧，然后再把鱼片等食材放进去，加入盐、味精等调料即可。

想想就流口水，酸菜鱼的汤色泽偏黄，味道醇厚，酸辣可口。一片片鱼肉漂在汤上，热气腾腾，呈粉白色，上面略微有些青色的鱼皮，鱼肉经过汤的浸泡，早已具备了汤的可口。鱼肉和酸菜混杂在一起，酸菜的黄色越深越好，黄到偏棕色最好。然后，硕大的鱼盘里还点缀着葱的绿、蒜的白、辣椒的红……谁能抗拒这色的诱惑？空气中飘散着香气，香味中交杂着一丝辣味，酸味也有，但比起汤的香气，明显淡了一些，这种气味让人情不自禁地流口水呀……

我喜欢酸菜鱼，无论是色泽、香气、味道，都是如此诱人，对眼睛、鼻子、舌头来说，都是一种莫大的享受！

好的技巧是孩子听得懂、记得牢、用得上的

教小朋友写作技巧，我给自己定了三条标准：一是听得懂，二是记得牢，三是用得上。但是要做到这三点实在是太难了。

很多人经常教听不懂的技巧。

有些作家，在讲如何写作的时候，有神秘主义倾向，他们表面上是在教别人写作技巧，实际上是在吹嘘自己的能耐。例如有的作家会说：

“文字要诚恳，要做到说谎话也诚诚恳恳。”

“一个写作的人要知道闲笔的使用。什么叫闲笔？就是看似废话，实有所指，或制造悠远意境的描写。”

“千万不要把小说的对话写到戏剧里。”

“在你进入写作的时候，在你文章的开头，最好用笔写字。用笔，可以让你的状态松弛下来，如同一场戏剧的舞台大幕，徐徐拉开。”

这些话，对初学者、有写作障碍的人和对写作感到茫然的人来说，没什么实际意义。

很多人经常教记不住的写作技巧。

那些写作高手，如果愿意贡献自己的写作经验，肯定能说出一些实用的干货。例如，有人说记录一件事，有两种方法，一种是展示，一种是叙述。什么是展示？展示就是调动我们的各种感觉，包括视觉、听觉、嗅觉、味觉、触觉，把一个场景中的关键细节展示给读者。什么是叙述？叙述就是用描述性的语言把要表达的内容概括出来，或者对在较长时间段里发生的事进行概述。

“我拿着一支黑色的派克水笔不停地写字，肩膀上一阵酸痛。”这是展示。

“我写了很长时间。”这是叙述。

“汤姆和杰瑞在客厅相遇，杰瑞飞快地跑向楼梯，汤姆一纵身，挡在楼梯口。”这是展示。

“汤姆和杰瑞是一对冤家，见面就追逐打闹。”这是叙述。

结合例子，你可能慢慢明白了展示和叙述的区别，但是，这两种说法过于学术，而过于学术的东西，孩子是很难记住的。记不住的东西，对孩子来说基本上是没用的。

更多人在教用不上的写作技巧。

例如，我们老师在给孩子们讲评作文的时候，总是对他们说：你要写得具体一点儿，你要多写点儿细节，你要多用好词好句，你要有想象力，散文应该做到形散而神不散……老师所教的这些方法，都太大、太空、太虚，没有具体所指，对孩子来说，讲了等于白讲。这就像你面对镜头，拍摄者对你说把下巴抬高一点儿，把脸转到11点的方向，把手叉到腰间，你就知道该怎么做了；如果拍摄者对你说姿势自然一点儿，你就有点儿摸不着头脑，不知道该怎么做。

作家教孩子写作呢，也好不到哪里去，很多时候讲得更大、更空、更虚，他们往往会说：你要多修改，多观察，多写作，你要提升你的语感。这些话都没有错，但对面对写作不得其门而入的孩子来说，真是没什么用。要命的是，这些空洞的建议，作家往往还讲得过于委婉、文学化。例如，他会这样说多修改："你开始构思你的文字，然后试着写，让故事情节展开，最后你需要回头看看你都写了什么。"他会这样说提升语感："如果你想知道自己的作品是否表达清楚了，你就应该大声朗读自己的作品，你的声音就会像一名听众时刻提醒你是否描述清楚了。"这些文学化的描述，有时对学习者来说，就像一场灾难。

那技巧怎样表述、怎样讲解，孩子才听得懂、记得牢、用得上呢？

我还是举一个例子吧，我曾经结合文章教孩子们怎么写对话，关于对话的技巧（第二章中有所涉及）有很多，其中"如何加提示语"就很有讲究。

比如，有的人会告诉你"小说中的人物和读者的距离要短"。这是什么意思呢？例如："他抓了抓乱糟糟的头发，不耐烦地说：'能不能先给我一包烟？'"这句话中的"不耐烦"这个词是作者的主观描述，读者在读这句话的时候，是根据作者的主观描述，而不是根据人物对话来了解人物的。这中间多了一个中介（作者），这个中介让小说中的人物与读者的距离变得相对比较长，这就不好。如果你要表现一个人不耐烦，就不应该写他"不耐烦地说"，而要让他说的话让读者自动看出不耐烦。这个句子可以修改成："他抓了抓乱糟糟的头发，说：'别废话，快给我烟！'"

很显然，上面这种表述，小孩子看不懂、记不住。有的人会在此基础上努力讲得更明白一些，他会表述成"通向地狱的路是由副词构成的"，或者表述成"对人物的话不做多余的解释"。但是，这样的表述显然还是高估了小孩子的能力。

所以，有经验的老师会更简短地表述成"不加提示语"，解释也更直接——在"我说""他说"之前加上很多修饰语，其实是一种偷懒的做法。

例如，要表现一个人物的“不耐烦”，你写了这样一句话——“他抓了抓乱糟糟的头发，不耐烦地说：‘能不能先给我一包烟？’”因为加了提示语“不耐烦”，你会以为你已经充分表达了人物的不耐烦，就不会对人物说的话进行设计。这在写作上是一种舍本逐末的办法。

较之前面的说法，“不加提示语”这样的表述，小孩子听得懂、记得牢，但在平时的写作中却不太用得上。为什么？因为这种写作技巧是非常个人化的，孩子会简单、机械地理解成以后写人物的话前面只要写“张三说”“李四说”就行。这样的理解对初级写作者来说简直就是灾难。

权衡再三，我教给孩子们的写作技巧是“写说不出现‘说’”。例如：“他抓了抓乱糟糟的头发，不耐烦地说：‘别废话，快给我烟！’”所谓“不出现‘说’”，就是把“不耐烦地说”这个连接语去掉，只剩下“他抓了抓乱糟糟的头发：‘别废话，快给我烟！’”。是的，说得直白一点儿，就是用人物的动作、神态来代替“说”，来引出人物的话。当然，人物的动作、神态要符合人物当时的心境。

当然，“写说不出现‘说’”这种表述还有瑕疵，所以我说，教写作技巧要做到孩子听得懂、记得牢、用得上是非常难的。

教技巧并不导致千人一面

我们总是处在自相矛盾之中。

很多老师在考前押题，让孩子们背优秀例文，到考场上去套用。可是他们一旦看到一个老师在实实在在地教技巧，就开始担心、质疑："孩子们的文章会不会是一个模子里刻出来的，会不会千人一面，他们会不会写新的八股文？"

不会。技巧是供他们选择，而不是逼他们使用的。

写作风格的形成来自阅读

"写作风格的形成来自阅读"，我对这句话的感悟首先来自自己的经验。

读师范学校的时候，我非常迷恋沈从文的文字，连带着寻找相似风格的作家的书，如汪曾祺、郁达夫、孙犁，以及日本的川端康成等，读得多了，自己写的文字好像也有那种感觉了。例如：

天气骤冷，把头仰起，就会看见铺着黑瓦的屋顶上的远山，已经挂上了寒霜，就在前几天，那山脊，还是晚霞散彩的地方呢！五颜六色，但接近于土黄，但你仍能感觉到太阳在那儿照耀。近来，我越来越迷恋温暖的颜色了，泥垒的土墙，茅草，池塘里枯残的荷芰，秋风扫起的落叶，你能够明白吗？它们的色彩足以打动我。

工作以后，我很有幸地参与了一套书的编写，那就是《名家文学读本》，我负责编写《小学生老舍读本》。为了编好《小学生老舍读本》，整整两年的时间，我都浸泡在老舍的文字里，读什么像什么，读得多了，我的导读文字也发生了变化，原来我偏爱用长句，句子里用一些醒目的词，但慢慢地我更接受简洁、清浅的文字了。这一点最早是审编专家钱理群先生、吴福辉先生发现的，他们说："'老舍读本'编得真不错，那些导语很有老舍的味道。"

现在越来越多的人把"写作风格的形成来自阅读"付诸实践，其中不得不提的是我的好朋友刘发建。

2011年，他调到了杭州安吉路实验学校。到这样一所省级名校之后，他胆子比较大，做了一件以前一二十年都没有做过的事情，就是带着孩子们阅读名家经典，而且用一周的时间去阅读，他把这种读书方法、读书形式叫作"名家经典阅读周"。

所谓"名家经典阅读周"，就是一周七天，课内课外所有语文学习实践活动，全部用来阅读一位名家的作品。用一个比较形象的说法，就是用同一位名家的作品浸泡孩子们一周，如同把他们放到一个池子里去浸泡七天，等他们从里面出来的时候，他们身上的每一个毛孔都浸透着名家的思想和文风。

这就是他到杭州以后开始使用的一种新的读书方法，他发现用七天的时间让孩子们读同一位名家的作品，对他们的影响是立体的，不仅是他们的思想、情感以及思维方式，还有他们的语言风格，甚至他们的气质，都会受到熏陶。特别容易让人感受到的一种变化，是孩子们阅读了一位名家的作品之后，他们的文字风格就会受到这位名家的影响，他们的文字就会有这位名家的文字的味道。

当我们强调我们可以像大作家一样写作的时候，那些不朽的著作就不再是文学史上让人难以企及的丰碑。孩子们会觉得经过专门化训练，他们也可以这样写作。

下面我们就来看一看他们班一个孩子的现场作文有什么样的风格。

大路与小路

离　乡

现在，他踏上了这条路，黄色的、干干的路，路的两旁杂草丛生，他出生在这里，这片山沟是他祖祖辈辈生活的地方。但，他憎恨这个地方。他，要走出它。从一开始他就知道，他，不属于它。他是穷苦人家出身，但他才华出众，他在山区小学念了几年书。

他的各门功课都卓越无比，所以，他不甘心。他不认输。现在，就是他开启命运的时刻，他背上他用布打好的包裹，里面仅装了几件衣物，走了。摆在他面前的是一条坎坷不平的路。

流　浪

经过几个小时的车程，终于到了。他睁开迷顿的眼睛，看了看四周。他呆住了。曾经，他在梦中一遍遍地幻想过那繁华城市的景象。但真来到这儿，他还是被这里的繁华吓到了。七彩炫目的灯光跳跃着，闪烁着，刺伤着他的眼球。车辆在那宽阔大道上来往不息，街上的人们身上穿着各种华贵的服装。他兴奋了，他觉得他生来属于这儿。

轮　回

命运是一场轮回，我们谁都无法逃出这场轮回。每个人，都是上帝的玩物。

少年看着自己挚爱的人，听到了医生对她家人说的话："没希望了。是车祸。"他跑出去。

这是一个雨夜，没有星星。他走在霓虹大道上，想着三年前的自己，刚来到这儿的自己。也许，白天鹅也有自己的悲哀吧。现在，他觉得自己并不属于这儿，逃离的念头在心间慢慢地茁壮起来。

他走了。谁也不知道他去了什么地方。他回到了农村，偏僻的地方，让他觉得简单、轻松。他重新回到那条小道，干而黄的小道上，两旁仅有杂草。与城市修剪过的整齐枝条相比，它更朴实，更纯粹，不是吗?

他望着这条小道，正如三年前望着那霓虹灯闪烁的大道一样。

这个孩子叫王聪儿。2012年《钱江晚报》举办"新少年作文大赛"，她的这篇作文获得小学组唯一的一等奖。

从文字中我们可以很清楚地看到她的短板——少年气息很不足。但这样一篇少年写出的老气横秋的文章，最终获得了小学组一等奖。这篇文章获奖的理由是什么？我们孩子的作文，有新奇想法的有很多，有生动语言的有很多，有深刻思想的也有很多，甚至在谋篇布局上有奇思妙想的文章也不少。王聪儿这篇文章之所以能够脱颖而出，原因就在于语言非常简练，呈现了很多细节，已经带有自己的风格。这种风格是怎么来的？是来自对鲁迅作品的大量阅读。因为王聪儿的爸爸和老师（刘发建）对鲁迅的文字特别有好感，所以她读了许多鲁迅的文章，自然而然她的语言风格就带有一些鲁迅的味道。

当然，这样的方法也被我运用到我的写作教室中。我经常鼓励、引导那些有一定写作水平的孩子进行这种专题式阅读。

有次我把蒋老师关于读书的经验告诉了妈妈，说是读一本书先要了解它的作者、写作背景，最好是连着读他的书三本以上。妈妈听到这个经验如获至宝，从那以后，遇到我喜欢的书，同作者的妈妈会再帮我买两到三本。我书桌的右手边，一叠十几本，放着的都是我近期要看的书。等看完一批，会再换一批。

写作风格产生在包容的环境里

孩子们处在脆弱的敏感期，有的自负地想尝试一些新的领域或者某种语言风格，似乎不顾一切的样子，其实，他们非常在意来自外界的评价。一些负面评价能轻而易举地摧毁他们的信心，尤其是当这种评价来自权威人物时。毫无疑问，老师及家长往往扮演了权威的角色。

因此，在写作教室里，作为引领者，老师可以偏爱某种风格，但要允许多种风格存在。只有在包容的环境里，写作个性才有可能产生。

我曾经教过一个学生，他叫孙达。他实在是一个调皮的孩子。他的爸爸妈妈把他放到县城里，他们自己忙于生意，照顾他的是一个阿姨。因此，他写的文章跟他的做派一样有点儿小小的叛逆。

在学校放屁还得憋着点儿

孙　达

说到这个“屁”，它可是三急中的一急。说来惭愧，在我们班放屁还得憋着。古人说得好：“憋可不好，容易憋坏。”可我们班的人不愿憋坏也得憋着。

上音乐课时，我后边那个“笑话大王”不知从哪里发出一阵“哔哔哔哔……”的响声，这声音断断续续，我们以为他饿了，其实并非如此。

不到30秒钟，这声音没了，紧接着一股恶臭扑鼻而来，这臭不同于他臭，汲天地日月之精华，乃千屁汇合而成一个屁中极品，而后一点儿不剩地放出来。为了散开毒气，我等几个拿起书就扇，费尽九牛二虎之力也未扇掉。现在，我们没有指望了，打算在熏死前不做反抗，可上帝保佑，我们没被熏死，因为臭气的源头已停止放气了。阿门！

过了几分钟，臭气没了，因为“笑话大王”为我们做出了莫大牺牲。只见他脸色铁红，看来是憋极了。这时，漫长而又充满臭气的课终于下课了。只听“哔哔哔……”的声音响起，臭气又来了。这次比上一次好些，这不是因为这次的威力比上次小，而是因为这次有足够的空间可以逃跑。为了“毁尸灭迹”，他不停地换位子，以散这股臭气。

我们班的人，放屁也得憋着，这很少见吧！以上纯属虚构，仅供参考，如有雷同，纯属巧合。

在很多人看来，这样的文章在内容选择上充满“恶趣味”，是不能登大雅之堂的，是应该回避的；一旦发现这样的写作，就应该责令停止。这就不是一个包容的环境了。我记得我当时推荐了好多有恶搞情节的小说给他，例如法国让-雅克·桑贝的《小淘气尼古拉的故事》、苏联诺索夫的《马列耶夫在学校和家里》、意大利万巴的《捣蛋鬼日记》、瑞典林格伦的《长袜子皮皮》。他实在没有想到我能找出这么一堆同样风格的书，他感受到了一种认可，来劲了，一口气写了十多篇这样的文章，而且有了自己的“粉丝”。当然，这种搞笑的恶作剧系列终有停止的那一天，但那种幽默的、寻找生活中偏门细节的风格，会慢慢固定下来，并且他在阅读好的文学作品的过程中，也会修正的。

还有一个孩子叫陆一琛，他在周记中写了一篇文章，其中充满了呓语，都是一些碎片式思考，有意识流的风格，所以题目就叫“碎片”。我想大部分人是不接受小学生写这样的文章的。如果反馈到陆一琛那里的评价都是难以理解，都是批评——故作深沉、装腔作势，那么就不会有后来几万字的《碎片》系列了。陆一琛小学阶段就开始的独特写作风格的尝试使他成长为一个“不一样”的人：他偏爱那种有内涵的文艺作品，他在大学时代参加话剧社，主演了著名话剧《十二公民》。毕业后，他从事金融工作，但时常在网络上写哲学小说……

碎片（节选）

我的脑海中有无数碎片，它们让我感到迷惑、无奈和不知所措。我试着去夸张它们、填充它们，使它们成为一篇出色的文章。但碎片就是碎片，就像破裂的纸一样，黏合了，那条裂缝却无法抹去。……

为什么他们会这样看着我？我又为什么诞生在这种地方？我是什么？嘲笑、讥讽、咒骂、欺打……我不愿，不愿再去想，想他、她、它、他们、她们、它们。可我又不得不去想。为什么？我应该怎么办？

死寂，还是死寂。为什么夜会这么静？静得令人漂浮。死寂，死寂，死寂，死寂，还是死寂。还是那个月亮，还是那几颗星星，还是我，我在注视它们。为什么我感到如此空虚、如此的静。Why？Why、why、why？

死寂，还是死寂……

我听到了从上帝那儿传来的声音，难道，我死了？我模糊地看到一个天使，她的面庞很慈祥。她飞到我身边，问我：“想进天堂吗？”“想！”“生前有……这个吗？”“没有。”“那你是干什么的？”“只是个乞丐。”“哼，一边去。”她露出了天使的罪恶面目。

刹那间，我落到了地狱。看哪！魔鬼！不过，它们的眼睛流露出了和蔼、同情、关爱的神情。这不该是恶魔应有的呀？一个其貌不扬的恶魔走到我身边，问我：“从上面下来的？”我点头。“天堂好吗？”“……”“这儿好吗？”“……”

一滴泪落下，与雨水溶在一起，淡化了。它失去了原有的咸味，它淡淡的淡淡的。小雨变大了。头发湿了，衣服湿了，裤子湿了，眼睛湿了；脸被冻红了，手被冻红了，眼睛被冻红了。真的，它从窗子里流出来，渗透了大地，渗透了土壤，渗透了皮肤，经过血管，回到了一个不停跳动的地方。

还有一个孩子叫金祺。他非常喜欢画画，喜欢动漫。说实话，我对动漫没什么兴趣，动漫的阅读量几乎为零。我曾经有过一个想法，阅读动漫简直就是浪费时间，是一种低层次阅读。就像有的人呼吁孩子尽量少读绘本。但我告诫自己不要轻易对自己不熟悉的领域采取断然拒绝的态度，提醒自己要包容金祺在写作上的另类尝试：图远远多于文字。谁说这不是一种写作方式呢？谁说他不可能成为未来中国动漫产业的领军人物呢？

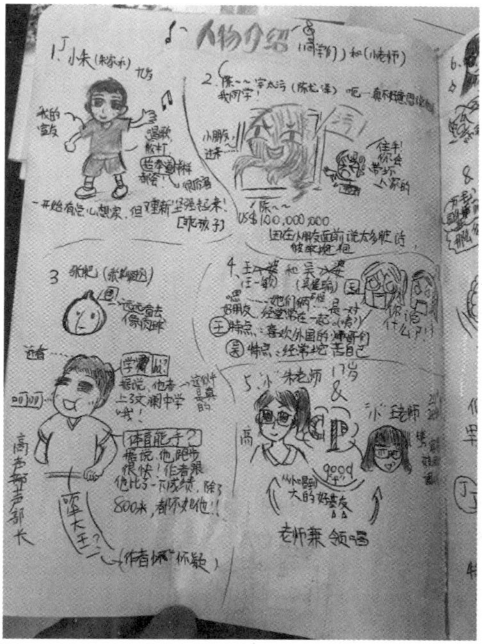

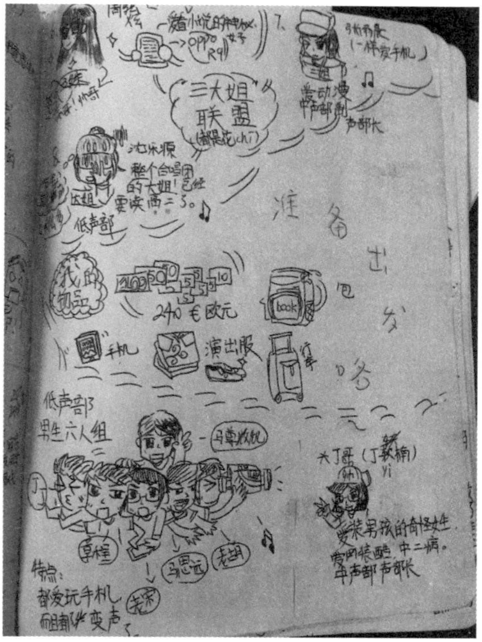

不是人人都需要个性

我在自己的另外一本书《瞧！这样的语文有意思》里写道：“我是体制内

的公办学校的一个老师，我们提供的是‘常人’教育、‘常态’教育，我们只负责把孩子培养为文明社会精神上健全的具有学习力的人。”

把这个想法移用到写作教学领域，我们就不要太在乎写作个性这回事。李白有个性，他的诗天马行空，飘逸动人；杜甫有个性，他的诗忧国忧民，走的是思想性路线；李商隐有个性，老写情爱，胜在辞藻华丽。但在写作教室里，尤其是在小学生的写作教室里，我们要教的不是飘逸动人，不是朴实深沉，不是辞藻华丽，而是写诗的一些基本规律，比如平仄，比如押韵……当然，现代教室里教的主要是白话文写作，这里所举的只是一个例子而已。

好，我再来理一理我的思路，我把写作教学分为四个阶段。

写作并不神秘。很多二年级的家长很焦虑地问我：“关于作文，我们可以做些什么？”这种焦虑不是无缘无故产生的。因为一些二年级的孩子已经开始上一些写作培训班。培训机构一般主张孩子在娘胎里就可以开始学写作文。而我的想法和做法是，三年级以前，对孩子的写作，无论是一个句子、一个片段，还是一篇短文，都以鼓励、表扬为主。“看见什么写什么，听见什么写什么”“作文就是写完整、通顺的故事”“作文就是写印象深刻的生活小事”……三年级以前，老师要做的就是破除作文的神秘感，降低写作门槛，让孩子写起来再说。只有孩子开始写了，接下来的事情才有可能发生。其实，很多家长已具有这样的原生智慧，他们在孩子六七岁时，经常把孩子的话记录下来，然后兴奋地对他说：孩子，你会写作文了。孩子呢，就真的以为自己会写作文了。

写作需要技巧。从四年级开始，一直到六年级，我教孩子们很多实用的写作技巧。有人主张写作技巧应该是孩子在大量写作中自己感悟出来的，而不是教出来的；有人索性主张不教技巧。而我一点儿都不排斥教技巧，我认同不能扼杀一个作家，却坚信不能把每个孩子都当作家来培养。即使是作家，在写作的起步阶段，为了掌握某种表现手段，也会专门进行练习。所以，我大力主张在小学阶段教写作技巧，不遮遮掩掩，不躲躲藏藏，该教的还是要教。

写作强调个性。到了一定阶段，要强调创新，强调个性。孩子的写作比较容易形成套路，仿佛一个模子里刻出来的，写天气必定是“风和日丽”，写高兴肯定是“一蹦三尺高”，写走路速度快往往是“三步并作两步”，这是语言上的套路。除此之外，结构上也有套路，前段时间，报纸上报道中学生写主题为“责任”的文章，大多数是按照“谈谈孔繁森，批判王宝森，想到钱学森，联系中学生”的程式来写的。所以，从五年级开始，我会注意寻找有写作个性的孩子，鼓励他尝试，让他从以模仿为主到逐渐摆脱模仿，走向独立的创新写作。当然，孩子的写作个性不是你鼓励一下就能达成的。作为老师，我们最需要做的就是让孩子们有机会读到好书，接触到不同风格的写作，在大量阅读中遇到自己喜欢并适合的风格。写作个性是阅读塑造出来的。

写作就是生活。很多孩子害怕写作，讨厌写作，是因为觉得没东西可写，觉得自己没有生活。套用罗丹的话来说，他们其实不是缺少生活，而是缺少发现的眼睛。曹文轩说：“未经凝视的世界，是毫无意义的。”只要孩子对周遭的生活保持足够的敏感与好奇，时时刻刻用眼睛去看，用耳朵去听，用鼻子去闻，用手足去触摸，用心灵去感受，就会觉得有那么多内容可以写，比如墙角的一朵花开了、某种游戏热了、有天自己哭了……这个阶段要注重让孩子拥有能够发现、感受生活细节的眼睛、耳朵、手足与心灵，这是需要长期培育的，而这样的培育，在本质上是一个生命开发、提升的过程。真的，发现题材，是非常重要的写作才能。

一些孩子在大量读写中、在老师的帮助下会顺利走到第三阶段，甚至第四阶段；但是必须承认很多孩子无法跨越第二阶段，这是正常的，我们对大部分人写作能力的要求就是写出文从字顺的文章。教实用的写作技巧就是针对这部分孩子的。而对那些已经走到第三、第四阶段的孩子，老师、家长需要做的就是保证他们大量阅读，丰富他们的生活，鼓励他们的个性创作。

教写作技巧有技巧

有人形容我们的作文课，实际上是在做两件事。

一是老师常常告诉孩子们一系列名词术语，什么“猪肚”“豹尾”，什么“结尾十法”“开头十法”，什么“详略得当”“中心明确”……老师空对空地讲了一堆概念，然后，一撒手——你们自己去写吧！

二是老师使出浑身解数，创设一个情境，开展一项活动，让孩子们经历或疑惑，或兴奋，或吃惊，或激动等种种情感体验，然后，一撒手——你们把这个过程写下来吧！

第一种做法，犹如游泳教练不让学游泳的人下水，而在岸上大讲游泳知识，讲完后，让他们自己去扑腾。结果，他们怎么也学不会游泳。

第二种做法，是教练千方百计地游说、宣传游泳是多么有意思，并把学游泳的人带到游泳池边，激起他们游泳的欲望，然后，一撒手——尽情游吧。结果，他们还是学不会。

上海师范大学的王荣生老师针对这两种情况得出一个结论：我们的写作课里没教写作。为什么说我们没有教写作？因为我们的很多写作课只是给学生写作的时间，然后给个分数罢了。对具体的写作过程，老师通常很少顾及，更缺乏有效的指导。即使有指导，其实也就是原则性的引导或要求，比如要写具体呀，要有细节描写呀，要抓住特点来写呀，要写人物的神态、语言、动作呀，要学会审题呀。这些要求太粗、太泛，很多时候，说了等于白说。还有的课呢，会教一些比较具体的细的技巧，但那是考试作文的技巧。

记叙文、说明文、议论文这种划分阻碍教技巧

流行至今的教学文体的划分是怎样的呢？一般分为记叙文、说明文、议论文等。

这种划分已经造成了对孩子们读写思维的严重遮蔽，妨碍了他们对文体的认知。

为什么？因为记叙文、说明文、议论文是因考试而存在的文体。

先说记叙文，孩子们以为真有叫作记叙文的文体，其实是没有的，实际写作中只有新闻、小说、调查报告、杂文、信……这些文体不是记叙文涵盖得了的。你再想一想，你长大以后，会写记叙文吗？写给谁看？

再说议论文，孩子们学了议论文三要素（论点、论据、论证）后，以为议论文有这三要素就可以了，以为议论文要先有论点，然后根据论点去选择论据进行论证，做到观点与材料的统一。这完全违背了辩证思维的规律。真实的辩证思维恰恰相反，是从搜集材料开始的，论点是从材料中产生的，材料与观点不是直接对等，而是矛盾的统一。

这种错误的文体划分占据着教坛很长一段时间了，它会造成极为严重的后果，其中一个后果就是写作时根本没有读者意识，或者说眼里只有一个读者，那就是批卷的老师。再加上考试时不太科学的时间设置（一般小学生40分钟必须写完一篇文章，篇幅一般在500字左右），会加剧一些畸形写作技巧的诞生。例如：

写人作文绝招：

1. 主要人物出现要早。第5行必须出现主要人物。

2. 首尾必须有一句话点明人物品质。例如“他助人为乐的品质真令我感动”。首尾字数一般控制在两行半。

3. 要有两行半的外貌描写，哪怕是写“乌黑的头发”“乌溜溜的大眼睛”……

4. 要有两行左右的环境描写。

5. 多写那个人的动作、神态，动作、神态后面最好接着联想，就是跟上“好像”“仿佛”。

6. 对话（和中心有关的对话）要分段。

7. 要描写人物的正面品质，别停留在吃喝上。

8. 总字数一般在550字，400字太短，但也不要太长。

如果我们的孩子十多年都在练习这样的写作技巧，那么，不要说培育作家，连起码的文学欣赏者、连实用的写作者都培养不了。

这个课题深入研究下去，大有可为。比方说，我们可以将写作文体重新划分，分为以下几种（只是假设，有待学者深入探讨）：描述性写作、说服性写作、说明性写作、故事写作、读后感写作、信件写作、日记写作。

关于每一种写作，我们都努力让孩子们面对真实的写作对象。以说明性写作为例，以下是我在微博上看到的一个写作案例。一位老太太想知道什么是脸书（Facebook），约旦的一位写作者这样解释：

1. 脸书是一份报纸。

2. 这份报纸要在电脑或手机上看。

3. 报纸里只有家人和朋友的新闻，第2页是儿子的，第3页是妹妹的……

4. 关于他们的新闻他们自己写。

5. 其中有一页是你自己的，你想写什么、想让谁看由你说了算。

6. 报纸第1页，是全部内容摘要。

怎么样？是不是感觉很不错？如果为了让老太太理解脸书，去提什么这是一家社交网站，它可以向亲朋好友分享照片、视频和个人信息等很IT化的语言，她一定会非常困惑。接着她可能就会问“什么是社交网站”“什么是视频”等问题。约旦的这位写作者做得最棒的一点是努力让读者理解，时刻想着用适合读者的语言去表达。

总而言之，我的想法就是让孩子们从小就练习生活中存在的文体，从小就练习有目的地为特定的人群写作。这会解决写作教学上的许多难题。

教技巧真的会降低孩子的写作兴趣吗

很多人觉得我教写作技巧会降低孩子的写作兴趣。

那是因为他们对写作兴趣这回事根本没想明白，他们对孩子的写作兴趣的激发往往只停留在迎合这个层面上。有的老师喜欢在孩子动笔写作之前做游戏、变魔术等。“游戏作文”甚至成为一种理念、一种主张。我倒不是反对“游戏作文”，偶尔我也会上这样的作文课，但不多，为什么呢？

第一，“游戏作文”太消耗时间。一线老师没有不心疼时间的，我们的教材学习内容太多，测查比较密集，再加上各级部门派发下来的额外任务，逼得我们对时间精打细算。我不是深陷于应试不能自拔，我也愿意让孩子们多体验有益于身心健康的游戏，但做游戏一旦放开来，就需要大量时间。

第二，“游戏作文”把握不好，就会过度游戏化、娱乐化。尽管你想尽办法让孩子们的注意力转移到游戏时的观察、游戏后的写作上来，但他们一旦进入游戏中，就会沉迷于简单的感官享受和人际交流中。

第三，“游戏作文”的写作兴趣迁移性不高，在那个情境中孩子们愿意写了，而换个时间、场合，他们可能又不愿意写了。如果没有好的设计，写作方法的迁移性也不高，在那个情境中他们会写了，而换一个情境，他们可能还是不会写。

那么，我用什么办法激发孩子们的写作兴趣呢？这种办法操作起来还不能太复杂。任何操作复杂的办法都是中看不中用的，都是没有生命力的，只适合待在杂志里或者各级教育部门自己花钱印刷的优秀案例里。

拼命地表扬

我一般从三年级开始接班。十岁的孩子刚刚开始正式写短小的文章，他们对写作还怀有恐惧，他们的每一次尝试都想得到老师的积极肯定。不切实际的泛泛的表扬，可能会助长孩子浮夸的虚荣心，会让他们自以为是，不愿投入努力。而有针对性的赞美对初试者而言，实在是一剂强心针。因此，这一年，我从他们错别字连篇、语句不通、没有结构可言的文章中，努力寻找亮点，让他们感觉到写作并不是那么可怕，他们是可以写好作文的。从四年级开始，我才慢慢提高标准，将对他们习作的评价客观化。

让孩子拥有更多读者

很多时候孩子不愿意写作文，是因为他们意识到他们的作文没人看，或者只有语文老师在看，他们觉得没劲。事实也是如此，写一些趣闻逸事，是老师在看；写给爸爸妈妈的信，是老师在看；写给有关部门的信，也还只是老师在看。如果这个老师不是他喜欢的、崇拜的，甚至是他讨厌的，那他就更没有动力了。

所以要让孩子有写作的动力，就要让他觉得他的作文真的有人在看，有很多人在看，而且自己在乎的人也在看。换言之，就是让孩子拥有更多读者。

让孩子的作文拥有更多读者，最好的办法就是让它发表出来。但是发表资源是有限的，能发表的毕竟是少数，而且这需要老师投入非常多的精力，比如搜集学生杂志，研究杂志栏目设置、稿件需求，投稿，甚至跟编辑建立联系。

因此，很多老师开始寻求更现实的方法。

比如范读学生的优秀作文啦，出墙报啦，办班级博客啦，让学生互看互评啦……这些方法我都试过，有的现在还在坚持。

例如，每周我至少花半小时时间来点评学生的周记，每次都点评得口干舌燥、嗓子生疼，但学生听到自己的文章在40人的“大庭广众”之下被表扬，确实高兴。

例如，有一段时间我实施“招标”批改。我先简单说一下某篇文章的亮点，然后询问是否有人愿意把这篇文章认领去批改，大受欢迎造成哄抢局面的文章的作者，心里总是窃喜。

但是，我总觉得这些方法受益面还是太小，刺激力度还是不够，而且随意性太强，最后我自认为找到的最好的办法是设置班刊（周刊）。关于班刊，管建刚老师有成体系的操作办法，而我的操作办法比较简单（后面有所论述），坚持了多年。

让孩子写自己想写的

那些长大以后还坚持写作的人，无非是觉得写作有用，比如可以评上职称、赚取稿费、解决问题、引起关注、得到青睐等。而小学生的习作属于练习，往往没有物质的回馈，对他们的生活也没有实际帮助。因此，我们只能更多地在精神鼓励方面想办法。

在写作上，对孩子们最好的精神奖励就是让他们写自己想写的，无拘无束地写。所以，我的周记作业一般都不规定写作任务，孩子们有充分的自主权。在我的教学生涯中，有好几个孩子的写作选择让我印象深刻，例如，一个孩子写了一年《邪恶神兵》，在大人看来，他写的无非就是在宇宙里打打杀杀；一个孩子一年都在评述“三国”里的人物；一个孩子每周都写一些在大人看来无意义的碎片……

让作文题尽量有创意

有的时候，我们布置的作文题确实过于老套、无趣，比如“童年趣事”“一个难忘的人”“一件难忘的事”“我得到了_____”，这些题目往往成人化，比较宏大，指向道德，只会让孩子讨厌、拒绝。其实，好的作文题有时会让孩子从内心发出惊叫和欢笑。我们来看一些开头：

我的眼睛一只是绿眼珠，一只是棕眼珠，绿眼珠能看见事实真相，而棕眼珠看到的更多，比另一只眼睛多得多。

“对他好一点儿，毕竟他是你的弟弟。”爸爸说。

我是全国最出名的12岁孩子。

杰森从来没觉得自己这么蠢过，他希望永远不要再这么蠢了。

她感觉马上要大难临头了。

那间房子阴森森的，低垂的屋顶，灰扑扑的油漆，许愿的窗扉像斜着眼瞪人，空荡荡的门廊上那把摇椅日夜不停地摇哇晃啊。

我第一次遇见史蒂芬，他在我的右手臂上画了个魔咒，害得我的手指三个小时动弹不得。

弗莱明太太的假发不见了。

他在演讲的时候不小心假牙掉了出来。

我最讨厌的人竟然在我面前慢慢变成了一只毛毛虫。

如果你让孩子们接着这些开头往下写，他们可能会蛮有参与、挑战的兴趣。你没发现吗？这些开头能让孩子们放松下来，它们说到孩子们的心里去了，而且有不可抑止的幽默感。

当然，写作大部分时候是痛苦的，写作考验的是人对诱惑的抗拒力，考验的是人的意志。即使是作家，写作时也不可能经常文思泉涌、下笔成章，更多的时候是没有题材，是词不达意，是寂寞，是痛苦。

有时不要太在乎孩子们喜不喜欢写。我带过几届学生，无论哪一届，无论你怎么努力，都会发现总是有孩子不喜欢写作，害怕写作。这是很正常的。只要你尽力了，就没必要沮丧，更不必胁迫孩子去喜欢。

在阅读课中教写作技巧

阅读和写作永远是结合在一起的。

歌德说："内容人人看得见，含义只有有心人得知，而形式对大多数人而言是一个秘密。"

作为老师，我们当然要努力不让这个"秘密"成为秘密，我们要提醒孩子们用作家的眼睛去阅读，在阅读中发现写作的形式。

上《颐和园》这篇课文，我教孩子们"早点儿到景点"。我当着大家的面调侃冯丞斌，我说他的文章是兑了水的酒，有一半都是凑字数的。冯丞斌当然很不服气，当众反驳我："凭什么这么说我？"我说，你看你写一次游黄山，前面全是写一些无关紧要的事——先起床，再刷牙、洗脸，洗完脸由爷爷开车送到学校，到了学校又跟同学说说笑笑，等真到黄山了，文章却收尾了。你看人家写《颐和园》，最牛的话就是第一句——"北京的颐和园是个美丽的大公园"。一个废字都没有，马上就到了颐和园，短平快。冯丞斌有点儿下不了台，于是信誓旦旦地说："我也可以做到！"这样的赌气式发誓正中我下怀。我当着全班的面宣布冯丞斌重写《游黄山》，但是文章的第一句我规定了，我在黑板上煞有介事地把这句话写了下来——"我终于来到了黄山脚下"。大家看了心知肚明，相互看着意味深长地笑了。这是不是在教写作呢？

上《索溪峪的"野"》，我告诉孩子们写一个景点可以不按地点转换顺序写。我们写景，大多数时候，是按照地点转换顺序写的。比如爬一座山，先写山脚，再写山腰，然后写山顶，一路爬，一路欣赏风景。今天，我们能不能像这篇文章的作者一样，用一个词甚至一个字概括自己去过的景点的特色，然后整篇文章围绕这个词或字来写？孩子们明白了写作方向，马上尝试。

庐山的"醉"——山是醉的，溪流是醉的，天气是醉的，人也是醉的。

义乌的"多"——商品多，旅馆多，车多，人多。

张家界的"高"——那里的山真高，那里的洞真高，那里的电梯也高。

西藏的"怪"——服装真怪，食物真怪，风俗更怪。

黄山的"奇"——石头奇，松树奇，云雾奇。

西湖的"净"——水净，雪净，人净。

白鹿原的"美"——白鹿真美，文物真美，学堂真美。

上《文成公主进藏》，我跟孩子们说这是一个困难型民间故事。其实，很多民间故事是有结构的，困难型民间故事首先写主人公遇到困难，不过不会很具体地描写这些困难。山有多高、水有多深，往往是通过动物的嘴巴来说的，例如，小鸟会飞过来说："公主，公主，这儿是片沼泽地，不好走。"小鸟不说小鱼说，小鱼不说小蛇说。然后呢，会写主人公克服困难，主人公不会费尽周折，往往能轻而易举地解决困难，而且经常出现"只见他"三个字，比如只见他架一根木头，只见他扯一朵云彩，只见他把山背了起来……最后呢，这个地方会发生神奇的变化，故事里会出现"从此以后""从那以后""从此""直到现在"这样的词语。所以讲困难型民间故事，心里要记住三个词语——"小鸟说""只见他""从此以后"。这是不是也在教写作呢？

上《通往广场的路不止一条》，我跟孩子们分析怎么写这类文章。这类文章是要和读者分享一个观点，一般来说分三类：有的只讲一件事，观点就是不说出来，让读者自己去提炼；有的讲完一件事后把观点直截了当地说出来，不隐晦，不拐弯抹角；有的是借事件中人物的嘴巴说出观点来，某个人物说了一句意味深长的话，其实这话就是作者要表达的。

上《月光曲》，我明确地告诉学生，在这篇文章里作者正面描写了《月光曲》的旋律，但音乐是最难通过文字来描述的，用“轻了”“慢了”这样的词语无法写出音乐中情感的微妙，用“美妙”“动听”这样的词语又玄幻空洞、言之无物。作者用了什么办法呢？用了联想，把音乐的旋律转化成大海波浪的起伏。讲完课，我让孩子们晚上听一段音乐，看一张抽象画，让他们用联想的方式写他们听到的、看到的。这样的写作任务是有难度的，但是孩子们面对真正的挑战非常投入。

上《少年闰土》，我和孩子们玩文字游戏。这篇文章里有一段话是讲闰土向鲁迅诉说“雪地捕鸟”的情景：“下了雪，我扫出一块空地来，用短棒支起一个大竹匾，撒下秕谷，看鸟雀来吃时，我远远地将缚在棒上的绳子只一拉，那鸟雀就罩在竹匾下了。”别看这段话短短的，却写得非常准确。我要孩子们读完之后，合上书本把“雪地捕鸟”的情景背写出来。孩子们觉得很简单，纷纷动笔，然后呢，我按照他们的文字还原情景，他们发现没有一个人能够成功地捕到鸟，他们的文字漏洞很多。在这整个过程中，大家简直疯了，非常开心，而开心过后对鲁迅的佩服则油然而生。同样的文字游戏，我在《赵州桥》《詹天佑》等很多文章的教学中都玩过。我想这就是在教写作。

当然，如果你想通过阅读来教写作，你就要提高自己对一篇文章的审美水平。老师，以及任何和孩子交流写作问题的大人，是可以喜欢和讨厌一篇文章的，如果那篇文章存在问题。我说的问题，是指这篇文章存在的“质量”上的问题。说得再明白一点儿就是，如果教材里有一篇低劣的小说，你可以不喜欢；如果有一篇知音体的散文，你可以不喜欢；如果有一首口号式的诗歌，你可以不喜欢……我甚至觉得，衡量一个语文老师是否优秀，只要看他对文章是否有自己的态度就可以了。这种态度也会传染给孩子。

我不喜欢《赶花》这样的文章。课文主要写洋槐花开了，“我”在槐树林中遇到一个养蜂人，便与之交谈，感叹他们生活的艰辛，同时又羡慕他们的生活充满诗情画意，并赞扬了他们为人们贡献了甜蜜的生活。我查了一些资料，没有找到这篇文章的作者，但从这篇文章的行文笔调和思想主旨来看，它当是和杨朔的《荔枝蜜》、秦牧的《蜜蜂的赞美》之类赞美新时代、讴歌新生活的作品属于同一时代的。备课时，我捧着课本大声读了一遍，感觉不是很对味儿。作品在描绘养蜂人的生活状态时，充斥着脱离生活实际的语言和不食人间烟火的小资情调。如养蜂人在回答“我”的问话时是这样说的：“这生灵和人一样，最有觉悟。一赶上花时，就没命地干活。……它那短短的一生，喘口气都舍不得，哪有工夫蜇人哪！”“然后，转回我们的家乡，那里的荆条花开得金光灿灿的，采来的蜜也和金子一般。到七八月，又跑到三边一带，那边粉红的荞麦花开得很盛，蜂儿痛痛快快地采呀，直到凉秋——”呜呼，我们那朴实、可敬的劳动人民哪有这样翘着舌头、哝哝细语状、文绉绉地说话的？特别是作者的那段旨在总结全文、点明中心的话——“我入神地听着养蜂人的话，暗暗地震惊：‘养蜂人的生活竟是这样的艰辛，又是这样的充满诗情画意！’”——更让人倒胃口。我们不否认这些文人雅士会认为一年四季追赶着花开的时节，徜徉在花海中，与群蜂共舞，与花香同醉是一种多么浪漫、多么令人陶醉的生活。但是，为采蜜、为生活而四处奔波、风餐露宿的劳动人民会有这样的闲情雅兴吗？这使我不禁想起了一个笑话：有一位作家去苗圃里采风，问一位花农：“你每天穿梭在这些美丽的花丛中，会不会欢快地奔跑？是不是感到特别兴奋哪？”那位花农说：“不，只有我们家的那条小狗才会这么做！”

我不喜欢《小稻秧脱险记》这样的文章。《小稻秧脱险记》是苏教版语文课本中的一篇科学童话，用拟人化的手法形象地写出了杂草对稻秧生长的危害，以及喷洒除草剂对保护稻秧的作用。童话的立意我们暂且不管，我们来看童话里的一段话：“一天，水稻田里发生了激烈的争吵。一群杂草把小稻秧团团围住，气势汹汹地嚷道：‘快把营养交出来！’小稻秧望着这群蛮不讲理的杂草，说：‘我刚搬到大田来，正需要营养，怎么可以交给你们呢？’这群杂草不由分说，一拥而上，拼命地跟小稻秧抢营养。小稻秧气得脸色蜡黄，当场就病倒了。”你发现了什么吗？你会发现这则童话用了较多的四字词语——团团围住、气势汹汹、蛮不讲理、不由分说、一拥而上。一般来说，语文老师看到四字词语，尤其是成语，往往会兴奋起来，会把理解、积累四字词语作为教学重点。但在我看来，这就是这个童话质量不高的原因所在。童话的特点是语言通俗，使用大量口语，简单易懂。即使是现代人创作的童话，也应该避免出现过多书面语，否则给人感觉不好。人教版语文课本中的《文成公主进藏》也有这个问题，文中冷不丁地冒出一句文绉绉的话："从此，西藏和内地的往来更加密切了！"没有一个爷爷奶奶会这样讲故事的。

上面这样的例子在我的教学生涯中几乎每时每刻都在发生。通过阅读教写作，不是简单地复制书单，不是简单地把书扔给孩子。面对同一篇文章、同一本书，有的人是当作正面例子来讲解的，而有的人是当作反面例子去剖析的。毫无疑问，大人（引领者）的态度会直接影响孩子。我曾经带领一些孩子通过网络共读一些文学著作，有时他们的家长会在微信群里发表自己对某一本书的看法。一次，他们聊到了沈石溪的小说。我先要申明的是，下面我所截取的聊天儿片段并不是要对沈石溪的写作水准做一个评判，只是想说明，当我们想通过阅读来教写作的时候，我们自己对文本的解读有待重视和修炼。

珊妈：沈石溪的动物小说，我觉得情节很棒，又富有人文精神。我觉得一个人怎么能写出那么多动物小说，情节各异，人物性格各异，情节还那么打动人。在《王妃黑叶猴》那本书里，黑叶猴的整个族群因为内讧被豺狼干掉了。黑叶猴带着儿子投靠了另外一个猴群，小心翼翼、忍辱负重、斗智斗勇地在那个猴群里生存，最后成为王妃，还把自己的儿子送上了猴王宝座。简直就是一部宫斗剧哇。但因为写的是动物世界的故事，所以没有那么多少儿不宜的东西。相反，你可以在书中看到很多深刻的情感、智慧，以及生存法则。我觉得孩子大了，可以多看这样深刻的书。

毛妈：确实像宫斗剧，所以我觉得未必算好书。

可妈：它以动物的形态表现人性。

珊妈：嗯，所以说是我个人的观点，我是很愿意孩子看一些深刻的书的。还有《最后一头战象》《狼王梦》等，我觉得都很深刻，读来让人感动。

毛妈：我不喜欢沈石溪的书，当然这也是我个人的意见。之前我经常听到他的大名，这学期学校让孩子读他的《红奶羊》，我跟着读了，很不喜欢。我曾经写过一段评论批评这本书。总的来说，格调不高，是宫斗剧或网络小说的格局（当然，宫斗剧和网络小说也有很多人爱看，所以不能以孩子爱看作为好坏的唯一评价标准）；语言描写也比较粗糙，特别是很多用词非常随意，甚至比较庸俗……再强调一下，这只是我个人的看法，我是不会给孩子再看他的书的。

可妈：同意，可是孩子要看怎么办？同学在学校里也会相互传阅。

珊妈：啊？会吗？《红奶羊》，我这儿没这本书，会不会是冒充的？我觉得沈石溪的书挺好的，至于我用宫斗来描述《王妃黑叶猴》可能不全面，我觉得借动物描述那种深厚的情感，以及执着和努力，挺让人感动的。

毛妈：《红奶羊》是本很薄的书，很快我就读完了。可是读完后我就郁闷了。以下是我的几点看法。

第一，就动物小说而言，这本书基本没有考虑动物的本性，或者说作者基本不了解动物，完全是在编故事。当然编故事也行，我们权且把它当童话来看。然而，存在一些问题（见下面几点）。

第二，书的语言粗糙，没有美感。之前我曾经批评过曹文轩的作品三观不正，但是语言却非常优美，对人、对景的描写寥寥数笔就非常到位，很有画面感。而沈书与之则完全不在一个层面上，用词极不讲究，很随意，比如这一句："今天早晨，那只黄毛狼崽已经饿死了，另一只黑毛狼崽也饿得壮烈。""壮烈"一词用来形容饥饿也许只有在网络上才会见到。

第三，之前有位妈妈曾批评过沈书有很多情色描写。说"情色"可能夸张了，但是沈的文字的确不那么高级。比如这一段描写："小狼崽在丰硕的乳头下贪婪地吮着茜露儿的乳汁。不知怎的，茜露儿紧张的心情不知不觉地松弛下来。它是头一次哺乳，没想到感觉竟是这样奇妙，这样飘飘欲仙。它想起了自己死去的小羊羔，仿佛感到自己的宝贝在吮着乳汁。茜露儿对狼崽的厌恶随着初次哺乳的快感消失了。""快感""飘飘欲仙"这样的形容词虽说是在形容哺乳，可是却让人不由自主地产生别的联想。这种描写方式很地摊文学的感觉，在现在的网络爱情小说里也很常见，实在是格局不高。

第四，最后再说说《红奶羊》整本书的立意。这本书讲的是一头小狼出生时妈妈去世了，狼爸为它捕来一头奶羊喂养它长大。红奶羊原来有幸福的家庭（它是头羊的妻子），被迫与丈夫分开喂养小狼。一次偶然的机会，猎人打死了狼爸（狼爸为保护小狼而牺牲），红奶羊本可以离开，却母性大发不忍离开，继续喂养小狼直到它长大。小狼长大后，红奶羊回到家里和丈夫一起幸福地生活，生了两个孩子。可是危险时刻，丈夫不顾孩子自己逃命，辛苦培养出来的勇敢的孩子又在生死一线时推开它去逃生，它心灰意冷，怀念那个为救小狼牺牲的狼爸和救过它的勇敢的小狼………怎么样？这个故事是不是很像网络爱情小说？——女人们总是喜欢勇敢的男人。这是我写的评论。

小福妈：《最后一头战象》写得挺好的呀。

你发现了吗？如果用沈石溪的小说来教写作，珊妈和毛妈的处理方式会完全不一样，我先不评判哪个妈妈的方向对，在这里，我想先强调不一样。

通过作文讲评巩固写作技巧

讲评作文是很有讲究的。你要能发现孩子们文章中的亮点。当然，除了点明、巩固写作技巧，有时候还要上升到一定的高度，和孩子们交流你的人生观、价值观。

我每周都有一至两次作文讲评。有时候，来听课的老师会把我的即兴点评记录下来，下面就是某一堂课上我的即兴点评，其中很自然地融入了我对点评的一些追求。

可可的这篇文章我特别喜欢，她写的是病菌的世界。其实，把很多事物当作人，用拟人的方法来写，并不新鲜，但是把病菌当作人来写，就特别有意思。

可可不仅仅想到了这么好的创意，关键是她为她的创意付出了很多努力。她要写病菌是怎么侵入人的身体的，她知道好的拟人文章要建立在科学的基础上，于是她去查找了有关病菌的很多知识，这一点从她的文章里看得出来。

她知道一个好的创意还需要一个好的构思，这个构思就是精心的布局。

比方说第一段，可可写得特别有意思——“啦啦啦，我与我的几十个病菌姐妹哼着小曲来搜捕我们的零食，这时我们看见了一个小女孩，我们一见到这送上门的肥肉就欣喜若狂，于是把她的手当起点出发了”。

文章到了中间，可可安排了一个非常好的转折——“我们的欲望和决心开始扩大了，我们想到小女孩身体的其他地方去，我们一夜之间已经到了她的肺部，这时她开始头痛恶心”。

文章的结尾也来得恰是时候——“过了几天，小女孩的妈妈带她来到一个叫医院的地方，给小女孩诊断的医生，给小女孩开了一大堆我们的死对头——药”。

记住，再好的作家，也不会认为整齐的结构是刻板、丢脸的。

陈龙泽的第一段写得特别好，就凭这一段，我就决定把这篇文章选入班刊——“天刚破晓，第一缕晨曦从窗纱外渗透进我们的房间。雨不负众望，如期而至”。太棒了，尤其是这个“渗透”，一般人从来没有想过这儿可以用这样的词；尤其是那个“不负众望”，让人感觉到他对雨的那种期待、那种盼望、那种向往。你知道他们一家人为什么这么希望雨的到来吗？因为他们一家决定尝试一下雨中游西湖。游西湖那天，陈龙泽简直玩疯了。

萱萱写的是糖画。糖画是什么？就是用糖作为材料来造型。我觉得写得真棒，尤其是其中的一段，语言节奏感特别好，我给大家读一下：“溢出的糖，如蜜丝般顺滑，自上而下，忽快忽慢，忽高忽低，放纵提顿，回旋往复，看得我口水直流！”我知道萱萱在做一种尝试，她想尝试那种简洁的风格，她记住了蒋老师说过，有中国味道的语言喜欢用三个字、四个字、五个字，读起来很有节奏感。萱萱说，这段话她写了很长时间。我说，萱萱，你花这个时间是值得的。

卢果的选材总是会给人带来很多惊喜，我觉得他简直可以写一个系列。跟上一次《密集恐惧症》给大家带来惊喜一样，《我是“纠结帝”》马上就吸引了我，让我舍不得从他的作文本上离开。他说他在生活中是一个纠结的人，而我作为一个读者，想要看的就是例子、例子、例子……而且是新鲜、有趣、让人过目不忘的例子。卢果知道读者的心理，他做到了这一点，他讲了两个例子，一个是早上吃什么，一个是买鞋的时候选什么。我忍不住要给大家读一段："今天早上起来，爷爷问我要吃什么。这让我陷入了深深的纠结之中。是吃千层面，还是吃比萨？是吃乌冬面，还是吃冷面？吃千层面吧？我有口腔溃疡，吃起来不方便。吃比萨吧？老是吃，我想换换口味。吃乌冬面吧？也不行，早上我不喜欢吃太油腻的食物。吃冷面吧？也不行，早上吃有热量的食物，人才会有精神，而且冷面比较清淡。"我相信每一个人都会马上被他带入他的纠结中，实在是太有意思了。

涵涵写的《两个烧饼》，说句实话，语言并不是特别好，但我就是被这篇语言并不出彩的文章给吸引住了。为什么？因为她写的内容抓住了我的心。有的人总是觉得没东西可写；有的人总是觉得有那么多事情可以写，因为他们总是能发现生活中有一些不经意的小细节是那么感动人。涵涵写的是什么呢？她就写了排队买烧饼的时候，那个卖烧饼的中年叔叔那么细腻地关注到她的存在，别人插队了，他马上说这个饼是这个小朋友的。就那么短短的一句话，就让涵涵觉得特别感动、特别温暖、特别应该记住，就让她特别想看一看那个叔叔的样子，想把它记在心里。这就是写作。写作就是发现生活中的一些小感动、小细节。

天昊写的是秋雨，写雨是很难的，而且整篇文章并不是从头到尾都是那么"杰出"。吸引我的是第二段。更准确地说，吸引我的是里面的三个比喻。我没有想到他可以用上这样的比喻，我一定要把他的这些比喻读出来。他写道："秋雨的声音如同一个爱哭的孩子在哭泣，秋雨的声音如同蜻蜓点水发出的轻微的声响，秋雨的声音如同一位电脑高手在打一篇长达10万字的小说。"一个比喻比一个比喻精彩，第一个我觉得不错；第二个我觉得太厉害了，他竟然由声音联想到那个动态的特别美的蜻蜓点水的画面；第三个比喻都让我觉得他是天才了，电脑高手打一篇长达10万字的小说，嗒嗒嗒嗒……我能想象到那个场面，连续不断，持续很长很长的时间。我已经很厌烦看到那些平常的比喻了，例如，小朋友的脸像个红苹果。这样的比喻就是拾别人的牙慧，就是简单抄写，不会引起任何人的注意；而好的比喻则是那么新鲜、那么富有原创性、那么让人想记住。比如，有人写太阳在天上疯狂地自焚，人们就像走在街上的五花肉。我忘不了这样的比喻，王芷墨最新的四万多字的小说当中，几乎每一页都有让人印象深刻的属于她自己的比喻。

说到比喻和联想，我马上要跟大家分享曹俊伟的文章。他写的事情其实大家都经历过：肚子吃坏了，吃的是大家都想吃的炸鸡翅。这个内容本身并不新鲜，但是他后面的联想和比喻，简直可以用“伟大”来形容。我觉得他是有写作天赋的，如果再加上勤奋，那么将来他会取得了不起的成就。大家一定很好奇，所以我马上跟大家分享。他写道：“那种痛，就像有几十条蛔虫在胃里。那种痛，仿佛广场舞大妈们，听着超响的音乐，在我胃里起舞。那种痛，就好像在胃里放了颗刺球，来回翻滚。”哎呀！我觉得这三个比喻都写到人的心里去了，尤其是那个关于广场舞大妈的比喻，我相信会让作家也拍案叫绝，会让人忍俊不禁，就是我在读的时候，也笑出声来了。一个人的写作，如果让读的人笑出声来，那简直就是非常了不起的。一个人在写作的时候，拼命想写出一个原创的比喻，最终想出来了，我相信他是很有成就感的。

下面我要讲倪一菲的文章。我经常跟大家说一个写作非常厉害的人，一秒钟之内发生的事情，他也可以写一千字；一片不起眼儿的树叶，他也可以写两千字。他们就是有这种能耐。大家觉得菲菲的文章一般，但是我觉得她有这种能耐，她有这种潜力。她写了一个自己特别喜欢的箱子，她经常把自己的秘密放在这个小宝箱里边。这个小宝箱是她生活的一部分，于是她花了两段的篇幅来写这个箱子。她很仔细地写这个箱子，很仔细地写它的颜色，很仔细地写它的形状：“棕红色的箱体在青色的边框中显得格外耀眼。木头上的花纹更是精雕细琢，夺人眼球。有规律地刻画在木头上的藤蔓简直和真的藤蔓没什么两样，轻易地把人带进丛林，我会时不时地看得入迷。”我觉得一个作家应该掌握的许多技巧在这段话里都可以找到。

现在必须说说王芷墨，她的每一篇文章都是用心写出来的，这篇文章题目很一般——“新学期新开始”——给人感觉好像是一个校长在新学期做报告一样，但如果你慢慢读的话，就会觉得她的每一个字都是从心里流出来的，她不紧不慢，娓娓道来。我敢肯定你会喜欢她的文章。我今天要跟大家分享的是芷墨的妈妈对她的支持。大家读了她的四万字的小说，发现里面有她刚出生的时候、牙牙学语的时候、蹒跚学步的时候的那么多细节、那么多事情……这些芷墨是怎么知道的呢？一定是她的妈妈一点一滴、一件一件告诉她的，某天吃晚饭的时候、某个傍晚散步的时候、某天临睡前……她们交流，她们倾谈，这些就是写作的开始。

这次作文我给了两个孩子100分，其中就有周卓尔。他写的是猫的眼睛，我以为他会像其他人一样，按照常规套路来写，但是这篇文章实在给我带来了很多惊讶和新奇感。你们听听他写的开头："人的眼睛就像一颗硬硬的小小的石头，只会在眼眶里四处打转，仿佛少了一些东西使它变得如此刻板。"一个人要歌颂人的眼睛，肯定不是这样写的。我知道周卓尔是在用比较、对比的方法，这是一种高级写作技巧，我期待着他能在对比之下，把猫的眼睛写得让人印象深刻。你们听听他是怎样写的——"猫的眼睛就大有不同，它们的眼睛充满生机，有活力，它们的喜怒哀乐都与之密切相连"。这只是开头，后面有很细腻的细节，有很引人入胜的地方，让我读的时候不断停下来享受。

凯文的文章非常吸引我，她讲了一次她动一个小手术的经历，大家可以去欣赏一下，但是我对她有一个要求，就是有些地方还可以停顿，还可以放大，还可以故意埋一个伏笔。她写道："我要去医院动一个小手术，医生让我做一道选择题，一个是100摄氏度以上的高温激光治疗，一个是-100摄氏度的低温冷冻治疗。如果由你来选，你会选哪一个？"文章中马上给出了答案，我觉得这个时候，还可以再加一两百字。凯文肯定很纳闷儿，一两百字怎么加进去呢？可以写当时的心理感受，"高温"两个字容易让人害怕，让人想到滚烫，想到钢铁熔炉的火焰；"激光"这个词容易让人想到喷火的工具，想到……抓住一点不断放大，这是一个写作者必须敢于尝试的。

看了上面的点评，你或许会发现，我会努力抓住孩子们正在尝试的某种写作技巧，我会肯定他们，让他们对写作有持续追求。但是，对我来说，更难的是，从他们的写作中发现"爱"。这也是我的好友郭初阳老师所追求的。"爱"的范围是非常广的，可能包括以下这些：

对孩子的爱——不是使他们来模仿我们，而是顺着他们的天性与他们一同成长。

对戏剧性的爱——通过课堂看到那种给生活带来深刻变化的快乐。

对真理的爱——因为谎言只会让人裹足不前。

对人性的爱——对受苦之人怀抱同情，体会他们的感受，用他们的眼睛去感受生活。

对幽默的爱——以超然的姿态看待世间的痛苦与患难，即便在困难关头，依然保持对生活的信心。

对语言的爱——古汉语和现代汉语，有时宛如两种不同的语言，你得对它们的音韵、节奏、句法、语义怀有强烈的好奇心，你得对它们字斟句酌、反复推敲。

在富有仪式感的情境中教技巧

这种有干货的教学，在我看来比那种只有鼓励、只树立榜样、只强调感悟的心灵鸡汤式教学要有效。

关键是怎么教写作技巧。我的做法是在富有仪式感的情境中教。

好的教学肯定不能简化成知识、技能的传递。一个老师应该追求一点儿精神生活，他和学生的交往不应该局限在讲台周围，他应该进入他们的生活中。

再说得具体一点儿，就像心理语言学家古德曼所说的，我们要创造机会，让孩子参与真实的听、说、读、写事件，真实地面对问题、解决问题。

可是，当我想这样做的时候，我感到了艰难。我只是一名普通的语文老师，不是和孩子们整天在一起的包班老师，不是拥有班级管理自主权的班主任，不是学识渊博的专家、学者，我有什么办法？

在班级管理自主权有限、师生交流时间有限的情况下，我要让孩子们过上一种精神生活，要为他们设计有仪式感的情境，要让他们有深刻的体验，是很难的。

为了学写外貌，我带孩子们去见雷夫。怎样营造富有仪式感的情境？我以“雷夫的外貌”描写为例来说明。雷夫来中国了，我要带孩子们去见他。我把这次见面描述得非常神圣，并提前用了一个月时间和他们一起看雷夫推荐的书和电影，想象和他见面的场景，想象怎么把这一场景写下来，以及之后怎样进行书信交流……这就是仪式感。因为雷夫毕竟是教育这个专业领域的名人，孩子们对他并不熟悉，不熟悉就不向往，不向往就没兴趣。因此，我“无所不用其极”，做了很多热身活动，让他们带着一种崇拜，带着一种渴望，带着一种即将与杰出的富有传奇色彩人物见面的期盼。渲染得差不多了，我问他们：你们知道怎么写雷夫的外貌吗？写外貌是很难的，我教给你们一些技巧，例如写外貌不出现“有”、写外貌就要用“有”、写外貌多用“像”（详见第112页）。

这些技巧平时孩子可能会听不进去，但在富有仪式感的情境中就会不一样，他往往就会自发地将技巧和自己的创意融合在一起。见完雷夫回来后，有孩子写道：“他有一头棕色的微卷短发，棕色中间还夹杂着几根随着岁月流逝变白的白发……一双睁得大大的眼睛，流露出和蔼的目光。鼻梁高高地立着。脸颊泛着红色，上面还有两道深深的皱纹。胡子和谐地在嘴巴周围围了一个圈。他见到我们，嘴角向上扬了扬，露出会心的微笑。……他穿了一件白色衬衫、一套深咖啡色的西服，带了一条红色领带，这样搭配起来，显得十分精神。第一次见他，乍一看他真像个圣诞老人！”每个孩子都在努力地写，不仅写这样的文章，还写《给56号教室的一封信》。我们一起讨论一封信怎么写才得体，怎样写才会让对方尽可能回信。

为了学写童话，我让孩子们参加童话写作大赛。著名童话作家汤汤组织了一次童话写作比赛，我们准备参加。为了使它富有仪式感，我告诉孩子们，写童话是很棒的一件事情，没有故事的世界是不存在的。很多“观点”是可以用“故事”来表达的。我告诉孩子们，我喜欢汤汤作为艺术家的写作，我信任这次比赛的评委，并相信比赛的程序公正。孩子们很高兴，一个个摩拳擦掌，为这次比赛做准备。

首先，我给他们读大量童话。听着听着，他们就有了很多发现：童话中的人物往往没有名字，一般是国王、王后、樵夫、猎人；童话发生的时间也很模糊，往往是有一天、很久很久以前；童话的结局一般光明而美好，比如小红帽战胜了大灰狼，丑小鸭变成了白天鹅，灰姑娘嫁给了王子……

这还不够，我们还开设了专门的研究课进一步探索、归纳出了各种童话的结构："王子与公主"型——公主要么不爱笑，要么爱生病，她爹很着急，说哪个男人能让她好起来就把她嫁给他，于是至少有三个男人来，但只有一个男人成功，从此王子与公主幸福地生活在一起；"三个儿子"型——最终继承遗产的肯定是小儿子；"屌丝逆袭"型——之前是小呆瓜、小裁缝，什么都没做却成功了；还有"尺寸比赛"型、"反复结构"型、"奇幻世界"型、"故事新编"型，等等。

童话的创作大多从模仿开始，研究过后，我们班的孩子也开始模仿了。有个小姑娘写了一个《小蜗牛快递公司》，大意如下：小蜗牛当快递员，给小鹿拉拉寄果汁，等鹿爷爷拿到时，果汁已经漏光了。小棕熊给熊奶奶寄肉，等寄到时，美味佳肴变成了苍蝇的美味。……最后小狐狸来寄苹果，小蜗牛不知走了多久才把它送到狐狸妈妈手里。狐狸妈妈打开包裹一看：哇，一棵结满了苹果的苹果树！这是一篇很好的"反复结构"型的童话。

但真要参加比赛，这种模仿可能入不了作家的法眼，我们怎么才能跳出这个框架，变得富有创造性呢？大家都开始想办法，搜寻好的童话故事去阅读、讨论。孩子们从开始的模仿，一下子进入文学层面的创新尝试中。一个民族，它的文化要延续，如果只有继承，没有创新，就只会落后，只有死路一条。

最后，有孩子冲进了决赛，获得了第三名，还是刘绪源老师和汤汤给他颁的奖。

为了学写场景，我带孩子们去看电影《百鸟朝凤》。我们几乎每周都会看电影。《百鸟朝凤》公映时，我组织孩子们到影院去看，正好和传统艺术教育结合起来。看电影前，我们一起在海报前留影，我告诉孩子们怎样看电影才是有修养的，还布置了习作任务：描述让你印象最深刻的一个镜头，说说自己对这个镜头的感受。我特意不让孩子们写观后感，以防止他们喊口号，而让他们进入细节当中，表达真情实感。

当然，之前我已经教了不少写作技巧。比如要动连着动、要善用联想

（详见第181、182页）。

没想到活动后不久，发生了该片制片人方励下跪请求排片的事件。方励还转发了我发在微信公众号上的孩子们的习作。小朋友们激动坏了，觉得自己同步参与到了原本离自己很遥远的文化事件中。那段时间，排片一有增加他们就会向我报告，因为他们觉得这可能有我们微信的功劳，觉得自己小小的努力正在改变这个世界。

三分讲，七分练

工作了近20年，我不做数据研究，也可以得出一个结论：写得多和写得好并不是一定成正比的，但写得太少肯定不行。

因此，我每次带班都让孩子们写周记。两周写两篇文章，这样的练习量必须得到保证。我不会让孩子们写日记，如果有人主动写，当然好，作为老师，我会鼓励。但如果把这作为一个普遍要求，我发现，这对大部分孩子来说是一个不可承受之重，尤其是我所服务的学校，孩子们的校外培训班相对比较多，既有学科类的，又有艺术特长类的，一天一篇日记在某种程度上挤占了他们的阅读和休息时间，得不偿失。在分科教学的教育运行机制里，你不能过度侵占孩子们的可支配时间。

为了提升周记的练习质量，我把周记和班刊《孝女路四号》结合起来操作，因此《孝女路四号》是周刊。

内容自选。周记，我是极少布置作文题的，孩子们想写什么就写什么，老师可以通过讲评等适当引导。当他们在选材方面陷入困难的时候，你偶尔规定一次作文题，他们会对你特别感激。

挑出好的文章。雷夫在《第56号教室的奇迹——让孩子变成爱学习的天使》中说没有时间细读孩子们的作文。“我没办法在上了整天课之后的夜晚仔细批改作文，因为我第二天还有很多课程要准备，家人也需要我的照顾。疲倦或忙碌使我无暇妥善照料每一篇作文。”雷夫遇到的困难，我们每一个一线老师都会遇到，我也是这样，只要是上班的日子，我的微信步数记录自然就会突破一万。我有三天是三节课，然后就是批改作业，再加上看不完的文件、写不完的总结、开不完的会、无休止的学习，是的，有时，连学习都是一种负担。在这样的情况下，从周一到周三，我都逼迫自己认真看完周记，将努力写的、有创意的、有突破的周记挑选出来。

口头讲评。因为时间紧迫，我一般不做详细的书面批改。但我一定在看完孩子们的周记后，抓住机会冲进教室，用10分钟左右的时间，加快语速点评。如果要孩子们认真写周记，我就必须让他们知道我重视他们的写作。

陈天昊这篇周记太棒了。看到这个题目——“怕冷外婆和怕热奶奶”，我就预感到这是一篇好文章。陈天昊外出时，外婆总是对他说：“天昊哎，多穿件衣服，别冻感冒了。”而奶奶总是对他说：“穿那么多衣服干吗？是个男人吗？”这篇文章太有意思了。

今天我在陆一琛的文章里看到一个神句：“蒋老师的头发短短的、卷卷的，就像一碗煮熟了的方便面扣在他的脑门上。”尽管我希望自己在他的笔下能够帅一点儿，但我实在太喜欢这个句子了。不像有的孩子，总是套用一些词语，写爷爷也是樱桃小嘴。

出刊。周三选出好文章后，孩子们回去就要把文章处理成电子稿，有的是自己打的，有的请家人帮忙，然后统一发到班级邮箱，这一周的编辑会把文章收集起来，查看有没有错别字，然后把定稿发给我，我简单审核后就发给印刷店印刷。这样操作是为了节约时间和精力。操作过于复杂的话，我估计就会没有热情坚持下来，因为我还是想尽量腾挪出一些时间来阅读、思考、写作、休息。

发放《孝女路四号》和稿费。孩子们拿到班刊后，也会拿到稿费，每篇五元钱。我不用什么代金券，五元钱是真金白银。因为家长要认购这份刊物，稿费就从这里支出。当你努力，并且脱颖而出时，就应该得到相应的肯定。一个孩子专门写了一篇文章记录自己收到稿费时的“惊心动魄”。

很快我们就有了自己的班刊《孝女路四号》，每周同学们写得好的文章都会被登在班刊上，可是机会不是人人都有的，写得“好”的同学才能登上，听我们班的文娱委员说：“登上的人还有稿费呢！”我惊奇地睁大了眼睛。“稿费？”我心里想着，“就是只要周记写得好，被蒋老师选中，便能拿到钱？”我觉得不太可信，会不会又是以记分的形式开空头支票呢？不过，当一周过去，蒋老师抱着厚厚一叠班刊进来时，我的的确确看到了边上有一个信封袋，里面露出了一张张五元纸币。我此刻的心情不只是惊讶，还有欣喜若狂，因为这篇周记，我按照蒋老师教的方法非常用心地写了，我有百分之百的把握我的肯定能被选上。信心就是这么来的。文娱委员和本次的编辑合力给这第一本班刊画上了一个完美的句号。当报到我的名字时，骄傲和喜悦涌上了心头。我看见自己手中那一份属于自己的五元钱，脑中就开始策划怎么用了，是去商店买一双毛毛软软的袜子送给奶奶，还是留存起来备用？太纠结了！太太太纠结了！所以我准备回家问问爸爸妈妈的意见。走回座位上，我小心翼翼地像保护一根金条似的把这五元纸币放进铅笔盒的最深处，看都不让别人看一下。这几天，全班上下都在讨论班刊和稿费，那些没被选中的同学就一撇嘴，假装若无其事地对他人说：“这又没什么了不起的，不就五元吗……”实际上他们心里是极在乎的，只是害怕让别人知道。我虽然也很想参与谈话，可是又觉得万一不小心说漏了嘴，会让那些极为在乎又不敢说出来的人对我存有一些敌视情绪。在我心中“敌人少一个是一个”这种想法一直在。

用上“高级”词语是最难掌握的写作技巧

班里有许多书痴。第一书痴是球球。

他喜欢一个人安静地看书，不过，他只有在看书的时候是安静的。他看书时喜欢咬手指，准确地说是喜欢咬手掌，从手指到掌心，啃一个遍。所以，他的手皮肤皱皱的、湿湿的、黏黏的，好像在泡椒水里泡了太长时间的凤爪。

他如此喜欢看书，但他的写作却令人头疼。

我可能举了个极端的例子。

然而，真的有许多孩子，看了很多书，可写作对他们来说，却依然非常艰难。

总有一些家长来请教你，说自己的孩子爱看书，但作文写不好，他们可以做些什么。

有的是真的来取经的，想为孩子做点儿什么；有的只是没话找话，假惺惺地客套；还有的其实是想通过这种方式表达对你教学的不满。

不管出于什么原因，作为老师，我们都要表现得专业点儿，做出相对专业的解答。

为什么很多孩子读了不少书，写作水平就是没有提升？其中一个原因就是——书是读了，词汇量却没有增加。事实上，很多优秀的文学作品中不乏一些比较“高级”的词句、一些富有表现力的形容词、一些提供了比较丰富的想象空间的修辞。

可问题是，很多孩子的独立阅读，往往是闪读，他们追求速度，只解大意，是不会慢下来细细体会这些词句的。因此书是读了，词汇量却没有增加。这些追求闪读、阅读时只关注情节的孩子往往更偏好读漫画书。举例来说，“敌将发出震天的叫声，好像大树倒下来”这句话，在漫画书中只用“咚”这一个拟声词来表示。长期只看这样的漫画书，势必会造成词汇贫乏，而一个词汇贫乏的孩子在文字阅读时是享受不到阅读的乐趣的；在表达时，不但用词捉襟见肘，文章也很难丰富而饱满。因为只有拥有丰富的词汇，想象、批判、推理、判断、解决问题等“高级”思维活动才可能发生。

生活中的提醒

如果你的孩子还小，9岁以前吧，下面这些建议希望你关注，说不定能帮助孩子养成对词语的关注，丰富孩子的词汇。

◎ 有意识地让孩子与很多人谈话。就算有再多的语词，如果不去使用，就无法变成自己的。要不断地重复使用，并记取新学习的语词，进而把它变成属于自己的语词。

◎ 让孩子做任何事情都用话语来指示。让孩子做什么事情时，尽量用准确的语言去表示，而不用手去指示。例如，可以说“请你把房间地板上绿色的扫帚拿过来”，而不要指着扫帚，说：“拿过来。”

◎ 边散步边聊天儿。例如：“蓝色屋顶那家的墙上开的是什么花？”“你昨天做了一个什么梦，这么开心？”在聊天儿过程中，父母可以随时修正孩子话语中错误的词语。

◎ 玩词语游戏。比如词语接龙、句子接龙、亲子造句什么的都可以。

◎ 给孩子大声读书。读的时候，最好两人共同看着书，关键的句子，速度可以放慢，用语气的变化来强调，以引起孩子的注意。

用荧光笔提前标注

以提升文笔为目的的读书方式和以消遣为主的读书方式，肯定是不同的。一般人读书，见到良言金句，感叹一声便会迅速略过。你若想化为己用，就必须清楚文字之间深层次的关系。有些人的做法是把觉得不错的段落摘抄下来，之后复述乃至背诵，留意所谓字里行间的感觉究竟是如何营造出来的，心中的模糊印象便会慢慢清晰。

于是，很多大人便要求孩子摘录好词好句。

这种要求完全是用威权的方式实施的。试想，你每读完一本书，都要摘录好词好句，是不是会影响到你读这本书的心情?

其实，还有一种可能会取得相似效果的替代方法——把一些好词好句标注出来。

家长提前把书看一遍，然后把一些富有表现力的词句用记号笔标注出来，这样孩子在阅读的时候就会关注。如果家长在孩子心目中的地位较高，并且在孩子阅读前郑重地对他明示“我看过这本书，并且把好的词句画出来了，希望你也去关注”，或许效果会更好。

像临摹一样背临文章

什么是背临文章？就是事先看一遍文章（不能太长），然后默写这篇文章，尽可能地使用原文的词语，实在想不起来时再用自己的句子。

持续这样练习，或许会培养起孩子对词语的敏感。因为在阅读过程中，我们很容易被作者的叙事方式所影响，在默写过程中也容易凭记忆使用相同的句式和词语。

有一个人记录了自己背临文章的感受。

在这个过程中，你会发现，你缺少了很多细节的描述，于是，这个时候，想象力就派上了用场。比如，我听到的故事是“男孩送了女孩一束玫瑰，女孩感动极了”。我在复述时当然不能这么简陋地写出来，在初期练习中，我可能就会写成：“男孩赶忙在花店买了一束玫瑰，送给了女孩，女孩接过玫瑰，感动得流下了眼泪。”（真俗）在中期练习中，我可能就已经有能力写成：“男孩的眼光瞅向了身边的花店，那一束束玫瑰花鲜艳欲滴（还是很俗)。‘如果我能送她一束，她应该会很开心吧。’（看，我已经开始创造人物的心理活动了）男孩想着，不自觉地红了脸（我怎么这么俗)。女孩接过花时，那双会说话的眼睛也泪汪汪的。(此时我已经知道男孩把花递给女孩这种无聊的动作可以不用写出来了)”在后期练习中，可能这个故事就变成了这样的：“这是冬天一个寒冷的早晨，窄巷子里四处弥散着白茫茫的雾气，街角的花店和天气一般清冷，连偶然路过的行人也和店里那束玫瑰一般，显出一副无精打采的样子。(看，竟然还会扩充环境描写了)。花店老板小A（还想了个不相关的人物）百无聊赖地嚼着泡泡糖，糖纸在她手心里被舒展开，又被揉成一团，被折来折去。她的眼神在花店门口停了一秒，突然落在了一个步履犹豫的男孩身上（我的写作风格还真是老派呀)。男孩被A这么一扫，好像浑身不自在，却又好像突然得了什么鼓励似的，壮起胆子一脚迈进了店里：‘老板，我要买一束玫瑰！’”（鉴于这不是我想说的重点，所以不打算写完了)

从上面简单的例子可以看出，利用这种训练方法，写作最需要的一种能力——想象力，就得到了锻炼。每天坚持如此，慢慢提高字数要求，从扩写200字练到扩写2000字，慢慢地写作水平就会有很大的进步。

大声读出来

大声读的好处挺多。首先，是帮助理解和记忆。小学生或多或少还存在一些阅读困难，或者会念文字但是不怎么能理解。朗声而读则是一种调动耳、目、嘴、脑等各种感官的活跃的全身运动，可以帮助孩子加快理解，也会使他的记忆更持久（据测算，默读时所需的记忆强度是朗读时的整整两倍)。其次，客观上大声读比默读速度明显降下来，词句在孩子脑海里停留的时间更长，这样的读、这样的听，会让孩子慢慢认识到粗读和细读是完全不一样的，会让孩子领会到怎样才能成为一个词汇丰富的读者。

其实，除了大声读名家名篇，还可以让孩子大声读自己的文章。如果做得更到位一点儿，可以让孩子把自己写的文章朗读出来并录音，然后回放给自己听。这样做的目的，首先是看孩子的句法与词语的运用是不是晦涩、拗口，如果自己读起来都费劲，就更别说别人读他文章的感受了。其次是在他反复听自己读文章的过程中，很容易发现哪些地方节奏拖沓，哪些地方说得不过瘾、不够详细。这是一个反思的过程，能让他发现自己在故事结构设计中的一些薄弱环节。这样坚持练习，孩子在某种程度上就能成为一个入门写手。

成为孩子文章的“句子迷”

我的小学老师是一个代课老师。他的一个做法至今想起来我都想笑，那就是他经常挑一担粪放在教室门口，课上完了就去地里了。

尽管是个代课老师，但他教语文有自己的绝招儿，那就是用一条线把黑板分成两半。上课的时候，如果谁嘴里蹦出一个好词好句，他就会把这个词句很工整地抄到黑板的左半边。这节课上完后，再要大家一齐把这些词句读一遍。

在那个没有课外书的时代，这种方法实在管用，自己说的一个词或者一句话被看中抄到黑板上，实在是一种骄傲，然后这个词或句子被运用到自己文章中的概率会大大增加，因此每个人都期望说出一两个让老师关注的词句来。

这个做法对我有启发，我们要成为孩子文章的“句子迷”。这种做法会让孩子主动提升自己文章中句子的品位。下面这些句子就是我从一个孩子的一篇文章中摘录出来的，我会抓住各种机会向他表达我的欣赏。

如果爸爸的朋友有一段时间没见我妈妈，问爸爸我妈妈的情况时，爸爸的回答是：“远远地，如果你看到一个球滚过来，那就是我老婆了。”

睡梦中，我来到了一片树林，从粗壮的枝干后面，跳过来一个庞大的影子，模糊，非常模糊，以至于只看到了它的颜色——棕。

但是仅仅过了两个月，我就像是被吹足了气的“肥”气球，整个人都圆乎乎、胖墩墩的，用奶奶的话说是，身上任何一个地方，用手一按，就是一个可以养鱼的小水塘。

我的四肢僵住了，仿佛体内的血液在马不停蹄地倒流，我的舌头就好像喜欢上了下唇似的，紧紧地粘着下唇不放，我说不了话了。

是的，我也觉得不可思议，但有时人们认为不可思议的事情也不是那么不可思议，只是碰巧罢了。

猛然记起刚才爷爷说的话，于是满怀期待地看着爷爷高大的身影好似一只吃力的啄木鸟慢慢地往上爬。这树就像有心助爷爷一臂之力一样，长得虽然很直，可全身上下布满了树瘤子，跟我们军训时场地上的攀登墙有的一拼。

有些事情不是想一想就能够明白的，正像这个矛盾的世界，不论怎么说，都是改变不了的。这一点就像哲学家的好奇心，追求真理的哲学家往往是个侦探。

像作家一样阅读和写作

所谓像作家一样阅读，就是我们在读一篇文章的时候，不但要弄清它写了什么，更要了解它是怎样写的，还要思考它为什么这样写。我们在阅读的时候，心里可以不断问以下这些问题。

1. 他为什么要这样写？
2. 他为什么要用这个词？
3. 他的语言为什么这么吸引人？
4. 他是怎样把事情讲得那么清楚的？
5. 若也提供给我相应的材料，让我写篇文章，我将如何从所读文章中有所借鉴？我将如何创新，如何行文？

6. 我能针对自己写作上的薄弱环节，从中有所领悟和吸收吗？——比如作者的内心感受、选材风格、表现手法、语言特色。

当然上面这些问题都还是比较大的。深入阅读中，可能会是具体、细微的问题。例如我们阅读冰波的《毒蜘蛛之死》。

夕阳把它浓浓的、毛茸茸的余晖都涂在这棵老树上。

老树默默地耸立，满树是蓬勃的绿叶。

老树的树干上，有一个巨大的节疤。多年以前，它被雷电劈过，失去了一截最丰满的枝丫而留下了这个节疤。

节疤丑陋而狰狞。从节疤里能闻到一股阴森的潮气。

树叶摇动着，摇出了一块光斑，投在这个节疤上。仿佛是受到光斑的炙烤，节疤的缝隙里，亮出了一对眼睛。这对眼睛显出不安、惊恐和愤怒。这对眼睛透过树叶的间隙与太阳对视。

这是毒蜘蛛的眼睛。

如果我们不用作家的眼睛去阅读，我们主要是了解到了毒蜘蛛的眼睛从一个节疤里看出来。而如果我们用作家的眼睛去阅读，我们就可以明显感觉到景物是按照某种规律在变：夕阳——老树——节疤——光斑——眼睛——蜘蛛。作者的眼睛在动，由大到小，由近及远，最后聚焦到主角身上，这是观察的顺序。这样的发现对自己的写作当然是有帮助的。

所谓像作家一样写作，就是指我们要有这样一个想法——所有的写作都是为了被阅读。我们在写作时要考虑让读者有更好的阅读感受，要经常问自己以下这些问题。

我想写什么？

我能让这个想法变得有趣吗？

我表达得清楚吗？

我表达得充分吗？

如何开始？

我充分想象了吗?

我的讲述有条理吗?

如何结尾?

我的内容切题吗?

我喜欢这篇文章吗?

这听起来像是我说的话吗?

我想给我的读者什么感觉呢?

我用到完整的句子了吗?

我用不同的方式开头了吗?

我使用长短句了吗?

我的文章读起来给人感觉连贯吗?

我用了一些我特别喜欢的词语了吗?

我的词语使用正确吗?

我用到我新学会的词语了吗?

我重复使用一些词了吗?

我的内容包含我的题目了吗?

我的文章大小写和标点符号使用正确吗?

我检查我的拼写了吗?我的书写整洁吗?

我的段落布局、句子结构正确吗?

发现题材是最重要的写作技巧

没东西可写是最让孩子苦恼的，巧妇难为无米之炊嘛。

我是一个语文老师，同时也是一个父亲。在家里，我经常和读小学的儿子有这样的对话。

“爸爸，这周的周记该写点儿什么呀？”

“作文要自己想，我不管！”

“告诉我嘛！求求你了。”

“不行，如果我说了，那就是我的想法，而不是你的构思了。”

聊到这里的时候，孩子的妈妈就会在旁边建议：“要不，你带他出去走走。”

在孩子妈妈看来，孩子之所以写不出文章，是因为生活太单调了，要让他有内容可写，就要带他出去走走看看，开阔眼界，让他的生活丰富一点儿。

关键在于“生活敏感度”

没内容可写的原因是什么？

关键不是你的生活不够丰富，而是你的“生活敏感度”比较低。

当然，“生活敏感度”这个词语并不是某个研究领域权威的科学概念，只是作家、教师的经验性提法。

一个肠胃敏感的人，吃了不太卫生的东西，更容易出现腹泻；一个对环境敏感的人，可能会因为花粉而全身瘙痒；一个对天气敏感的人，在下雨天可能会关节疼痛。同样，我们认为一个对生活特别敏感的人，对琐细的看似不重要的事、对自然界的细微的变化的感受会比一般人明显。

“生活敏感度”高的人，即使生活范围只是一个狭小的房间，他也可以写出很多文章。例如作家史铁生，因为生病，常年躺在床上，坐在轮椅上，却依然写出了很多优秀的文学作品。这是因为他的“生活敏感度”很高。在同样的生活经历中，他们有观察的眼睛，有体验的心，有思考的大脑，他们总是能够保持足够的敏感敏锐地去感受生活、回应生活。窗外飘落一片树叶，墙上有一条雨痕，枕边爬过一只蚂蚁，史铁生都可以写出一篇文章。严歌苓在谈到自己的创作时反复提到自己基因里的敏感，她总感觉自己的神经是裸露在外的，非常容易被触及和拨动。她说：“我有着一种疼痛的敏感，这是天生的。”

提起“生活敏感度”，我总会想到一个我自己的写作教学案例。那天，我带孩子们读梅子涵老师的《男孩的童年》，我非常喜欢这篇散文。

男孩的童年

梅子涵

男孩的童年和女孩不太一样。

它是经常地拖着鼻涕和裤子没束牢。

它是端着假的冲锋枪冲啊，假的冲锋枪是装一节电池扣动了会发光的那种，甚至是一根木头、一根竹子和两只假装的手。

是扑逮蝴蝶和黄蜻蜓，红蜻蜓只看见过一次。

是夏天的时候斗蟋蟀，春天捉蝌蚪。

是等待过年，过年可以放爆竹，等到没有爆竹放了，年过完了，会有一丝惆怅。

是上学的路上跟人打架，放学被留下来；前一天的作业没做好，放学又被留下来。

是没被选上中队长，小队长也没选上，傻兮兮地朝选上的人鼓掌，一点也不嫉妒。

是随便地在马路上走走，不买泡泡糖，不买橄榄，但会买一根冰棍，不是小气，是泡泡糖和橄榄有什么意思！

是穿上一件新衣服，先要弄弄破，再走出去，最好谁也不要注意，否则不好意思。

是躲在角落里小便，让一个人放哨，当心小姑娘走过来。

是在乒乓桌上拉弧旋球，一点不转，人家把球扣杀过来，又输掉一盘。

是“恶毒”地说，哪个小姑娘跟哪个男生结婚，然后开心地哈哈大笑。

是那双脚，臭得要命，妈妈说，你不洗干净，别上床睡觉。

是端起爸爸的高粱酒：“让我喝一口！”

男孩的童年还是什么呢？男孩们都知道，如果你是男孩，那么你也知道。

每次看到这篇文章我就想笑，一个人傻笑，放出声音大笑，会心一笑。里面的每一句话、所举的每一个例子都让我忍俊不禁。我认定现在的孩子是写不出这样的文章的。为什么？因为现在的孩子没有这样的生活。

可是我让孩子们模仿这篇文章，新写一篇属于自己的《男孩的童年》《女孩的童年》，精彩远远超过我的预期。

男孩的童年·学生版

男孩的童年是往同桌桌上放一条毛毛虫，吓吓她。

男孩的童年是拿一把长尺当机关枪。

男孩的童年是在别人身上粘纸条，再写上“快来看猪头”。

男孩的童年是把自己的头发剪下一片，哈哈大笑。

男孩的童年是在炎热的夏天，不躲在空调房里舔棒冰，而是拿个足球，在烈日下，叫几个同样疯了的小伙伴踢足球。

男孩的童年是在鬼屋里一边哭一边慢悠悠闲逛，出来以后含着眼泪说：

“我还要再玩一次。”

男孩的童年是晚上不开灯，然后拉上窗帘，哆哆嗦嗦地抱着被子看鬼片，非要自己把自己弄哭了才好。

男孩的童年是买了把塑料宝刀，喊道“冲啊”，然后唰唰几下，把几根细树枝给砍了，叫道“胜利了”。

男孩的童年是把餐车推到最快，硬生生把五（3）班的胖子逼到过道的尽头，然后一转身走了。

男孩的童年是在走廊上喊，哪个小姑娘跟哪个男生结婚，然后开心地哈哈大笑。

男孩的童年是下雨时，不打伞，故意在雨中疯疯癫癫地跑来跑去。

男孩的童年是在三楼的拐角处撒了泡尿，后来嫌没人看见，跟十八个“死党”说他在楼梯上撒了一泡尿。

女孩的童年·学生版

女孩的童年就是和男孩不一样。

是炫耀一切可以炫耀的事情。

是把男女生各结一队，开始相互攻击。

是在拔牙的时候哭得惊天动地，却在拔完牙后装作什么事都没发生过。

是在洗澡时要把沐浴露在身上涂五遍。

是把家里的一切物品都染成粉色，连小狗也不例外。

是戴着新买的发夹见人就低头，恨不得让全世界都知道“我戴了一个新发夹”。

是躺在草坪上被虫子咬了一口，然后疯了似的抓狂，怕脏。

是整天乐此不疲地玩着过家家，扮演着家庭主妇。

是把自己串的珠珠手链戴在手上，总是不停地要看一下。

是晚上抱着比她还大的布娃娃睡觉。

是拿着一个芭比娃娃玩得起劲，忘记了时间。

是看悲伤电影时，一把鼻涕一把泪。

是见到一条小虫子，尖叫着逃跑。

是自己喜欢的小动物丢了，号啕大哭，整天不说话。

是每天穿着花裙子在大街上炫耀。

是看着一个个泡泡傻乎乎地笑。

是羡慕地看着妈妈的高跟鞋说："让我穿一会儿！"

是看到花花草草和小动物就爱心泛滥，但还是不由自主地往头上戴一朵花。

女孩的童年还是什么？女孩们自己知道。

梅子涵老师的《男孩的童年》就像一根火柴点燃了一个引线，在那一刻引爆了孩子们的敏感，让他们想起了生活中一系列调皮好玩的瞬间。这些事情都曾发生过，但在以前，他们忽略了，忘记了。是的，缺乏对生活的敏感，生活中一些趣味盎然的瞬间就会被我们错过。

这就解释了一种现象，有的孩子报了很多培训班，生活的范围也不见得大，却总能写出让人眼睛一亮的文章。对"生活敏感度"高的孩子来说，每一种生活都是值得写的生活。

所以，要让孩子有东西可写，我们有时候可以调整一下思路，重点不要放在拓展孩子的生活上，而是放在提醒、培育他们的"生活敏感度"上。当然，培育孩子的"生活敏感度"是个世界性难题。

不喜欢"造米"作文课

近年来，我所观摩的一些作文公开课，基本上分两类：一类是"造米"型的课，也就是课内看一幅图，做一个游戏，做一个实验，表演一个故事，然后把图、游戏、实验、表演写成作文。另一类是"找米"型的课，也就是把重点放在帮助孩子寻找写作材料上。

不管是"找米"还是"造米"，立足点都是"米"，都信奉"有米自成粥”。

相对于“造米”，我个人更喜欢“找米”，“找米”的主要方式、方法是让孩子到生活中去观察、体验，“找米”把孩子引向的是真实的生活。例如，苏霍姆林斯基的学校的写作课程体系，就是让孩子们到生活中去观察的“找米”作文体系，具体如下：

一年级：学校的果园。校舍旁边的花。当太阳没入乌云的时候。我们到森林去的一次游玩。晚霞。我们的池塘里有些什么生物。春天的第一朵花。鸽子、燕子和麻雀都是怎么飞的。黄昏。鱼缸里的小鱼。

二年级：夏天和秋天。蓝天鹤群。掠鸟南归。刺猬准备过冬。燕子筑巢。我们怎样招来飞鸟。冬天太阳暖和的时候。森林积雪下还有生命。西瓜熟了。我们的葡萄园。粮食怎样变成面包。大风前的日落。晴天之前的日落。和煦的微风。寒风。春日暖阳。炎热的夏日。

三年级：小麦怎样抽穗。荞麦开花。日出。果园秋景。林中。秋色。蜜蜂怎样劳动。田野与草地（比较）。鸟类——我们的朋友。春天的花。夏天的花。秋天的花。冬天的花草世界（温室内）。第一场雪。傍晚黄昏。空中飘雪。橡树上的啄木鸟。彩虹。苹果树开花的时候。我们的桃园。鸟群从温暖的地方飞来。我的小狗。我的小猫。我的养鱼缸。按舍万德罗诺娃的画《在乡村图书馆里》作文。春雨。晴日蓝天和雨前阴天。

…………

但很多时候，我们布置观察作文题的时候，更多的是动用他们的记忆，因为当时我们正被困在教室里，根本去不了其他任何地方。例如，我们让孩子们写一种自己喜欢的动物，我们只是让他们写记忆中的动物。可是动用记忆的写作，因为缺乏经验，描述时会遇到障碍，最终流于陈词滥调。毫无疑问，好的观察作文，会让孩子们走出教室，有经验的老师会指导得非常细致，极力丰富他们的直觉经验。例如：

触：

闭上眼睛，想象你触摸自己最喜欢的动物时是什么感觉；想象你用不同的身体部位，如指尖、脸颊、鼻子、嘴唇或腿，去触碰它并想象触碰到动物身上不同的部位所带来的不同的感受。

先摸皮毛、羽毛、鳞片、胡须、牙齿、爪子或蹄子，然后是皮肤下的肌肉群——想象其形状、长度和体积，接着是四肢和尾巴部位的肌肉、肌腱和关节。

接下来是坚硬的部位——骨骼和软骨，包括头颅、肋骨、耳骨、后臀、爪子和膝盖；还有柔软的部位，比如腹部和脚掌。

睁开眼睛，用一串精练的词语记下你在不同触摸点跟动物接触时的感觉，如“脸颊——光滑的/丝绸般的/柔滑的/有线条的/柔嫩的”“唇部——干裂的/天鹅绒般的/扎人的/长着胡须的”“爪子——坚硬的/温暖的/粗糙的/翎毛般的/齐整的/让人发痒的/羽毛似的/裸露的/梳齿状的”。

听：

再次闭上眼睛，想象你喜欢的这个动物通过其喉咙和身体所发出的各种声音：悠长的号叫，尖锐的啼吠，爪子划过地毯，马重重地躺下，一条金鱼在寂静地吞咽，嘶嘶嘶，嘘嘘嘘，嘎嘎嘎，喵喵喵……所有这些语词都是在描绘动物发出的声音，它们自己当然不会去描述。将你的耳朵调整到最佳状态，仔细辨别这些声音的高低、长短、情感色彩和发声目的。

睁开眼睛，开始描绘这些声音。想想看，你会使用什么样的语词来表现你听到的声音。

嗅：

这一次，当你闭上眼睛时，请留意你喜欢的动物在某些特定时刻散发的气味的不同情状，如行走之后、湿了的时候、睡觉的时候、刚吃过东西的时候。请注意：你是去闻它的呼吸、它的皮毛和它的脚掌心。

睁开眼睛，编织词句去形容动物身上的各种气味。比如“湿乎乎的，浑身散发着浓烈的马粪味儿，同时充满了夏日青草和尘土的气息”。

尝：

闭上眼睛，现在想象一下你和你喜欢的动物亲吻的时刻。也许是你的狗舔到了你，或者是你吻到了马的鼻子。还有，要是你最喜欢的动物恰恰是你养来吃的，这种体验带给你的会是一种什么滋味？

然后睁开眼睛，用两行并排的单词记下你所品尝到的质感及气味。然后将这两排单词随机组合，形成短语，如“一阵阵的臭味”“黏糊糊的腐肉”。

（选自伊莱恩·沃尔克编的《创意写作教学：实用方法50例》）

这样写作，孩子们可以不断尝试——这些表述将是原创的、真切的，并且它们将吸引更多读者。我喜欢的是这样的“找米”作文课。

上学路上就有一百个作文题

跟所有其他学校的情况一样，我让孩子们写作文时，教室里一片“鬼哭狼嚎”。

“真的这么难哪？”我同情地问。

“什么事都没有发生，写什么呀？”其中一个孩子嚷嚷。

这句话打在我的耳膜和心上。

我在许多学校、许多班级都反复听到过这句话。这是孩子们拒绝写作文的最直接的理由。

发生，是个很美好的词语。孩子们认为什么才是“发生”呢？

春游？运动会？……总之，要是“大事”才算“发生”，要“有意义”才叫“发生”。

这个“意义”真是害人！

我开始了对这拨孩子的第一次启发。

“这两天，真没有发生什么事吗？”

“没有。”许多孩子直着脖子，认真回答。

“真没有？”我瞪大眼睛追问。

“就是没有！”他们都点头。

确实也是，才开学，学校的所有活动都还未开展。在孩子们眼里，当然就什么都没有发生。

“可是，我觉得发生了很多事啊。”

全班孩子都笑了。

“真的发生了许多事啊。”我说。

“那你说一件。”一个孩子开始反击。

“你看，你们今天不是换位置了吗？这不是很有意思的一件事吗？”

“耶。”孩子们是用第三声说这个字的，他们不是表示欢呼，而是表示不屑。

“难道这件事不值得写吗？”

“蒋老师，你来写吧。”我看见一部分孩子眼睛亮了。

我知道这个时候不能打退堂鼓，因此，我利用中午休息的时间写了一篇《换位置》，然后读给他们听。

换位置

蒋军晶

又到换位置的时间了。

郭淑怡心里有点儿小心事，以你的身高，坐在最后两排也可以，可是你不想坐在最后两排。如果你坐在最后两排，班主任就会随时对你说：“郭淑仪，垃圾桶满了，你去倒了。”于是你要从四楼跑到一楼，跳八十个台阶，拐两个弯，再跑三十八米，才到达最近的“垃圾站”。等你跑回教室，课间十分钟已经整整少了四分钟，剩下来的六分钟就像是被刮掉所有水果和奶油的生日蛋糕，没有什么可以期待的了。

这还不算，来听课的老师，总是坐在教室后面，也就是坐在你的旁边，然后翻你的书，看你的作业，还要问你问题。胖子徐驰骋最讨厌老师来听课了，他体重80公斤，160斤，80000克，但他喜欢说自己0.08吨。老师来听课等于破坏了他的生活节奏，在这节课里，他不能发呆，不能用橡皮玩《植物大战僵尸》，不能用肥肥的小手指顶一下同桌的胳肢窝，不能把鞋子脱了跟前面的赵祯昊比谁的脚更臭……天哪，这一节课算是毁了。

所以，最后两排是千万不能坐的。

那坐在前两排怎么样？任何一个智力正常的人都不会选择坐在前两排。这个位置是教室里PM2.5值最高的地方，阴天还好，阳光挤进来的日子，你都不敢呼吸，你会看到粉笔灰被放大10倍在亮的地方漂浮，你只要一呼吸，就成了天然吸尘器。最糟糕的是，在老师的眼皮底下你还能干什么！除了把两只手规规矩矩地放在桌子上，把腰背挺直了听课以外，你什么都做不了。

郭淑怡自己都觉得有点儿累，选个位置比做一道奥数题还要难。这样推算下来，三四排应该是比较好的位置了。不过，对五（2）班来说，第四排是人人闻之色变的地方。这跟蒋老师有关系。蒋老师讲课时喜欢站在教室中间，就在第四排的位置。蒋老师讲话速度快，啪啪啪，连珠炮一样，都没有逗号。两分钟以后，唾沫就在嘴角处堆积；四分钟过后，就有飞沫溅开来，射程一米，正好落在第四排。如果落在课桌上，用餐巾纸偷偷抹去就是了；要是落在……噫，想想都一身鸡皮疙瘩。

孩子们听得饶有兴致，他们确实没想到换位置这样一件简单的事，我可以写得如此“枝繁叶茂”，我在文章中的一些“揭秘”“自黑”更让他们乐不可支，而且我的文章具有某种启发性。课堂气氛变得轻松、活跃起来。

我知道，这个时候我得抓住机会和他们探讨一个问题——没有一种生活是不值得写的，关键在于你是否有发现的眼睛。这个时候我不能表现得过于低调、谦卑，我装出一点儿盛气凌人的样子：“你们知道吗？在上学路上，你们就至少可以写出一百篇文章。”

“上学路上吗？”这个时候他们的质疑是小心翼翼的。

“当然。”我不容置疑。

“我经常在公交车上发呆。”李梓豪的发言引起一阵哄笑。我知道，这个时候只要有人站出来举一个例子，接下来的事情就好办了。

“我家门口小吃店的油条可好吃了。”

“早上也有人跳广场舞。”

“每次到‘儿保’，路都特别堵。”

“地铁上，人们看报纸的姿势各种各样。”

“楼校长每天站在校门口迎接我们。”

“每次起床，我都要经历一天中最黑暗的三分钟。”

“我总有办法躲过妈妈的刷牙‘监督’。”

…………

孩子们越说越来劲。我喊了一声：“别说了，拿起笔来写吧！”

车上发呆

李梓豪

我妈的车限行，我又嫌打的太贵，我就选择自己坐公交车回家。

我把脖子上的公交卡往感应器上一刷，刚听到嘀的一声，发动机就发出巨大的响声，公交车上路了。我在摇晃的公交车上找了一个比较靠后，并且靠着窗户的位置，因为公交车上太热了，我把窗户打开透透气。

热归热，我发现在公交车上可以做我最喜欢的事——发呆。我把我热得像一个熟透的红苹果的脸，像涂了502胶水似的粘在了窗户上，静静地看着外面每一幅五彩缤纷的画面：老人把腿搁在石凳上，边锻炼边聊天儿，聊生活中的一些闲事，可能已经聊了一两个小时。每棵大树上的花纹，各不相同，没有两棵是相同的。小松鼠在树荫下乘凉，每隔一段时间就往上看一看有没有鸟儿来抢它的松果。

外面看厌倦了，我就看车里的电视，公交车上的车载电视很小，吊在车顶上，前面一个，后面一个。电视里偶尔会有有趣的新闻，但我看的不是节目，我是在观察前后两个电视播放的画面是不是完全同步，结果两个要么一起卡，要么一起放，就像两个好兄弟，有福同享，有难同当。车里打瞌睡的人也很有意思，有的头随着车的颠簸前后左右慢动作转动，摇摇晃晃的，似乎马上要靠到别人身上，但就是没靠上。有的头后仰着，稳稳的，睡得很香的样子，一个急刹车，他的睡姿照样纹丝不动。

在公交车上，其实可以看到很多东西，更重要的是，我看到了心中的好奇心。

上学路上

王芷墨

咚咚咚，我边下楼边很着急地想：天哪！万一我今天迟到了怎么办？今天可是星期一呀！

大家可能都在想：为什么我这样着急呢？唉，其实是因为隔壁的启正中学，每个星期一启正中学都会在7点10分准时在那个硕大的操场上搞演讲。而我心里就认为我们学校这时也已经在操场上搞演讲了。于是我坐上电瓶车，跟妈妈反映："妈妈，我到学校一定迟到了吧！您得再开快点儿！"妈妈早就知道了我的心思，故意让我着急似的，慢慢地开，比蜗牛快不了多少，这时我心里那个急呀，急得让我感觉我的头发都一根一根地竖了起来。不过刚急了一会儿，就到了我家小巷子尽头的那个十字路口，十字路口周围全都是卖小吃的小店，香气扑鼻。我以前经过这个十字路口时味道没那么足。而如今这条街上新增了好几家绝味小吃店，有高奶奶馄饨铺、黄金烤鸭、小柔拉面馆等很多让人一听名字就要流口水的小店。现在我和妈妈正在路的中央，四面八方的香气都飞到了这里，我拼命地闻哪闻，恨不得能和香味合成一体。不过，该过的还是过了，我只好悻悻地想：如果这时能收到陆老师的电话——"今天有特殊情况，放假一天"，那该多美呀！我一定会用最快的速度冲进其中一家大吃特吃一顿，尽管我早上已经吃了营养早餐。

现在在我们对面的是省儿保医院，它比以往安静多了，因为有了分院。经过冷清的院门口，我不禁回想起前年、大前年的儿保医院，那时人头济济，黄牛成群，我和妈妈每次都是好不容易才挤出一大堆一大堆的人，而这些人中，大都是满脸焦虑的父母、小孩和一脸平静的黄牛。因为黄牛会把几乎所有的专家号挂完，以至于看病的人必须找黄牛代挂号才能去专家那儿接受诊断。呵呵！我以前弄了一个笑话，把黄牛喊的"代挂号"听成了"呆瓜号”。“呆瓜号”“呆瓜号”，听起来真好玩！

很快就到了校门口，“王芷墨”，虽然我的后背没长眼睛，可是耳朵却听出是倪一菲在叫我，于是我连忙跳下电瓶车和她一起手拉手走进了校园。

14堂
作文课

一 二 三

怎样的文字有画面感

——去肯德基写一片树叶

我在网上看到一则新闻，讲的是一个中国学生到美国读书后的各种不适应。

第一，这个孩子写作时惯喜使用华丽的辞藻，以及一些大词、生僻词。这些词堆在一起，气势很雄伟，高瞻又远瞩。但到了美国，这一招儿就不管用了，教授会把这些大词、生僻词专门标出来，认为此举甚为古怪，有神经病之嫌疑，就不会好好说话吗？干吗玩这么大的？

第二个麻烦是中国人喜欢用排比，机关枪扫射一样哒哒哒一长串，这一招儿在美国也失灵了。这个孩子举例说，如果描写一个草坪漂亮，中国人的写法是这片草坪像什么、像什么，这样文笔巨优美，只是读者读完之后，脑子空空的。美国的孩子呢，他们则很实在、很具体地描写这块草坪，例如草是什么颜色的、上面有几只苍蝇在飞、草坪上有几朵花。

现在的新闻有时候只能当故事读，其真实性需要我们自己判断。但是这则新闻我是有点儿相信的，我相信的不是具体的细节，细节究竟是要眼见为实的，我相信的是新闻里所呈现出来的中美写作观念的差异。

比方说我们的教材里有一篇童话——《巨人的花园》。巴金先生翻译过《巨人的花园》，开头是这样的：

> 每天下午，孩子们放学以后，总喜欢到巨人的花园里去玩。
>
> 这是一个可爱的大花园，园里长满了柔嫩的青草。草丛中到处露出星星似的美丽花朵；还有十二棵桃树，在春天开出淡红色和珍珠色的鲜花，在秋天结着丰富的果子。小鸟们坐在树枝上唱出悦耳的歌声，它们唱得那么动听，孩子们都停止了游戏来听它们。“我们在这儿多快乐！”孩子们互相欢叫！

我们经常说，有的文字很有画面感。怎样的文字是有画面感的呢？就是上面这样的文字，我们在这段话里可以看到植物的名称、具体的颜色、数量词、动词……

可是我们教材里的《巨人的花园》呢？它是经过编者缩写、改写的，改写后的《巨人的花园》的开头是这样的：

从前，一个小村子里有座漂亮的花园。那里，春天鲜花盛开，夏天绿树成阴，秋天鲜果飘香，冬天白雪一片。村里的孩子都喜欢到那里玩。

你发现了吧，这段话里，都是一些概念化、程式化的词语——鲜花盛开、绿树成阴、鲜果飘香、白雪一片，实际上这样的写作只能用华而不实来形容。孩子们读这样的《巨人的花园》，就会误认为，好的文章就是用上这些好词好句。

怎样的文字有画面感

怎样的文字是有画面感的呢？中国的文学作品里难道就找不到富有画面感的文字吗？当然不是这样的。

为了让孩子们明白富有画面感是什么意思，我找了三段话，它们描写的是同一个情景。

太阳马上就要落山了，天边红彤彤一片，它的光芒照耀大地，给人们带来安详和快乐。

傍晚，夕阳映照重峦，霞光倾斜万山。火烧云消退在暮色降临山野的茫茫中，峰巅却凝聚着一片彩霞，经久不灭。阳光穿过薄纱，变得朦胧而迷离，抬望眼，看见温柔的夕阳，尽绽光芒。

这时已近傍晚，太阳垂在两山之间，江面上便金子一般滚动，岸边石头也如热铁般红起来。有鸟儿在水面上掠来掠去，叫声传得很远。对岸有人在拖长声音吼山歌，却不见影子，只觉得声音慢慢小了。

第一段话，总体说来并无语病，但用词十分苍白，没有什么身临其境的意味。“红彤彤”，到底红到什么程度？“安详和快乐”，又实在过于虚泛，很难让人产生共鸣。此种程度的文笔，记些流水账并无大碍，但若加入感情，想要直抒胸臆，就难免会有些空洞乏味。

第二段话是我随意从网上摘抄的文字，同样是描写夕阳的。此类文笔，自然会比前一个例子更有观赏性。整段文字凝结了大量华丽的词语，乍一看非常美，但仍然无法掩饰其空洞的本质。这便是很多稍有文采的人容易犯的大忌——华而不实。这种文字，很容易被初出茅庐之人评价为文采出众，深得文艺青年追捧，有些人甚至会因此而出书。但此类文章往往经不住推敲，缺乏内在精神，这是虚无缥缈的辞藻堆砌下难以避免的问题。在我看来，它仍然是没有真正走心的文字。

第三段话完全没有“山野茫茫”“经久不灭”“朦胧迷离”等华而不实的字眼，有的只是去繁就简之后的白描。寥寥几笔，夕阳、江面、远山便如活过来一般，画面感十足。这便是《棋王》的作者钟阿城笔下描写夕阳的文字。个人以为，要想达到如此境界，就必须先完成从语句通顺到华而不实的转变。换句话说，你要先把华而不实的文章写得手到擒来，才有能力创作真正走心的文字。

很多时候，比较是最好的教学方法，一比较，孩子们自然就明了了。

换一种方式写一片树叶

我开始布置写作任务了——写一片树叶，不少于400字。

孩子们很夸张地做出惊恐的表情，希望我“良心发现”，收回这个让他们捶胸顿足的作业。

我很冷静，不为所动，而且增加了要求——在写这片树叶的时候，尽可能不用“仿佛”“好像”这样的词语。我怕孩子们不理解我的意思，就给他们看了一段话。这是一个孩子写的一片树叶。美国有个作家叫山姆·史沃普，他写了一本书叫“我是一支爱写作的铅笔”，记录了他教小学生写作的生活。这段话是其中一个学生写的，虽然短，但史沃普老师觉得写得很棒，因为他也觉得，作文就是把自己看到的写下来。

树叶的变化

开始变色。身上有点点。有叶脉。枯掉了。有味道。还有洞，有些树有白色在上面。树叶混合。有树枝。差别是有些是平的，有些有坑洞。有些黏黏的。树叶有锯齿状和平滑的。有些的叶脉凸出来，有些的叶脉在树叶里面。有些平滑而有些粗糙的叶子破掉了。卷起来了。有些有树干。叶脉有的大有的小。不同的颜色。不同的形状。比较多是黄色的。有刺。木头的茎。

有的孩子知道这意味着什么，意味着他们不能用联想的写作方法来凑字数了，有的做出昏倒的姿势，表示难以接受。

"还有第三个要求，"我开始笑了，"你所描写的这片树叶，必须粘贴在写作纸上，以便我对照。你的文字应该像照相机一样把你找的那片树叶拍下来。"

这是一片绿色的三叶草，它有很多叶脉，周边有小软刺，上面还有一个半圆形的白痕。

摸起来好像薄薄的小纸片，却比纸片更湿润，感觉很舒服。闻着好像泡好的香茶。这片三叶草没有杨树叶子那样大，也不像柳树叶子那样细长，它十分小巧。捏着它短小的叶柄，微微一动，它似乎在向我点头问好，也好像在跳舞给我看。（一名四年级学生写的）

这是一片嫩红的小叶子，周边的一排绒毛般的小刺，就像太阳照射出来的光线。它的叶片摸起来很干燥，像是失去了水分。闻着有一股奶茶的香味。我用手里的圆珠笔，在它身体上轻轻一划，它马上就裂开一条缝，太脆弱了。如果有很多很多这样的叶片从高处洒下来，一定会像红色的蝴蝶在翩翩起舞。（一名四年级学生写的）

我们是街头写手

其实，还有一个方面——写作仪式感的营造，被我们忽略了。

台湾的李玉贵老师设计过一个"街头写手"课程。简单地说，就是让孩子们到街头去写作，例如去肯德基写作、去咖啡馆写作。

在表演现场的一个角落，我只做一件事：让家长帮我贴一张海报，小朋友们在欣赏完表演之后，我们就在里面聊经验，每个孩子都要讲。然后我会把讲出来的一些关键词，写在这张海报上。这个过程大约持续10到15分钟。接下来就是写作，没写完的不能带回家。一开始，会有小朋友跟我说“老师，我不会写”“老师，我真的不会写”。我说，你就写“老师，我不会写”“老师，我真的不会写”。其实，顽皮的小孩在玩十句之后就真的开始写了。

确实是这样，有时候给写作活动起一个酷酷的名称，选择一个怪怪的地方，设计一些炫炫的环节，孩子就愿意写了，喜欢写了。有时候就是这么简单。

现在很多老师都愿意做这样的尝试。例如设置“睡衣日”，让孩子们穿着睡衣写作文。又如设置“双胞胎日”，让孩子们找一个好伙伴，和他穿上一模一样的衣服，写一写对方。

现在，我让孩子们描写一片树叶，我希望他们把注意力放在记录事物的细节上，观察这片树叶的颜色变化、叶脉、叶子周边的锯齿、叶子上的每一个破洞……孩子们记录得越具体，这项旨在提高他们描述能力的训练就越有效。可是，这对小学生来说毕竟是一项巨大的挑战，开始他们是排斥的，不过，当他们得知这项写作将在肯德基完成的时候，他们又欢呼雀跃起来。看到他们迫不及待的样子，我不断增加砝码，我告诫他们，在去肯德基的路上一定要安静，谁说话，每被提醒一次就要增加50字。一个孩子走到肯德基的时候，已经增加到800字了，但他还是按时完成了任务。

戴豪泽的一片树叶

乍眼一看，身形庞大，呈椭圆形。与其他树叶相比，显得有些失色，略微有些泛黄。近看，颜色是黄色、碧绿相结合的嫩绿，像是新生的嫩芽。中心的叶柄由粗到细，最底下有些微微的红色，有点儿像苋菜的紫红，抚摸起来十分光滑。最顶端的叶脉陷在叶面里。这是一片老树叶，边缘的地方微微翘起，呈现着一种土黄色，它与那片嫩绿倒也不失和谐。用手触摸树叶的边缘，感觉凹凸不平，有点儿脆而硬。

往中间看，一条条叶脉之间印着有如干燥岩石的裂块，虽然毫无规律，却很自然，体现出一种自由、顺畅的美感。它们交错不齐，颜色也由土黄到嫩绿，由嫩绿再至土黄。中间的叶柄，将叶分成左半叶和右半叶，右半叶颜色偏绿，有许许多多翠绿的小斑点，有些许受伤的痕迹，呈灰、白、深绿色；左半叶偏黄，边缘的印记较深，像刀疤般刻在上面，顶处有稀稀疏疏的斑点，较中间处有几块像是被颜料涂过的痕迹。

触摸起来没有毛，也没有软刺，十分光滑，有种抚摸动物毛发的舒服感觉……

闻着这股清香，我感到快乐无比！

陈靖雯的一片树叶

它是一片独一无二的叶子。它的边上是那种毫无规则可言的齿轮，靠近叶柄的位置是一些微小的齿轮。它是由三个像扑克牌上的黑桃那样的部分组成的，而每一部分的叶尖都尽力向外生长。整片都是深绿色的，其中掺杂了一些枯萎的墨绿，但靠近叶边的地方则泛起饱含生机的浅绿。正面看，它的叶茎是一根根暗淡的芽黄；但反面却让我惊叹，它由十三根主要茎脉组成，而每一根茎脉又延伸出一条条密密麻麻的细茎，靠近叶柄中间的位置已经出现了铁锈般的红褐色。最让我惊叹的是，它的外表显得那么坚强，而它却把自己的脆弱留在了背后，这是多么可贵的一种精神哪！

我再将它翻个身，抚摸它的表面。我感受到了它上面的每一个毛孔，它们是那么粗糙而柔软，让人心生怜悯。我轻轻地拿起它，轻轻地闻着它，啊，这是一种沁人心脾的青草香，也许这就是大自然的气息。我捏着它柔软的身躯，手上痒痒的，我把它侧过来一看，原来它上面还附着一层细细的绒毛。我再将它翻到反面一看，又有了一种新的发现。

它的茎脉如同一位老人额头上刻着的皱纹，也许皱纹中还藏着我不知道的骇人的经历。

童话的套路与创新

——汤汤童话书屋

著名童话作家汤汤组织了一次童话写作比赛，我们准备参加。为了使它富有仪式感，我告诉孩子们，写童话是很棒的一件事情，没有故事的世界是不存在的。很多观点是可以用故事来表达的。我告诉孩子们，我喜欢汤汤作为艺术家的写作，我信任这次比赛的评委，并相信比赛的程序公正。孩子们很高兴，一个个摩拳擦掌，为这次比赛做准备。

童话的经典结构

小朋友很喜欢写童话。不过，很多小朋友以为写童话就是写动物之间发生的奇幻的事，想怎么写就怎么写。其实，他们不知道，写童话也是有方法的。

重读了一些童话之后，孩子们自己总结了写童话的一些小技巧。例如：

童话中的很多人物是没有名字的，可以统称为“国王”“王后”“父亲”“母亲”“继母”，或者“穷渔夫”“樵夫”“猎人”“金匠”“农夫”“神偷手”等。有的小朋友为童话里的每个人物都起个名字，其实没有必要。

童话发生的时间是很模糊的，没有确切年代或具体时间，往往是“从前”“很久以前”“有一天”……而且，你写童话的时候要刻意离“现在”远一点儿。

童话的结局一般是光明、美好的，小红帽一定会战胜大灰狼，丑小鸭最终会成为白天鹅，灰姑娘最终会嫁给王子，阿里巴巴最终会战胜四十大盗……

除了这些小技巧，童话还有许多经典的结构。我把归好类的童话发给孩子们，让他们一组一组地读，他们马上就发现了。童话有哪些经典结构呢?

“王子与公主”型：王宫里总有一个英俊的王子或者一个美丽的公主。可是要嫁给王子或者娶到公主并不是一件容易的事，或者要赢得竞争，或者要通过考验。例如，公主不爱笑，国王就告示天下，谁能让公主笑起来，就把公主嫁给他。不过，这类童话的结局总是差不多：王子和公主最终幸福地生活在一起。至于王子和公主碰到了什么难题，后来是怎么克服难题的，你就可以发挥你的想象了。

“三个儿子”型：故事里的父亲、母亲总有三个儿子，相比老大和老二，小儿子总是最聪明、最强壮、最勇敢、最诚实，但也往往最不受重视。三个儿子肯定要接受一个任务，或者面对一个难题，或者经受一些诱惑……最终的结局嘛，一般都是小儿子胜出。写这类童话，任务、难题、诱惑以及三个儿子的反应，是作者发挥创意、想象的地方。

“屌丝逆袭”型：主人公通常受到蔑视，被叫作“小傻瓜”“小呆瓜”“小裁缝”等，完全处于社会或家庭生活的弱者地位，哈利·波特小时候就是这样。但最终，这些屌丝成为人们心目中的英雄，或者过上了幸福的生活。屌丝是如何逆转的？具体情节不一样，但方向差不多，比如尊重和善待大自然，善待老者、弱者，不受世俗偏见、权势、金钱的摆布等。具体情节怎么设计，就看作者的创意了。

“尺寸比赛”型：故事中总有两个或几个人物谁也不服谁，或者炫耀自己见识广，或者夸赞自己能力大……最后总有一件事让他们明白山外有山，人外有人，明白尺有所短，寸有所长，明白每一个人都是独特的、有价值的。年龄小的作者写的这类童话总有让人眼前一亮的创意。

“反复结构”型：这类童话故事非常多，例如，小壁虎借了三次尾巴啦；老头子不断地用自己的东西和别人交换，最后一匹马换成了一袋烂苹果啦；犟龟一次又一次遇到困难，但他坚持去参加狮王的婚礼啦……这类故事结构清爽，但发挥的空间很大，现代作家写的很多经典童话都是这个结构。

“奇幻世界”型：我们对这个世界总是不太满意，觉得活在这个世界上太辛苦，规则太多，太无趣……所以，在这类童话里，主人公阴差阳错到了

“懒人国”“颠倒国”“马虎国”……同样是到“懒人国”，有创意的人可以写得非常好、非常有创意，比如德国的凯斯特纳写的《5月35日》。需要注意的是，童话里的主人公去那些与众不同的地方，不会穿越什么时空隧道，否则就不是童话，而是科幻小说了。

“故事新编”型：“灰姑娘的故事”“三只小猪的故事”“龟兔赛跑的故事”“狐狸和乌鸦的故事”是被人们改编最多的几个故事，其中不乏一些大作家的呢。改编人们耳熟能详的经典故事，或者改变故事发生的背景，或者改变故事的结局，或者改变故事的一些细节，也是非常好玩的一件事。

说到这里，有的小朋友会误认为模仿这些经典的童话结构，自己就没有发挥的余地了。才不是呢！带着镣铐，在规定的区域里跳舞，有时也可以跳出迷人的舞蹈。下面这些童话就是一些小朋友成功的创作。

红气球和绿西瓜

王佳宁

一阵微风吹过，飘来了一个鲜艳的红气球，他飘哇飘，突然发现有好多跟自己形状一样的绿西瓜正躺在土地上一动不动地睡大觉呢。

红气球见这片地上全是绿色，觉得自己最漂亮，很想显摆一下自己的风采，于是清了清嗓子大声说：“喂！你们知道我是谁吗？我想你们都知道，我就是大名鼎鼎、人见人爱、花见花开的——红气球帅哥！”西瓜们被红气球吵醒了，个个惊奇地抬头看着红气球。

红气球见西瓜们在听自己说话，而且很认真，就更来劲了，继续说：“看看你们，平时穿着难看的绿衣服，看着就恶心，再看看我，那么鲜艳的红色，多漂亮！”

他越说越来劲，又像元帅一样一一指着西瓜们，然后竖起大拇指，声音更响亮了：“你们总是躺在地上，能看什么？瞧！我在天上看得多远！”正说着，吹来一阵风，红气球又飘了飘，他有点儿昏昏然了。

这时一个西瓜宝宝生气地说：“既然你能飞那么高，那你就告诉我们你看到了什么。”红气球听了，吹牛皮的劲更大了：“当然了，小娃娃们，我去过不少地方，可不像你们没有见识！我到过故宫，还去长城走过一圈。”一个上了年纪的西瓜说：“我们是飞不了，看得也不多，但是我们的里头是红的，我们的心是红的，可不像你表面是红的，心是空的！”

“啊……啊，有个好吃的大苹果！”只听嘭的一声，红气球被乌鸦啄成了小碎片，落在土地上，再也听不到他傲慢的声音了。

红气球没了，而绿西瓜还在大自然中生长着。

小蜗牛快递公司

肖卓瑶

这几天，小蜗牛开了一家叫小蜗牛飞速快递的公司。

才刚刚开业呢，小鹿拉拉就气喘吁吁地拿来了包裹，要小蜗牛去送给小山脚下的鹿爷爷。小鹿拉拉刚说完，小蜗牛就出发了。一天，两天，三天……直到第三十五天，小蜗牛才送到。小鹿爷爷打开包裹一看，哪里还有什么果汁呢？鹿爷爷指着小蜗牛说：“小蜗牛，我一直认为你是一个老实的动物，你竟然偷喝了我们小鹿拉拉寄来的果汁。”鹿爷爷虽然年迈，但是声音洪亮，小蜗牛怎么辩解，鹿爷爷都不信！小蜗牛只好灰溜溜地从鹿爷爷家出来了。

刚回到公司，小棕熊就拿着包裹来了，他要给住在湖边的棕熊奶奶捎去一包新鲜的肉。刚拿到包裹，小蜗牛就拼命地赶路，可是，小蜗牛用了三个月才送到。棕熊奶奶满心欢喜地打开，这哪是棕熊的美味佳肴呢？早已成为苍蝇的美味了。棕熊奶奶勃然大怒：“小蜗牛，你居然把我孙子的一片好意给浪费了，看我今天不好好治治你！”说着就一脚把无辜的小蜗牛踢飞了，砰地关上了门。

小蜗牛拖着疲劳的身体，想回到公司好好休息一会儿，可是，小蜗牛回到公司没过一会儿，小象阿波就来寄包裹了。

小蜗牛只好拿着包裹慢吞吞地走了。原本六小时绝对能走完的路程，小蜗牛却走了一周。小象阿波的爸爸一看气呼呼地说：“这蔬菜还能吃吗？干脆给蚂蚁吃好了。”然后用鼻子狠狠地抽了小蜗牛一顿。小蜗牛疼得“呜呜呜”

地哭了起来。

还没回到公司呢，半路上小狐狸阿美就拦着小蜗牛，叫它送包裹。小蜗牛走哇走，走哇走，不知道走了多久，终于到了。刚到阿美家门口，阿美妈妈就出门迎接，打开包裹一看，惊奇地说："哇，那棵树已经结满了苹果！"阿美妈妈赞叹道："小蜗牛，你是个合格的快递员工哟！"

"嘻嘻，我也能做快递员工！"小蜗牛开心地说。

参加比赛，就需要创新

真要参加比赛，模仿可能入不了作家的法眼，我们怎么跳出这个框架，变得富有创造性呢？大家都开始想办法，搜寻好的童话故事去阅读、讨论。孩子们从开始的模仿，一下子进入文学层面的创新尝试中。一个民族，它的文化要延续，如果只有继承，没有创新，就只会落后，就只有死路一条。

于是我和孩子们一起研究汤汤的童话。

读过汤汤鬼童话的人，都说汤汤的鬼童话很特别、很不一样。

要说汤汤童话里的鬼很特别，汤汤的鬼童话不一样，就需要比较。

先来说鬼的形象。古今中外，在人们的想象中，鬼就是长得很丑、似人非人的怪物。你看，"鬼"是个象形字。甲骨文的"鬼"，下面是个"人"字，上面像一个可怕的脑袋。你看戏剧里的鬼脸谱、鬼面具基本也是披头散发、青面獠牙的可怕样子。

日本是离我们比较近的国家，他们的民间传说里是怎么描写鬼怪的呢？有一个叫小泉八云的人，他生于希腊，长于爱尔兰，先后在英国、法国、美国生活，39岁的时候在日本定居。他花了很长时间研究日本文化，并收集了大量日本的鬼怪故事，写了一本书叫"怪谈"。日本故事里的鬼也是奇形怪状的，说明日本人也认为鬼总是长着一副让人害怕的模样。

阿拉伯世界的人心目中的鬼是什么样的呢？《一千零一夜》受到全世界小朋友的喜爱，它是一部民间故事集，民间故事最能反映当时老百姓的生活和想法。其中有一个《渔夫和魔鬼的故事》，这个故事里的魔鬼长什么样子呢？——披头散发，头像堡垒，手像铁叉，腿像桅杆，口像山洞，牙齿像白石块，鼻孔像喇叭，眼睛像灯笼，样子非常凶恶。这个魔鬼长得真够可怕的吧。

我们再来看距离我们远一点儿的国家，比如欧洲国家。在那些国家，每年的11月1日是万圣节。据说，万圣节前夜是一年中“闹鬼”最厉害的日子，所以万圣节也叫鬼节。鬼节听起来很可怕，但孩子们喜欢，万圣节前夜，他们就穿上古怪的服饰装扮成各种鬼怪，挨家挨户按响门铃，大声叫着：“是款待我，还是要我耍花招儿？”邻居们不管是否被吓着，总是准备一些糖果、苹果等给孩子们。你看他们的面具就知道了，在他们心目中，鬼的模样也非常狰狞：皮肤苍白、犬牙尖锐、嘴唇猩红、指甲很长、眼神空洞……

可是，在汤汤的鬼童话里，鬼一点儿都不可怕，不但不可怕，还很可爱。

首先，这些鬼的名字很可爱。“晚啼”和“风落”这两个名字好听吧？“晚啼”，那是晚归的鸟儿在枝头上啼叫。“风落”，那是风吹落了花瓣上的露珠。它们是很好看的名字。“光芒”这个名字好听吧？“光芒”，让人想到明亮的眼睛，让人想到城市里霓虹灯的璀璨。它是很暖和的名字。“喀喀莎”这个名字好听吧？“喀喀莎”，让人想到蓝天下的白桦林，让人想到穿着长裙挽着男孩手臂转圈跳舞的年轻女孩。它是很洋气、很有色彩感的名字。

其次，这些鬼的样子也很可爱。《到你心里躲一躲》的光芒，穿着长长的灰袍子，那袍子看起来塞着满满的棉花，整个人鼓鼓囊囊的，那份滑稽相怎么让人害怕得起来呢？关键是他的眼睛，很明亮，总是笑，让你一下子就能感受到他的愉快和温和。《鬼的年》里那个鬼王，是个上了年纪的鬼，胡子老长老长，长得经常把自己绊倒。很凶的鬼往往是短胡子，一根根能竖起来，会扎人。而鬼王的胡子是很长的，是很柔顺的，是爷爷的胡子，是外公的胡子，是你忍不住要去摸一摸、捋一捋的胡子。《水妖喀喀莎》里的喀喀莎，当她回家的时候，当她回到自己的湖泊的时候，是美得出奇的女子，皮肤白皙、光洁，脖颈修长，腰肢柔软，背脊挺直，像一株水杉。《美人树》里的美人树呢？你能想象她有多美吗？脸蛋雪白的，下巴尖尖的，嘴唇不红润，闪着淡淡的紫色，鼻梁挺直，鼻翼小巧而精致，一双很大的眼睛，里边有露水一样润泽、洁净的光。……最美丽的是她的头发，绿色的一绺一绺的，像树上挂着的细细的藤，缠着花瓣和叶片，长长地从头顶垂下来，瀑布一样垂到腰际。更有趣的是，头发丛里还露出了半个鸟窝。

最后，这些鬼的性格也很可爱。且不说《到你心里躲一躲》的傻路路们阳光一样的笑了，《鬼的年》里那个鬼王笑点非常低，几乎是零，只要说句话就要笑。喀喀莎也喜欢笑，笑起来的时候温柔的眼睛里像落着月光，笑容是心的影子，笑容说明思虑单纯、心地善良。这样的鬼你会害怕吗？除了喜欢笑，汤汤童话里的鬼还都喜欢孩子，都喜欢胡思乱想，都喜欢原谅……

再来看鬼故事的情节。《西游记》是明代小说家吴承恩创作的。《西游记》中的妖魔鬼怪大都极其丑陋，他们不仅长得丑，而且凶狠残暴，坏事做尽，所以作者让孙悟空等把他们赶尽杀绝，连他们的洞穴都烧个精光。

写鬼故事写得最好的，肯定是蒲松龄了。《聊斋志异》里的鬼怪在外形上和人没什么两样，往往比人长得还美。《西游记》里的魔鬼幻化成人形是为了吃唐僧肉，是为了做坏事，而《聊斋志异》里的鬼，往往诚恳、坦率、真心帮助人，所以，他们给人的感觉不是恐惧，而是温暖与感动。相反，其中的许多人却狡猾、奸诈、狠毒、无情，让人害怕。

汤汤的鬼童话与《聊斋志异》更接近，但也有突破。如果说有的孩子看《聊斋志异》还是会害怕的话，看汤汤的鬼童话则往往没有这种感觉。一个妈妈说："我的女儿怕鬼，都十一岁了，还不敢独自待在家里，更别说一个人睡觉了，她很烦恼。没想到看了汤汤的鬼精灵童话之后，一下子就不害怕了，一个人乐颠颠地睡一个房间去了。"是的，汤汤童话里的鬼怪一点儿都不可怕。

在汤汤的童话里，我们看不到可怕的鬼，她往往用暖色调的故事让小读者看到比鬼更可怕的东西。比鬼更可怕的是什么呢？是寂寞，是冷漠，是欲望。

孩子们的童话作品

对汤汤童话的深入研究与讨论，让孩子们对如何突破和创新有了自己的见解。

这种见解可能是模糊的，但当孩子们拿起笔来时，影响就会产生。孩子们写出了一篇又一篇有自己特色的童话，这些童话作品和前面的模仿作品完全不一样了，你都不敢相信这些童话的作者是同一批人。

最后，有孩子冲进了决赛，获得了第三名，是刘绪源老师和汤汤给他颁的奖。但这不重要，重要的是他们写出了自己满意的作品。

山谷的秘密

俞沛吉

洛客一家住在一个荒无人烟的山谷里。这个山谷里没有一丝生命，只有洛客一家孤独地过着日子。走出洛客家，只能看见一座座层峦叠嶂的山峰交错地展现在你眼前，没有小鸟，也没有绿草。不知洛客一家是从什么时候搬进这里的，反正自从洛客有记忆起，就没有一刻离开山谷的时候。洛客去问过爸爸妈妈、爷爷奶奶，可他们都说一点儿也不知道。洛客也不清楚家里食品柜里那源源不断的食物是从哪里来的，毕竟家里既不种地也不放牧，荒凉的山谷里连动植物都绝迹了，可洛客从来没有见过家里的食物短缺过。

直到有一天……

一家人正在愉快地享用晚餐。就在他们吃得高兴时，戏剧性的一幕出现了，这足以让洛客的人生观发生改变——门铃响起来了。大家第一时间就吓得躲到了桌子底下，连小小的洛客也不例外。这时，门外传出一个细小的声音："能给我一点儿吃的吗？"洛客大胆地从桌子底下爬出来，把桌子上剩下的一块土豆拿起来，坚毅地向门外走去。

"啊！"洛客差点儿被吓出心脏病来。估计门内看不见实情的洛客一家子，也被这叫声折腾得半死不活。门外站着一个小精灵！它只有洛客的一半高，体重只有洛客的四分之一，干瘪瘪的四肢和躯干使它在微弱的夕阳下显得有气无力。小精灵已经饿得皮包骨头了，一块土豆一下子就被狼吞虎咽地吞了下去。"快，快往食品柜那儿走！"小精灵命令道。洛客自小就对这个神秘的东西充满了好奇，赶快三步并作两步，迅速把小精灵揣在怀里，跑进家里，直奔食品柜。"有一个洞可以进去，拼命翻！"小精灵又说道。洛客已经顾不上诧异了，急忙把食品柜里所有的食物都翻出来，食物洒了一地。“他一定是疯了！”洛客奶奶说道，“我一辈子还没有遇到过这么荒唐的事啊！”洛客奶奶迈开她那老腿，奔向洛客，却被洛客爷爷拉住了。另一边，洛客把柜子翻了个遍，发现一个只有巴掌大小、黑乎乎的小洞。话说那个小精灵不费吹灰之力，一瞬间就进去了。在洛客看来这个洞连小精灵都难以钻进去，他就更加不可能了。忽然，一股奇怪的力量把洛客推到了洞里……

进了洞，有一条长长的滑梯，洛客费了好大劲才追上小精灵。“这是哪里？”洛客问。“这里是精灵村庄，成千上万个小精灵生活在一起。可是100年前发生了一件奇怪的事，我们生产的食物莫名其妙地不见了，只剩下一些塞牙缝的。所以，我们精灵村闹了饥荒，现在已经民不聊生了，我作为精灵村的首领，只好到你们那里去讨食物。”

洛客明白了许多东西，但他的疑惑更深了。

抽屉里的天地（节选）

金　祺

我睡不着。我努力地想尽办法让自己睡着：数绵羊、数星星、数书、数在天上飞来飞去的蚊子……甚至连天花板上的砖头都被我数了个遍，还是睡不着。突然，我想在抽屉里找个玩具玩。

我立马翻身下床，走到抽屉前，打开抽屉。

你猜猜后面发生了什么事？

一道绚丽的蓝光照射在我的身上，一阵麻麻的感觉从胸口蔓延开来，我失去了知觉……

慢慢写，见字如面

——给偶像写一封信

教材里要教写信。

其实，现在也没什么人写信了。

现在我们有了电脑和手机，通过发送电子邮件、短信、微信，QQ聊天儿，就可以把想说的话告诉别人，既快捷又方便，而且很快就能得到反馈。正因为如此，手写信件越来越受到冷落。

为什么还要写信，给谁写信

孩子们会问我："干吗还要学写信呢？"

他们相互眨着眼睛，意味深长的样子。

他们不想写信也是正常的。手写信需要一笔一画地把字写下来，还要边写边构思，而且需要遵循一定的信件格式。如果中间写得不满意，还得重新写一遍，这多不方便哪，这多慢哪。

是啊，为什么要学写信呢？我在孩子们面前说起了我的观点，我经常怀疑他们是否能听懂我的想法，我对自己的表达能力，尤其是在孩子们面前的表达能力，有时不是那么自信。

写信在这个时代是效率不高了、太慢了，但写信的最大意义就是"慢"哪。有一首诗歌，叫作"从前慢"，是木心写的，特别打动我。

记得早先少年时
大家诚诚恳恳

说一句　是一句

清早上火车站
长街黑暗无行人
卖豆浆的小店冒着热气

从前的日色变得慢
车，马，邮件都慢
一生只够爱一个人

从前的锁也好看
钥匙精美有样子
你锁了　人家就懂了

以前，饿了吃饭，困了打盹儿。饿了、困了这些事，定义了时间。后来，有了钟表，有了分秒。钟响一声醒转，钟响两声开工，钟响三声日落归家。人跟着钟走，至少还算舒坦。到了现在，有了卫星，有了网络，走的是快步，吃的是快餐，送的是快件……什么都是快快快，心里永远有一把燥火，生得旺旺的。

我们写信，就是要感受、体验那种“慢”——一个字一个字写出来，一张邮票一张邮票贴上去，塞进邮筒，等待回音。因为慢下来了，你就会更慎重，更珍惜自己写下的每一个字。收到信的人能想到你写字时的样子，因为见字如面。相比聊天儿记录、通话记录，你会感觉信是特别为你留下的某种心意。

信决定写了，那么写给谁呢？

一次我让孩子们写给爸爸妈妈。后来他们发现给爸爸妈妈写信，第一读者竟然是老师，他们就明白了他们在信里应该写一些政治正确的内容，最好是感恩父母这几年对自己的照顾，最好是为自己的错误道歉……有所顾忌、需要遮掩、失去坦诚的信写起来还有什么意思呢？

一次我让孩子们写给结对班级。我所在的学校是省城重点小学，结对的学校是偏远山区的薄弱学校，我发现孩子们在通信过程中总是不可避免地带有某种优越感。其实，没有交往、没有情义的通信只是完成了一项任务，也没什么意思。

一次我让孩子们写给有关部门。说到底这有关部门是我们指定的，我们选择的有关部门一般是有家长在那里工作的部门，否则寄出的文件会被直接寄到垃圾桶里。有家长在那里工作就不一样了，写信和回信的过程中存在着某种不可言传的默契。

在我近20年的教学经历中，我做过许多尝试。例如，让孩子们写给12岁的自己，可以是告诫或祝福。例如，让孩子们写给20年后的自己，向他描述自己现在的生活。例如，让孩子们写给将来的孩子，就像刘慈欣写给生活在23年后的女儿……

最近的一次，我决定让孩子们给自己心目中的偶像写一封信。这个决定受了一则新闻的影响。台湾新埔小学有个邱老师，让小学生写信给自己最想了解的名人，有人写给周杰伦、郭台铭、知名法师、知名作家，以及比尔·盖茨和《哈利·波特》的作者罗琳等。

请不要做“脑残粉”，讲点儿专业的意见

孩子给偶像写信，当然希望偶像回信。不是没有这种可能性，以一个幼稚小孩的身份写一封很正式的信要比一个成年人写信更容易得到名人的回复。像台湾的邱老师，总共寄出31封信，正如大家所料想的，大部分信件石沉大海，但还是有5封回信，比如比尔·盖茨的，比如罗琳的。

让偶像回信是有技巧的，我和孩子们公开讨论，最后罗列出以下几个。

◎ 表明自己小学生的身份。

◎ 稳重，不卑不亢，有新鲜的地方让他眼前一亮。

◎ 手写。可能字不好看，但这是自己一笔笔写的。

◎ 注意写清楚自己的地址，也就是收信人的地址。

◎ 问到私人问题，千万不要过头。

◎ 要让偶像感受到你对他的喜欢。

上面几个技巧中，最难做到的是哪一个？应该是最后一个。如果只是在信中不痛不痒地说一句“我喜欢你，崇拜你”，简直就是向一个广阔无边的湖里扔一块小石子，激起的小涟漪几乎可以忽略不计。如果在信里能很专业地分析他所从事的职业，能如数家珍地说出他的爱好，甚至能讲出同他平日里的公众形象或声誉不怎么相称的秘密，那情况就不一样了。但要做到这一点，谈何容易！你需要投入时间和精力到一项研究中去。在《创意写作教学》一书中，荷兰的黛安娜·泰阿肥老师让大学生做一个“模拟名流”的写作练习。她让学生挑选一位名人，并模拟该名人的特点写一篇人物自白。那些大学生起初以为挺容易，后来发现要写好这篇自白不比写一篇论文容易，因为要真正了解一个名人，尤其是娱乐圈外的，实际上是了解一个专业。以下是孩子们给自己的偶像写的信。

给郭艾伦的一封信

郭艾伦：

您好！

我是浙江省杭州市上城区天长小学的小学生蒋一繁。在这里，我感到很冒昧，在您那么忙的情况下给您写信，真的很抱歉，但我希望您能够在百忙之中抽出时间，给我回封信，哪怕是一句话、一个签名、一个章，我都欣然接受。若真的不回信，我也完全理解。

这个赛季，你算得上国内第一后卫了，在关键的时刻都投进了球。比如这个系列赛的1/4决赛，面对广东队这个以前的常胜将军，你在第一场和第二场发挥神勇，在广东队起势的时候投进破灭广东队意图反超比分的三分球，而且都是压哨。如果没有强大的心理素质，根本没法儿做到。你速度惊人，可以在短短的三秒钟内，半场完成一个上篮。在上一届亚洲锦标赛上，你在国家队发挥了重要的作用，不管是面对速度很快的小个儿阵容——韩国队，还是面对有归化球员的强大的最终进入决赛的菲律宾队，你都保持着最佳竞技状态，发挥了速度优势，敢闯敢拼，穿梭自如，组织得法。

在3月11日总决赛的开幕赛中，我希望你们辽宁队能够打出团队配合，将各自的优势都发挥出来。你的组织和突破，贺天举的空位三分，李晓旭的冲枪篮板，哈德森的组织和变态准，韩德君的篮下强吃，兰多夫的内外结合……如果你们的优势都能发挥出来，再加上最佳竞技状态和硬实力，我相信一定能够战胜由邓哈哈三外援领衔的四川队，赢得开门红，并且在整个系列赛中夺得胜利，拿到上个赛季擦肩而过的冠军奖杯（从南方寄信到北方可能要一点儿时间，信寄到那儿的时候可能已经打完1—3场比赛，您见到时因时间差，会看到我讲了一些过去的事，敬请谅解）。

我为什么觉得你们会夺冠呢？因为你们攻防两端都占优势。进攻刚才已经说了，防守你们和四川队对位也能对上。我把四川队四个得分手罗列在重点防守的名单里，哈达迪由韩德君、李晓旭或兰多夫来防；哈里斯由兰多夫、李晓旭、贺天举或廉明来防；邓特蒙速度快，那就由比他速度更快的你去阻挡；变态准就让跟他一样准的哈德森去干扰；一定要想办法限制邓特蒙的发挥。对了，哈里斯确实有点儿难防，但是相信你们这几天正在研究办法。

您还这么年轻，我可以叫您大哥哥，最多叫您叔叔。希望您打球越来越好，成为国家队当之无愧的一号种子。希望在您和郭士强指导的共同努力下，辽宁队也能成为一支CBA的常胜将军，建立起自己的王朝。

祝您

身体健康，球技精进！

杭州市上城区天长小学　蒋一繁

2016年3月10日

给蒂姆·库克先生的一封信

尊敬的蒂姆·库克先生：

您好！

首先我非常抱歉，冒昧地给您写这封信。非常希望您能在百忙之中抽出时间来看这封真心诚意写的信，谢谢。

我是中国杭州的一名小学生，今年11岁，正在读五年级。我居住的杭州是一座非常非常美丽的南方城市，2016年的G20峰会将在杭州召开，相信那时杭州一定会被更多世人所熟知。当然，您绝不会忘记，您曾经到过的杭州那家苹果零售店，正坐落在杭州西湖边。西湖，自古被人们赞誉，中国古代诗人曾用许多美丽的诗句描绘西湖，我最喜欢的一句是“水光潋滟晴方好，山色空蒙雨亦奇”。

每次走到这家零售店，我都有这样的感受：身前是美丽的西湖，身后则是颠覆世界的苹果科技。徐步走到店里，身前是热情的工作人员，身后则是数排琳琅满目代表着科技快速发展的苹果产品。还记得前年，这家店还在准备过程中，建筑物的外墙上写着书法家王冬龄的作品——来自中国宋代诗人苏轼的《饮湖上初晴后雨》。相信那时，每个路过这里的人都会为这气派的风格而惊叹吧。为了一睹这书法墙的精彩，我们的班主任陆白琦老师还亲自带着我们全班同学去观赏呢。这个小故事，会是我们心里伴随着苹果产品的美好回忆。

说完这些，我还想和您说一件苹果公司让我佩服的事。

去年，一对年轻夫妻冲进聚会现场，制造了一起恐怖袭击事件。事后警方调查，在他们家里，六部手机均已被毁，仅剩下一部苹果手机。美国联邦调查局为了获取手机里的信息，让苹果公司配合调查，破解手机中的密码。面对政府的命令，您——库克先生，竟然坚毅地回绝了。因为您知道，如果成功破解了密码，那么几千万苹果手机用户的隐私，将可能因此而受到威胁。个人信息、账户密码……将不会是每个人独有的信息，大家的隐私将遭到泄露。

窃听事件最近几年一直是世界关注的焦点，智能手机市场也许会因此慢慢衰落，没有人敢相信手机的安全了。自从这件事发生以来，已经有众多企业表示支持苹果公司的决定，这也说明全世界对保护隐私是非常重视的。民意走势也渐渐从劣势转为五五开。全球人民的意见影响着舆论的走向，也影响着最终结果的走向。如果最终FBI败诉，那么这件事必定会成为隐私安全道路上的一个里程碑。我希望您能继续坚持自己的观点，因为隐私是无价的！

最后我想问您两个问题：

苹果手机是如何加密手机中的信息的？

苹果公司接下来在产品方面会有哪些发展？

谢谢！我的地址是：中国浙江省杭州市上城区孝女路天长小学五（6）班

敬祝

身体健康！

俞沛吉

2016年3月10日

收获了意外的惊喜

有的人对这样的写信活动，相当不理解，王栋生老师就是其中一位。

王栋生老师认为让不谙世事的小学生给名人写信，简直就是让他们遭冷遇、碰钉子，是让他们体验从热望到失望的过程，最后得出一个“社会冷漠”的认识。

王栋生老师还认为让小学生给名人写信，也伤害了安安静静生活的人，糟蹋了社会资源。他认为小学生在信中所提的那些问题，只要静心思考，只要翻一下手边的工具书就能解决，只要和老师、同学讨论一下就能恍然大悟，为什么要写信给素不相识的陌生人呢？

我真的觉得言重了。有时候，孩子给名人写信只是为了表达喜欢。其实，他们不只是喜欢那个人，还喜欢与之相关的东西，比如与周杰伦对应的是音乐，与罗琳对应的是幻想写作，与比尔·盖茨对应的是创新技术……一个人应该一直寻找自己的爱好以及自己能做的事情和方向。这种寻找什么时候开始也不迟，能尽早开始就尽早开始。在这个时代，任何一种爱好，即使是很小的爱好，也可以在其中找到立足点，通往全世界。

信陆续寄出去了，孩子们对回信是有期待的，但时间长了，他们也就遗忘了，并没有想象中的那么失望。他们忘干净的时候，突然又陆续收到了几封回信。回信的基本上是作家，可能作家本身就喜欢用文字和他人交流。孩子们很高兴，有的高兴程度会高一点儿，持续时间会长一点儿，他们会把回信装裱起来挂在墙上；有的呢，高兴一下就过去了，如此而已。以下是回信的片段。

要相信阅读的力量，要成为一个阅读的行动者，要把阅读当成生活。我们长大了，可能避免不了刷微博、刷消息、看八卦、浏览论坛……但是，我们要提醒自己，有的时候，我们要静下来，捧起书本——阅读。

书是通往世界的窗口。

——作家程玮

阅读不仅能帮助我们拥有好的阅读理解能力，拥有好的语感，拥有好的语言表达能力，更重要的是，它能让一个人的精神得到成长，能让一个人的灵魂优雅、完美。看过很多书的孩子，心里会装着很多梦想和爱，装着很多善良和聪慧，也会更有想象力。书本会滋润我们的心灵，甚至会滋润我们的一生呢！

——童话作家汤汤

阅读并不需要整块的时间。但阅读需要一个良好的习惯，每天读，随时读，日积月累是真正的读书方式。一口吃不成胖子，这个道理大家都懂，阅读中营养的汲取更是如此。

——诗人雪野

童年遇上一个喜欢文学、喜欢讲故事的老师，这本身就是童话般的好运气。你就跟着他生活在课堂的运气里，温暖着，惊异着，诗意着，等你长大以后，甚至年迈了，你的心里天天都会泛起好味道。

——作家梅子涵

一个人的现在不代表他的将来。一个有了些成绩的人，如果他不再努力，那么他的生命就会变得暗淡；相反，一个事业上没有突出成绩的人，只要他努力了，他的生命就是有价值的。有点儿小挫折不要紧，迎着太阳站立，把影子留在身后。

——作家张之路

写外貌不容易

——去上海见雷夫

最近几年，我偶尔会策划一些“和名人面对面”的活动。例如带孩子们到上海和“美国最牛教师”雷夫见面，例如请《我是一支爱写作的铅笔》的作者山姆·史沃普到我们班来上课，例如带孩子们去见《狼图腾》的作者姜戎。

我这样做并不是鼓励孩子们追星，我自己也不搞个人崇拜。

我之所以这样做，无非是想通过一种非常具有仪式感的活动，告诉孩子们要敢想，没有什么是不可能实现的，不要被遥不可及吓到了，只要足够真诚、执着，我们是可以和这个世界交流的。

我之所以这样做，也是想让孩子们亲近一些“品质”。美国心理学大师马斯洛研究了历史上许多伟人共同的一些人格特质。

他们能够接纳自己、接纳别人，也能接受所处的环境。他们对人生怀有使命感，因而常把精力用来解决与众人有关的问题。他们也较不以自我为中心，不会单顾自己的事。他们懂得欣赏简单的事物，能从一粒细砂想见天堂，他们像天真好奇的小孩一般，能不断地从最平常的生活经验中找到新的乐趣，从平凡之中领略人生的美。他们有智慧明辨是非，不会像一般人那样用绝对二分法（“不是好就是坏”）分类判断。他们说话含有哲理，也常有诙而不谑的幽默。他们心思单纯，像天真的小孩，极具创造性。他们也会犯一些天真的错误。当他们对真善美执着起来时，会对其他琐事心不在焉。例如，爱迪生有一次做研究太过专心，竟然忘了自己是否吃过饭，朋友戏弄他，说他吃过了。他信以为真，拍拍肚皮，满足地回到实验室继续工作。

我从来不觉得人人都要达到这种境界，这个时代最大的优点是多元，没有人能给“幸福”“意义”下一个定义，任何人都没有必要去告诉别人应该怎么活。但我们还是应该尝试去了解、走近一些优秀、杰出、伟大的人，去感受他们的不一样。我们愈趋近这种境界，我们的人生就愈有喜乐，愈有意义。

怎样使活动更有仪式感

同样一个活动，用不同的方式组织，效果会完全不一样。

在策划、操作“和雷夫见面”的活动的时候，我会提醒自己努力做到以下两点。

让孩子们充满向往。2012年，雷夫·艾斯奎斯来到中国，我带孩子们去见他。但雷夫毕竟是教育这个专业领域的名人，孩子们对他并不熟悉。不熟悉就不向往，不向往就没兴趣。再加上他们还处在日常的学习压力下，因此对“和雷夫见面”并没有什么特别的激情。因此，我“无所不用其极”，让孩子们做了很多热身活动，包括阅读《第56号教室的奇迹——让孩子变成爱学习的天使》。在阅读中，孩子们的热情越来越高。是的，雷夫具有传奇色彩：他们班的考试成绩过硬，他特立独行，富有争议，几十年如一日做一件事。媒体给了他许多传播性很强的称呼——美国最牛教师、当代的梭罗、圣徒以及疯子。慢慢地，孩子们那种向往、骄傲的感觉开始在教室里一点儿一点儿地凝结起来。让孩子们带着一种崇拜、一种渴望、一种即将与杰出的富有传奇色彩的人物见面的期盼去见雷夫，这种见面是有教育价值的。

共同为这次见面努力。一个活动，如果最后演变成个别几个优秀的孩子三下五除二直奔结果的活动，那意义就不大了。每一个活动，都应该设计一个需要大家共同努力的内容，让每一个人都获得参与感。作为语文老师，我设计的活动往往具有鲜明的学科特征，这次去见雷夫，我们的共同任务是给雷夫写一封信。平时，我们也有写信的教学活动，但是这次写信显得那么与众不同，大家热烈而持久地参与到写信的注意事项的讨论中。例如：

（1）写信的规范格式是怎样的？

（2）给一个陌生人写信，前面应该怎么说才能让他解除疑虑并较快地接纳自己？

（3）如何在信中表达自己的好感而不显得过分？

（4）在信中写些什么内容比较好？

（5）如何最大可能地刺激对方给自己回信？

（6）国际通信有哪些礼仪需要注意？

所有这些技巧转化为孩子们一次又一次对信的修改，他们精益求精，乐此不疲。我想这会是孩子们很难忘记的一次写信经历。

第56号教室的同学们：

你们好！

这是一封来自遥远的中国的信。不知道你们听到“中国”这个词首先会想到什么，是长城，是功夫，还是瓷器？如果你们想了解中国，而我们又有幸收到你们的回信的话，我们将很愿意做一些介绍，尽管这对我们来说是一个艰巨的任务。

我们生活的城市——杭州，是中国南方非常漂亮的城市。在这座城市里，可以看到江河、湖泊、湿地，高楼大厦掩映在绿色之中，我们喜欢自己生活的这座城市。我们和你们年龄相仿，十一岁或者十二岁，今年读四年级。

给你们写信，是因为看到了你们的老师雷夫写的一本书——《第56号教室的奇迹——让孩子变成爱学习的天使》。我们的语文老师蒋老师向我们推荐了这本书。这好像是一本写给大人看的书，但我们依然看得津津有味。通过这本书，我们发现我们两个班级有许多相似之处：老师都希望我们成为诚实、有礼貌、善良的人；老师会向我们推荐许多好看的书，例如《顽童历险记》《夏洛的网》，还会向我们推荐一些好看的电影，例如《音乐之声》《放牛班的春天》《爱丽丝梦游仙境》。我们班的电影剧场即将要播放的电影是《小鞋子》，大家都很期待，尤其是我们班的男生，因为他们想看看到时有多少女生会“大哭一场”。

在《第56号教室的奇迹》这本书里，我们还看到了许多让我们感到很好奇的地方。雷夫老师竟然带领你们排演莎士比亚的话剧。天哪，小学生演莎士比亚的话剧，不知道你们是如何做到的。雷夫老师还带你们去旅游，住五星级的宾馆，在高档餐厅吃饭，我们并不是羡慕你们吃得好、住得好，而是羡慕你们的学习、生活那么大胆、有趣。还有，你们的座位居然还要付“租金”！而且，座位越好，付的“租金”就越多。还有什么银行记录……这些在我们看来都是新鲜事物、新鲜词语。在这间教室里学习，你们一定感觉很骄傲、很享受。很想听听你们的想法，所以很冒昧地给你们写了这封信。

第56号教室的同学们，我们真的有太多问题想问你们：(1) 你们班有哪些有趣的人，发生过什么有趣的事？(2) 你们的“班级银行”收到的存款是真钱吗？(3) 如果有表现非常不好的同学，雷夫老师会怎么“惩罚”他呢？(4) 为什么雷夫老师只教五年级呢？(5) 雷夫老师每天那么早到校，那么晚回家，双休日还和你们在一起，他什么时间阅读呢，他自己的生活怎么办？

期待你们的回信！我们的联系方式：中国浙江省杭州市天长小学四年级二班。

祝你们

生活愉快！

你们的中国朋友

2012年2月27日

怎样写好雷夫的外貌

雷夫来中国了，我要带孩子们去见他。我把这次见面描述得非常神圣，并提前用了一个月时间和孩子们一起看雷夫推荐的书和电影，想象和他见面的场景，想象怎么把这一场景写下来，以及之后怎样进行书信交流……这就是仪式感。因为雷夫毕竟是教育这个专业领域的名人，孩子们对他并不熟悉。不熟悉就不向往，不向往就没兴趣。因此我“无所不用其极”，让孩子们做了很多热身活动，让他们带着一种崇拜、一种渴望、一种即将与杰出的富有传奇色彩的人物见面的期盼。渲染得差不多了，我问他们：你们知道怎么写雷夫的外貌吗？写外貌是很难的，我教给你们一些技巧，但是你们不要被技巧所捆绑，要大量借鉴文学作品中的外貌描写。

第一，写外貌不出现“有”。有一个孩子这样写外貌：“李老师可漂亮了，她有一头卷卷的黄头发，有一双黑葡萄般的大眼睛，有一个高高的鼻子，还有一张樱桃小嘴。”很多孩子写外貌就是串联器官，显得很生硬，但不这么写，他又写不长。我告诉他们可以保留器官，但不能出现“有”。经过一番努力，最后写出来的是这样的：“李老师可漂亮了，一头卷卷的黄头发，自然地披在肩上。她的眼睛太吸引人了，乌黑乌黑，葡萄一般。”虽然只是改变了器官的串联方式，但读起来已经自然很多。

第二，写外貌就要用“有”。小学生往往这样写外貌：“那小女孩可漂亮啦。头发柔顺有光泽，像绸缎一样。红扑扑的小脸蛋儿上，一双水灵灵的大眼睛，乌黑乌黑，葡萄一般。小巧的鼻子挺挺的，加上那总是嘟起来的樱桃小嘴，可爱极了。”这段描写的问题在于没有特点，脸谱化。于是我自己加了一段给孩子们看：“最有特点的还是她的眼镜，大得出奇，几乎遮住了她一半的脸。镜框是圆的，让人感觉她戴的不是眼镜，而是两个放大镜。”“写外貌就要用‘有’”的“有”是“最有特点”的“有”，就是抓住特点来写。

第三，写外貌多用“像”。前两种方法比较适合写有特点的人物，但大部分人都是大众脸，于是我带孩子们阅读名家笔下的人物外貌描写。有一位作家笔下的居里夫人是这样的：“白净端庄的脸庞显出坚定又略带淡泊的神情，而那双微微内陷的大眼睛，则让你觉得能看透一切，看透未来。”在这里，用上“好像”“仿佛”似乎很管用。于是我让孩子们想象：如果这是个阴险、贪婪的女人呢？孩子们很激动，都来尝试。有一个孩子这样写道：“那双微微内陷的大眼睛好像要把世界上所有的财物都纳为己有。她的嘴唇薄薄的，好像刀片削出来的似的，仿佛一开口就要伤人。”

这些技巧平时孩子们可能会听不进去，但是一旦有了真实的任务，效果就不一样了，他们就能够自发地将技巧和自己的创意融合在一起。见完雷夫回来后，有孩子写道：

他有一头棕色的微卷短发，棕色中间还夹杂着几根随着岁月流逝变白的白发……一双睁得大大的眼睛，流露出和蔼的目光。鼻梁高高地立着。脸颊泛着红色，上面还有两道深深的皱纹。胡子和谐地在嘴巴周围围了一个圈。他见到我们，嘴角向上扬了扬，露出会心的微笑。……他穿了一件白色衬衫、一套深咖啡色的西服，带了一条红色领带，这样搭配起来，显得十分精神。第一次见他，乍一看他真像个圣诞老人！

放大那种不可替代的幸福感

见完雷夫第二天，我们一进教室，就看见了刊登雷夫老师与我们在上海的交流信息与合影的《今日早报》，其中一个版面有一大部分是雷夫老师与我们的合影。照片上的他单膝跪地，一副憨厚、长满胡子却非常有精神的慈祥面孔印在报纸上，不管谁看了，都会留下很深刻的印象。后来这张照片持续发酵，不断被其他报纸转载。我把这些报纸都收集起来，第一时间和孩子们分享，并把报纸贴在班级的外墙上，把照片截图放在班级QQ群里……这是一种荣耀，这份荣耀值得放大。

因为主办方的限制，那天最终上台和雷夫见面的是阮祺媛和郭淑怡两个孩子，我想尽办法要让班里所有其他孩子都感受到这两个孩子体会到的幸福。

在之后的两三周里，我见缝插针地和两位亲历者以及其他孩子分享见面过程中令人难忘的点点滴滴的细节。

我跟孩子们说，当时见面的场景让我终生难忘，雷夫一看见阮祺媛和郭淑怡，就立马单膝跪地，将200多斤的身体很努力地弯曲到和12岁的孩子等高。雷夫在镁光灯下和孩子们一起笑得灿烂如花，这张照片被全国许多媒体不断转载。当时我就觉得这个老师是值得信任的，因为他那么自然、本能地为孩子弯下腰、蹲下身，他看起来就像个老师。

我跟孩子们说，我真佩服阮祺媛和郭淑怡，她们俩上台的时候，雷夫以他的美国式幽默逗她们：“你们怎么会花时间看我的书？我觉得你们应该读一些更有趣的书。”全场哄堂大笑，我当时有点儿紧张，不知道她们在几千人面前会怎样回应这样的幽默，结果她们大方地回答：“我们觉得您的书很好看哪，一点儿都不无聊！”我真佩服她们那种真诚、礼貌、机智的应对。

这种活动后的分享对老师其实也是一个考验，它要求你不能只是把活动视作一项任务，在活动中忙于低头玩自己的手机，人在心不在，否则就很难捕捉到这样的细节。

这种分享对两位亲历者也是一种考验，她们既要描述出作为亲历者才有的一些细微的体验，又不把它当作一种炫耀。她们也非常注重这样的分享，把一些深刻的体验先写下来，然后讲给大家听。

我见到雷夫老师啦

郭淑怡

“下面有请两位小朋友上场！”主持人满脸微笑，与台下的观众一起看向正从后台走过来的我们。我提着一袋打算送给雷夫老师的西湖龙井，与阮祺媛穿着同样款式的服装，慢慢地走上舞台。只见雷夫老师红光满面，两鬓有些斑白，黑、灰、白交杂在一起的胡子遍布在下巴这一块儿，像是一块被弄乱了的棉絮贴在雷夫老师的下巴上。他穿着整洁的西装，微微侧身，惊讶而又欣喜地看着我们，眼里透满了光亮，因为雷夫老师是特别喜欢孩子的。

“雷夫老师，我想把杭州的特产——西湖龙井，送给你。我想它一定会比饮料、咖啡要好喝上许多。”“呵呵，谢谢，我也这么觉得。”雷夫老师嘴角咧开的弧度更大了，眼睛也差点儿眯了起来，他摸摸自己有些凌乱的胡子，捧着自己宽厚的肚子，愉悦地笑了起来。

刚才上台前，史无前例的激动就像一只吃了兴奋剂的小松鼠一样，在我心中不停地跳跃着，怎样也按捺不下来，我似乎感觉到全身的血液都在沸腾，好像要爆发一般，连腿也不停地抖动，停都停不了，用“紧张”一词来形容现在的我实在是最适合不过了。当主持人报幕时，我尽量大方地走上舞台，开始与雷夫老师欢快地交流着。台下观众们一双双炯炯有神的眼睛紧紧地盯着我们，使我的身子差点儿站不住，不过雷夫老师和煦的微笑，却使我平静了许多。

雷夫老师还开玩笑说他的行李箱里还有点儿空，想把我们带走，逗得观众们情不自禁地捧腹大笑，记者们也纷纷记录下了这一精彩的瞬间。最后，雷夫老师强壮的身躯蹲下来，单膝跪地，将我和郭淑怡抱住，微红的脸上挂着神采奕奕的笑容，岁月刻下的皱纹紧紧贴在一起，更是突出了他的笑意。在闪光灯的照耀下，雷夫老师好像一位慈祥的父亲，我们就像他的孩子，依偎在一起，特别激动与兴奋。我们上台的那一刻，雷夫老师的笑容与他的动作，使他在我心中留下了非常好的印象，我永远也忘不了。怪不得他能成为创造第56号教室奇迹的风云教师啊！我心中又不禁感慨道。

去见雷夫老师

阮祺媛

3月7日下午，同学们正在津津有味地欣赏陆老师的“美国之旅”照片时，郭淑怡猛地打开教室门，也顾不上向老师问好，就直接问：“阮祺媛呢？快点儿，我们今天要去见雷夫老师。”“就现在？”我一下子没反应过来，因为今天上午刚刚很幸运地被老师点名叫我去上海见雷夫老师，可没想到这么快，我兴奋地愣在原地。“好好好，你等一下。”我背起书包，和她一起坐在她妈妈的汽车上去往杭州站。到了杭州站，郭妈妈给我们买好火车票，只听见广播阿姨说“前往上海的列车即将启动，请乘客们做好准备”。我们飞快地跑到列车里面，在指定的位置上坐下，开始向上海出发。

在高铁上我一直在想，雷夫老师真的像那本书上一样帅、一样和蔼可亲吗？我们会在哪里与他对话？说英文还是说中文？说错了怎么办？这么多的问题像沸腾的温泉泡泡，不断地在脑海里冒出，又不断地破灭。我真想马上就到上海与雷夫老师见面。到上海已经是晚上6点多了，我们住在郭淑怡妈妈的朋友家。晚上郭妈妈很用心地指导我们一些与雷夫老师见面的英语单词等，做好一切准备后，我们就等待第二天的到来。

到了早上，郭妈妈与蒋老师联系后，带我们来到了指定地点，此刻我的心也越来越兴奋与激动。到了后台，蒋老师耐心地一步步教我们上台时的体态、姿势、语言、表情和送礼物的动作等，还嘱咐我们要会巧妙地临机应变，并提醒我们不要紧张，说错了不要紧，因为雷夫老师是位很“温柔”的老师，根本不用担心。在后台，我隐隐约约可以看见雷夫老师的样子——胖胖的身体，比书本上要胖一些，深棕色的头发，脸上挂满笑容，一看就感觉雷夫老师又风趣又可亲。时间就像没关紧的水龙头一样滴答滴答地流逝，但我那渴望早点儿见到雷夫老师的急切心情在一点点增加。不知过了多长时间，只听见主持人说：“下面有请两位小朋友上场！”随着一阵热烈的掌声，我和郭淑怡落落大方地走上了舞台，看着这么多观众，我一点儿也不害羞。雷夫老师飞快地站了起来，开心地说：“Hello！”我也说了一下：“Hi！”雷夫老师又幽默地说：“我的行李箱里还有一点儿空，或许可以把她们带走。”台下观众听了都大笑起来。郭淑怡很自然地将四（2）班的一封信交给了雷夫老师，我看见雷夫老师好像很宝贝似的拿在胸前。郭淑怡还向雷夫老师提了一些问题，雷夫老师很高兴地做了回答。看到他那亲切的面容，我不禁感到快乐和轻松。最后，我把蒋老师精心准备好的杭州特产送给了雷夫老师，并做了自我介绍。可还没等我说完，雷夫老师就很热情地拥住了我们，拍了几张照片留作纪念，还与我们紧紧地握住手说：“我们是朋友，你很漂亮！”听了雷夫老师的话，我心里不知有多温暖和自豪。就在这时，很多记者都拥了上来，争先恐后地拍照。

等演讲结束时，郭妈妈用英语向雷夫老师介绍了我们的蒋老师。我猜此刻，蒋老师一定很开心。后来我们要求雷夫老师给我们签名，他在上面写着：“送给Tina！我很喜欢你！”（Tina是我们的班主任）

这次与雷夫老师见面，不管是一张照片、一个签名，还是一次拥抱，都将成为我一生中最美好的回忆。同时也要感谢蒋老师、陆老师和全班同学给我这次机会，要不是你们信任我，恐怕我也只有羡慕的份儿了。

注重故事的布局

——把绘本改写成小说

从四年级开始，你就会鲜明地看到孩子们在写作方面的差异，有的对写作永远是一副苦大仇深的表情，而有的跃跃欲试地想尝试写小说，挑战写几千字。

有一段时间，班里有好几个孩子开始尝试写小说，其实，他们是想获得某种形式上的成就感。他们煞有介事地画个封面，在封面和封底上写上出版社、定价、作者等项目，他们在目录上会花很多时间，在形式的模仿方面你永远也赶不上他们。

但我必须保持理智，我不想一边倒地支持他们，我知道有的孩子写小说只是因为找到了一个偷懒的新办法。一个叫托·斯·艾略特的人说："人类中的大多数懒于思考，缺乏好奇心，充满虚荣。"这样的话让人一下子难以接受，但似乎又是事实，偷懒是人的本能。这些准备写小说的孩子制订了一个庞大的写作计划，打算写个一万字，可是每次的周记，他们也就写个400字。这就意味着他们近一个学期不用焦虑地去寻找新的写作题材了，而且小说中的400字比单独一篇文章的400字，写起来要轻松多了。我对他们说："有本事你们每次写个2000字，网络写手每天不码个几千字，都根本不好意思叫网络写手。"我戳穿了他们的伎俩，偷笑声在教室里冒出来，就像雨后池塘里的气泡，此起彼伏，这儿一个，那儿一个。

我相信有很多老师和家长与我一样支持孩子写小说，但有的老师却不愿意。为什么？一是内容方面，他们觉得孩子们写的太无聊，无非是打打杀杀、飞来飞去、宇宙探秘等各种稀奇古怪的事，没有意义。二是形式方面，他们觉得写小说不过是花大量时间写一篇更长篇幅的流水账，浪费时间。

我觉得这种担忧不无道理。有的孩子在信马由缰的乱写中，自己是高兴了，但写作上没有任何长进。我对孩子们不是无限拔高要求，让他们的写作具有作家的水准。我的想法是孩子们一旦开始写小说，就应该像作家一样去创作，小说的主题、情节、细节都应该有一个努力的方向。

我们的班额太大，个别化教学的时间有限，没有那么多时间去跟孩子们讨论、参与他们每一篇小说的酝酿过程，因此，得想出一个折中的办法。

我所想到的办法就是——把绘本改写成小说。

改写绘本的好处

每年的暑假、寒假，我都只布置一个作业——选择一个绘本，把它改写成小说。

我发现孩子们对这项作业挺感兴趣，我不得不承认现在已经进入了读图时代。新中国成立后，开始风行小人书，那种比手掌大一点儿的小人书是20世纪六七十年代生人的美好的童年回忆，后来日本漫画风靡了很长一段时期，近来流行朱德庸的《涩女郎》和幾米的漫画，现在图文品质更高的绘本进入了许多家庭的视野。是的，全民阅读正在卡通化、图像化，大家想用更轻松、更直接的方式享受阅读的快感，而对板着脸教育人的文本敬而远之。

因此，把绘本改写成小说的最大好处是孩子们乐意接受。而且我发现，很多孩子在自己的改写作品中，重新配了画，哪怕他们知道自己的画跟原作比起来实在要差很多。他们仅仅是对描绘的过程感兴趣，画画只是为了在描绘过程中体会快乐。这些孩子把绘画当作自己能力的象征，把画笔当作驾驭对象，随心所欲地操纵画笔，画直线、交叉线、波形线、螺旋线、圆圈，画各种事物、场景，在操纵画笔的过程中他们体现了自己的价值、自己的能力。

把绘本改写成小说，还有一些好处。

第一，绘本已经有了成熟的主题、情节设计，因此，孩子们根据绘本改写小说，就有了基本的框架，也有了灵魂。这样，他们的小说就不至于写得太差。

第二，绘本的故事不会太复杂，孩子们还有机会“横生枝节”，完成故事向小说的转变。

第三，绘本以图为主，以文字为辅。这又为孩子们的二度创作提供了巨大的空间，他们可以在图里寻找提示，或者自己想象，丰富细节。

把画面转化成文字是有技巧的

有人说读图比读文字快捷、直观，感受直接，还带有视觉上的审美愉悦，在快餐时代的浮躁气氛中，势必会流行。也有人认为读图时代会带来“词语钝化”的问题，甚至认为，只会读图的一代将会面临语言的瘟疫，失去用字遣词这人类最重要的能力。

我觉得这些话并非危言耸听。当孩子们兴致勃勃地开始改写绘本的时候，我心里总是不放心，当老师的永远有一颗“好为人师”的心。

我终究没忍住，选了一个无字绘本《流浪狗之歌》，想指导他们如何给一幅画配上文字。

故事很简单，用孩子们的话来说是：一只狗不知什么原因被主人遗弃，它一路苦苦追赶、寻找，最后遇到了一个同样孤独的流浪孩子。看完无字绘本，佳宁是第一个流眼泪的，这在意料之中，她家养了很多小动物，她一半的周记都在写她家养的兔子、小狗。她声音轻轻地，这样的声音体现出她作为女孩子特别的敏感：“故事让我想到了我家的背心。12月25日是背心的生日 ，算下来，背心已经有5个月大了。我家的背心和故事中的流浪狗毛色差不多，也同样可爱，可是它们的遭遇却截然不同。”

小B的感受理性而深沉:“我觉得那只流浪狗就像生活中那些低收入的人，他们就好像被生活抛弃了一般，可他们还是那么坚强地活着，热爱生活，不放弃对幸福的追求。其中有一幅图——流浪狗独自站在辽阔的天地间，让我真的感受到了沧海一粟的渺小，以及天地之大却无容身之处的悲哀。”

我几乎就要放弃指导的欲望了，但我提醒自己，个别人的精彩发言无法帮助无从下手的孩子把情感转化成文字。就像其中一幅图，很多孩子看了之后只会这样写：

这条狗好孤独哇！

一条狗寂寞地在路上走着！

其实，表达感情是需要技巧的，把体会到的情感转化成具有画面感的文字是需要技巧的。我开始引导他们，如果不出现“孤独”“寂寞”“凄凉”这样的词语，能不能写出这条流浪狗的孤独、寂寞、凄凉呢？当然可以。孩子们开始观察流浪狗的样子，他们看到了以下内容。

◎ 流浪狗松松垮垮的身姿

◎ 流浪狗黯淡、疲惫的毛色

◎ 流浪狗耷拉下来的耳朵

◎ 流浪狗有气无力的尾巴

◎ 流浪狗空洞、无助的眼神

有人提出应该把画面上那条路去掉，把那个影子去掉，把那几个脚印去掉，让天地间就剩这一条孤零零的狗，这样，就显得这条流浪狗更孤独、更寂寞、更凄凉。这样的提议引起了争议，大多数孩子并不接受，他们认为，有了伸向远方的路，有了影子，有了后面的脚印，流浪狗被映衬得更孤独了，他们觉得素描家嘉贝丽·文生处理得很好，这是一种艺术化的处理方式——借景抒情。他们的感悟最终化作了文字。

那辆载着它的亲人、载着它的梦想和希望的车子已经消失在了它的视线里，这条宽广的、平时车来车往的大马路上，现在只剩它了，陪伴它的只有它的影子。它绝望了，它觉得自己再也回不去那个温馨的小窝了，它不敢回头去看自己无力的脚印。它的整个身子都松垮下来，因为支撑它生命的力量消失了。

孩子们开始选择其他画面，仔细观察后，把这些画面写成了文字。

那辆汽车里的人们，毫不留情地把和他们一起生活过、相处过、快乐过、悲伤过的狗扔下了车窗。这狗在被扔出的一刹那，使出全部的力气、全部的希望……可是，没用啊，它死命挣扎，却依然被抛弃了。在尘土飞扬的恶劣天气里，它四肢重重地着地，久久地注视着远去的车子，沉默不语。

它还是拼命地跑着，不论是脚下的砂石让它疼得咿咿直叫，还是大风吹得它的眼睛都变成了红色，它依然追逐着，因为这是它的生活，这是它最后的希望。可是，它只能看着这唯一的希望离它而去……

被主人抛弃的那条黑白相间的可爱的小狗，无精打采地望着主人那辆远去的车子，拼命地摇着尾巴。它看见主人把头探出窗外是那样开心，可是它真没有力气再追了。它已用尽了全身力气，步子也逐渐慢了下来，它走不动了，再也走不动了……可怜的狗只能眼睁睁地看着那辆带着它所有希望和生活的车子渐行渐远……

它回头望着，满脸无辜的样子。它不知道自己做错了什么，它不明白为什么自己一下子被全世界抛弃了。它回头看，看到的只是呼啸而过的车影，看到的是不屑一顾，甚至是嘲笑、冷漠。它害怕地缩起了身子，可能是希望自己可怜的样子能引起别人的注意。

小狗带着它的影子慢慢前行，回头看，是几个凌乱的脚印；往前看，是它的主人在等待它吗？小狗忍不住身子往前倾。不可能，那只是一个虚幻的幸福的背影。

这条狗仰天长啸，仿佛要把自己的悲伤、痛苦用这种方式全部表达出来，连空中的云也变灰了。苍茫天地间，仿佛只有它，它显得那么孤单、那么悲伤、那么想和主人在一起！

我觉得这堂课对他们后面的绘本改写产生了影响，他们发现把画面转化成文字并不是一件容易的事。改写成功的前提是“看见”，看见画面里的细节，饱含情感的细节，然后再通过一些方法把看到的细节转化成文字，比如借景抒情。

篇幅长的小说如何写对话

孩子们选择的绘本还是相当有品位的。

有的选择了李欧·李奥尼的《小黑鱼》，有的选择了谢尔·希尔弗斯坦的《失落的一角》，有的选择了威廉·史塔克的《驴小弟变石头》，有的选择了大卫·威斯纳的《疯狂星期二》。

尽管把现成的绘本改写成小说已经降低了小说写作的难度，但相比于孩子们以前的写作，这还是一个艰巨的挑战，因为小说篇幅长，意蕴丰富，人物众多。

人物多了后就会有很多对话，小说里的对话描写可不是简单地把人物说的话记录下来就行。我是主张教技巧的，我愿意教孩子们如何写对话，至少要教一些基本的方法。别小看这些方法呀。

写说不出现“说”（一）

例如：张三说：“让我看看。”

张三在文章里说话了。这个“说”字，可以用其他字替代吗？当然可以，比如叫、道、喊、问、吼、呐喊、回答、告诉、反驳、商量、插嘴、说明、讨论、辩解、辱骂、诅咒、劝说、讲解、分辩、声明……比如大呼小叫、妙语连珠、唇枪舌剑、巧舌如簧、能言善辩、强词夺理、信口雌黄、胡说八道、大放厥词、花言巧语、窃窃私语、念念有词、振振有词、一语中的……

所以，写一篇文章，如果经常有人说话，我们就可以换着来表达。

张三喊：“让我看看。”
张三插嘴：“让我看看。”
张三大呼小叫：“让我看看。”
张三窃窃私语：“让我看看。”

写说不出现“说”（二）

写说怎样才能不出现“说”？换成“道”、换成“喊”、换成“叮嘱”……

这只是一种方法。

其实还有一种方法，就是用人物的动作、神态来代替“说”，引出人物的话。

张三说：“我没办法呀。”

张三无可奈何地说：“我没办法呀。”

张三摊了摊手，一副无可奈何的样子：“我没办法呀。”

李四说：“太好了。”

李四高兴地说：“太好了。”

李四笑得眼睛都没了，一把把王五抱了起来，喊声可以传到五里外：“太好了。”

请你重点看两个例子的第三句，张三、李四都说话了，可是句子里面没有一个“说”字，不出现“说”字，照样可以让人物说话。

很多大作家写文章的时候，都喜欢用这个技巧。

是什么人说什么话

先看一个笑话。

一个冬天，天空中纷纷扬扬地飘着柳絮般的大雪。有四个人看到了漫天飞舞的大雪，各赋诗一句。四个人的诗句凑起来刚好是一首诗，雅俗共赏。第一句——大雪纷纷落地，后面一个人接过话来——此乃皇家瑞气，另一个人接诗——下它三年何妨，最后一个人冲口而出——放你娘个狗屁。这四个人中有县官、财主、农民和秀才。大家猜一猜这些话都是谁说的。

大雪纷纷落地——秀才

此乃皇家瑞气——县官

下它三年何妨——财主

放你娘个狗屁——农民

这个笑话说明了一个什么问题？——什么人说什么话。“什么人说什么话”是指一个人说的话要符合他的年龄、身份、性格。

有个孩子写自己在稻田里抓青蛙，被农民老大爷看见了。

老大爷生气地对我说：“你怎么捉大田的卫士、害虫的天敌、人类的朋友青蛙呀？捉青蛙会破坏生态平衡。据资料表明，一只青蛙一天要吃掉几百只害虫，它是庄稼的保护神，你怎么能去捉它呢？”

这段话里，文绉绉的书面语言太多，出自一位农民老大爷之口，显得很不自然，与他的身份很不相符，这就会影响文章的真实性。

人物说话太长就打断它

在现实生活中，有的人说话时，会侃侃而谈，会长篇大论，中间都不停顿一下。不管对方说了多长时间，出于礼貌，我们一般都不打断它。如果对方说得有意思，我们还喜欢听。

但是在文章（长篇、中篇小说除外）中，一个人说的话太长，读起来会不舒服。所以当你写对话的时候，不要让你的人物说的话太长。如果一个人物有很多话要说，就要把它们拆开，也就是把它们打断。

怎样才能打断人物的话呢？

1. 用人物的问题、动作、思考或者小事件来打断。

2. 下一个人说话、做事或者思考的时候，重新开始一个段落。

3. 用环境的变化来打断，比如起了一阵微风、楼梯上传来噪音、太阳从云后探出头来。

对话超过三次要注意（一）

有些文章，尤其是小说，比较长。在比较长的文章里，对话相对就会多一点儿。有时候，两个人的对话来回超过了三次。例如：

张三说：“……”

李四说：“……”

张三说："……"

李四说："……"

张三说："……"

李四说："……"

在这些对话中，提示语都在前面，读起来不太舒服。那怎样写读起来才舒服呢？提示语的位置要富有变化。

张三说："……"

"……"张三说，"……"

"……"张三说。

提示语可以放在前面，可以放在中间，也可以放在后面。在对话中，提示语的位置变化一下，读起来就舒服多了。

对话超过三次要注意（二）

在各种文章中，对话用得最多的是剧本，其次是小说，再次才是普通的写人、写事的文章。

说得明确一点儿，我们平时考试时写的五百来字的文章，人物对话要控制。要控制的意思是，对话描写要少一点儿，来来回回超过三次的对话尽量不要出现。

他俩面对面、眼对眼相持了很长时间，最后还是汤姆先开了腔。

"我打得过你！"

"我倒想见识见识。"

"那好，我就打给你看。"

"得了，你不行。"

"我行。"

"你就是不行。"

"我就是行。"

“不行！”

“行！”

“不行！”

两个人都不由自主地停了下来。

上面这几段对话，来回有五次，放在千字以上的小说里问题不大，若放在五百字左右的文章里就不好看了。考试作文很忌讳这种现象，文章里有大块空白，视觉效果不好。

有些对话不必写

我们写一件事或一个人，即使那个人说过很多话，那件事的发生过程中有许多人说过许多话，也可以不用对话的形式来写。没错，生活中，张三和李四确实说话了，但我们在写的时候，有时没必要把他们的对话写出来。

星期日下午，张三跑到李四那里说：“今天天气真好，去逛逛公园好吗？”李四说：“我想买书去，还是和我上书店去吧。”张三说：“也好。”于是，两人走出校门。

星期日下午，天气很好，张三跑到李四那里邀他逛公园，李四因想买书，叫张三同上书店，张三也赞成，于是两人就走出校门。

看了这个例子，你就明白怎样去掉生活中的一些对话了吧？

有的人开始放手写小说

尝试过把绘本改写成小说后，一部分孩子信心高涨，他们打算创作自己的小说了。

尽管我觉得，一个老师对孩子们的作品应该有耐心，他们的作品需要一个真诚投入的读者，但我必须说实话，每次看他们的文章，尤其是小说，我都会分神，想跳读。是啊，在现今的碎片化阅读环境里，读真正的文学作品都没法儿做到长久的专注，何况读他们那些半生不熟的“无聊”的东西呢。

但是，慢慢地，我会被他们的故事吸引，我惊叹于他们身上的潜力。我没办法把他们几千几万字的小说放进这本书里，尽管我有这样的想法，我希望所有人都来分享我当初读到时的惊喜。但每一本书都应该围绕主题来安排自己的文字，孩子们的写作如此，我写作时也应该做到，因此，我只能选择几篇他们写的小说的开头。

胡同札记

在古都洛阳城的郊区有一个不为人知的小村庄，因为受洛阳的影响，这里的一切也都是那么朴实无华、那么古色古香。

这里没有诞生过影响中外的伟人，没有景色秀丽的山川或湖泊。这儿仅存的只是那两三座不高的山丘和几条弯弯曲曲的小溪。

这个村子的中心地带是一条胡同，一条极其古老的胡同，谁也没有去推测过这条胡同的年龄，只有地上的青砖可以证明它的历史。清晨这条胡同被当作了菜市场，中午时分又有人在这儿支起架子卖水果，而傍晚，这儿又转为小贩所经营的夜市。就这样日复一日，年复一年，一直过了很多年很多年……直至有一天，一位头戴鸭舌帽、嘴里叼着一只烟斗的中年男子误打误撞进这个村子，看到这条胡同。这个村子的命运也跟着被改写。那位男子先是对这条胡同赞不绝口，接着对这儿的村民百般讨好，到最后简直转化为四面讨好，八面奉承。村民们也不知是咋回事，反正听了好话都乐呵呵的。那位男子与村长的关系更为“密切”，他三天两头地往村长家跑，而且每回都是大包小包地往村长家里送东西，在村长家不谈到深更半夜决不罢休。当然，他们互相谈些什么，无人知晓，就连村长的儿子——春利和冬利，费尽心机也没有查个水落石出。听他们俩的模糊概括，感觉好像是跟村中那条老胡同有关……

决战狼王家族

雨夹雪越下越大，它们落到地上，从上往下流，流到一片空地上，它们冲刷着冷酷无情和罪恶，但它们无法冲掉这带憾而去的英雄之血。它们很努力，但却徒劳无用。

雨夹雪更大了。然而，在死者身边的这位女士，他的妻子——紫岚，却不肯离去。

她用尖吻对天一声长嚎，这种声音倾注了愤怒、悲痛、爱和仇恨……她不愿去回想那痛心的一幕，但她却永远忘不了……

狼群又出猎了。他们已两天没有吃东西了，几只饥饿的小狼崽不停地叫唤，这使狼群更加烦躁。

一天过去了，仍一无所获，狼们用埋怨的目光望着狼王洛霸。洛霸感到气氛不对，它嗅到了阴谋、诡计、不忠和背叛。他不由得一颤，四肢发凉。狼群已开始不太听话了，洛霸心想。

忽然他嗅到了血腥味，猛一回头，发现劳金正吃着一只野兔。他愤愤地一鸣，是要劳金把兔子给他，至少那糯滑的内脏是要属于他的，不，是一定要属于他的，这是作为狼王的权力。

然而，劳金对他的命令毫不理会，反而加快了吃的速度，两三下兔子就没了。吃完，劳金还叨起兔皮向洛霸扔去，兔皮正好碰到了洛霸的吻。他看了看兔子空空的皮，愤怒了，他要给那个不识相的年轻的劳金一点儿厉害看看。洛霸急躁起来，但很快又冷静下来，他知道，如果他急躁起来，就正合劳金之意。当狼王的经验教导了他，作为一只狼，特别是狼王，首先就是要冷静，不！是绝对冷静。

用故事来表达观点

——好的想象故事是怎样的

杭州的《钱江晚报》每年都会组织一次写作比赛。

到了决赛阶段，小选手们会到现场去写作，时间倒不紧迫——两个小时，这对在考试作文里摸爬滚打了好几年的小学生来说，并不是难事，他们已经练就了在40分钟时间里赶出一篇文章的能力。

有一届作文大赛的决赛题目，是由科幻作家刘慈欣出的。这个刘慈欣就是那个写《三体》的刘慈欣、那个获得了雨果奖的刘慈欣。刘慈欣出了两个什么题目呢？一个是“给二十年后的自己写一封信”，一个是“假如明天是世界末日”。

这两个题目竟然难倒了一些孩子。有孩子说，自己平时较少看玄幻类的文学作品，所以写不出来，只好早早交卷。赛场外，有的家长也很焦虑，说自家孩子很喜欢写写实类的作品，而且认为这么大的孩子已经不需要写想象类的作品了。

《钱江晚报》让我再出一个想象作文题，我就出了一个。我以为这个题目会引起孩子们的兴趣，这个题目有点儿奇异，并且给了孩子们巨大的发挥空间。

突然……

你正走在街道上，突然，前方塌陷了，出现了一个深不可测的洞，你既惊讶又害怕地走过去，看着这个洞。请描述一下，接下来会发生什么事。

可是过了几天，报社给我打来电话，说报社收到的稿子并不多，质量也不高。报社跟我商量：让你的学生写一写吧。那么，怎样写才能够脱颖而出呢？

好故事背后是有想法的

很多孩子喜欢写故事，是因为他们觉得故事可以乱编，自己觉得好玩就行。但我们不要忘了，几乎所有的写作都是为了被阅读。

当你设计想象故事的情节的时候，你在心里或许要问问自己：我为什么要设计这样一个故事？

一个好故事，背后是有想法的。

你看过绘本《田鼠阿佛》吗？故事是让我们想一想“到底什么是有用”。

你看过米切尔·恩德的《毛毛——时间窃贼和一个小女孩的不可思议的故事》吗？故事是让我们停下来想一想在现代社会我们怎么看待快与慢。

你看过《爱德华的奇妙之旅》吗？故事是想告诉我们“要学会爱别人”。

那么，怎样的故事是有想法的呢？

例如，你写“回头一看，妈妈变形了，变成了一个妖怪”，这个故事背后是没什么想法的，至少现在看不出来。

你写“回头一看，妈妈变形了，变成了一只猫。妈妈最讨厌的就是猫，昨天妈妈刚驱赶过一只猫。”不管这个故事你是否喜欢，故事背后有想法了。

记住，一个好的想象故事背后是有想法的。

写故事也要不走寻常路

故事有时要“绕道而行”，所谓“绕道而行”，就是绕开常规思路，绕开大众方向。

例如，街面上突然出现了一个深不可测的无底洞，人们会害怕，会恐惧，怕自己掉进去。写作时，就要刻意提醒自己不朝这个方向写，可以写人的惊讶，但惊讶的是这个天大的馅儿饼怎么会掉在自己身上，因为全世界的人都在等待这个洞的出现，都想到这个洞里去。后面就是自圆其说的事了。

例如，街面上突然出现了一个深不可测的无底洞，大部分人都觉得这是地面塌陷下去了。写作时，就要刻意提醒自己不朝这个思路写，而是写地面没有塌陷，而是“我”的眼睛出了问题，最近总是出现这种莫名其妙、非常逼真的幻觉。后面就是自圆其说的事了。

“不一样”会引出“新境界”。

对了，结尾千万不要是“哦，这原来是一个梦”，这样的结尾太没创意了。

字数决定了故事的复杂程度

写一千字左右的文章，跟写长篇、中篇、短篇小说还是不一样的。这时，重要的是化繁为简。

首先，不要太多人物。要记住，一出现人物，就要交代这个人物的来历，就要让这个人物讲几句话，就要发生点儿事情，这样，情节就会复杂起来。否则，往往一千字到了，事情都讲不明白。

其次，不要太多对话。哪怕故事里只有两个人物，对话也不要太多。如果对话比较多，尤其是对话回合比较多，文章中就会出现较多空白。一千字左右的篇幅，如果出现较多空白，就会让人感觉不舒服。

但是在化繁为简的时候，环境描写不要缩减得太多。在想象作文里写一点儿现实环境，环境是真的，事情是虚构的，真真假假，会让人感觉不错。

不要以为这些要求很高，孩子们做不到。很快，我又收到了“意想不到”，前面的“意想不到”伴随着失望，而这次则伴随着惊喜。这再一次证明了小孩子是需要适当指导的。

西格拉斯红洞

卢　果

我在街上走着，突然耳边轰隆一声，我定睛一看，前方突然塌陷，出现了一个洞，我和附近几个人虽惊魂未定，却飞奔向前，一拥而上。这难道就是传说中的西格拉斯红洞？幸福也来得太突然了。西格拉斯红洞真的是看得见摸得着的一个洞？太没技术含量了。

今天是2040年9月9日，星期日，铺天盖地的新闻在报道全球各地正上演着一连串怪异的现象——冰川融化、河水断流……据官方消息，今天上午4点29分，水、金、地、火、木、土、天、海、冥等九大行星将汇聚在太阳一侧，θ 角接近0度，是人类有记载以来最完美的一次九星连珠。有天文专家预测，九星连珠时，在地球北纬30度附近将出现西格拉斯红洞，开启时间之门，让人穿越时空，此奇迹6000年出现一次。

今天一早，互联网新闻在直播北纬30度附近出现了大量追洞分子。在地球上最高的珠穆朗玛峰、最深的西太平洋马里亚纳海沟附近，在奇观绝景比比皆是、自然谜团频频发生的浙江钱塘江、安徽黄山、江西庐山、四川峨眉山、巴比伦空中花园、约旦死海、古埃及金字塔及狮身人面像、北非撒哈拉大沙漠“火神火种”壁画、加勒比海百慕大群岛和远古玛雅文明遗址附近，到处都聚集着来自世界各地的人，他们渴望穿越时空，回到过去，去到未来。

杭州，也在其中。我在这座城市生活了35年，如果能有幸体验到时光隧道，就不枉此生了。看了下表，9月9日凌晨2点15分，我兴奋地披上衣服跑下楼，坐上智能小车加入西格拉斯红洞的追洞队伍。

钱塘江畔，灯火通明，人声鼎沸，疯狂、燥热的人群，压得人差点儿窒息，我被迫丢下胯下的智能小车，退身到旁边一条小路上，漫无目的地顺着这条小路机械地走着，脑子恍惚间都忘了此行是为了什么。走着走着，突然耳边轰隆一声，我定睛一看，前方突然塌陷，出现了一个洞，我和附近几个人虽惊魂未定，却飞奔向前，一拥而上。这个洞洞口不大，直径1米左右，里面漆黑一片，我伸手去摸了摸洞口的壁岩，硬而粗糙，和普通的岩石并无太多区别。

这难道就是传说中的西格拉斯红洞？幸福也来得太突然了。有人搬了块头颅大小的石头往里一丢，半晌都没听到回声。“深不见底呀！”大家不禁倒吸一口凉气，面面相觑。

“你们说，它是不是红洞啊？完全没有想象中的壮观！”一个带着浓浓广东腔的中年女子喃喃道。

因为不确定，大家原本紧绷的神经开始松弛下来，他们围在洞口，你一言我一语地聊起了此次追逐时光隧道的目的。“如果是，我要回到年轻时，当年结婚对象二选一，我要重新选择，现在这个太窝囊了。”广东女子悠悠地说。

“我把最近几期彩票的号码都背熟了，有机会回去重新买的话，一定能成为千万富翁。”这位中年秃顶男子，哑着嗓子，但仍难抑兴奋。

“我只要回到整容前就可以，听信了整容中介的话，去韩国削脸，结果花了那么多冤枉钱不说，还毁了容。”借着路边的灯光，我循声望去，发现是个面色白净的年轻姑娘，可惜两边脸大小严重不对称。

“我要到二三十年后的未来看看。进机关工作已经有两年了，机关里论资排辈，一步步熬，太消磨人的意志了。我要到未来看看最后我能熬到哪一步，是科长、处长还是厅长。”讲这话的是一位二十出头的小伙子，一米八的个子，穿着白衬衫、黑西裤，显得精神、帅气。

“你呢？你想回到什么时候？你想干什么？”他们望向我。

对呀，我想干什么？我追逐着大家的追逐，其实压根儿没想过自己要什么。被他们这么一问，我不禁怔怔地望着那个让全世界为之疯狂的红洞。

就在这时，洞里“轰隆”声由远及近，正在大家又惊又怕时，红洞被填平了，消失了。

“啊？怎么不见了？完了，红洞消失了。”等大家反应过来时，都是惋惜、懊恼，外加沮丧，大家又叫又跳。

“唉，见不着时，追着它盼着它想着它念着它，满世界找它；见着了，反倒有些害怕、空虚了，怕跳进去，是个万丈深渊，是条不归路。”秃顶男子仰天长叹。

一语惊醒梦中人。西格拉斯红洞，不正是帮助我们认清自己的“欲望之洞”吗？

地底下的12+1王国

金子墨

我正在街上走着，轰隆一声，前方出现了一个洞。

所有人都惊恐地四散逃跑，尽管那一声轰隆之后，世界安静，一如往常。

我不是不想逃，而是害怕得迈不开腿，那洞离我太近了。我的好奇心和神志是一起恢复的。我慢慢向洞口移动脚步，12步之后，洞口近在咫尺，探头一看，洞深不可测。

我不知道该怎么办，决定再挪动一步。我迈过去了，正想仔细察看，突然，脚底感受到一股吸力，我来不及叫一声，就飞快地坠落下去！我大声叫喊，可四周只有黑暗，我一直掉一直掉，什么也看不见……突然！我感觉降落的速度慢了下来，眼前有了光亮。

感觉像被风托住了一样，我稳稳地站到了地上。只见一个入口，大石头上面刻着“12+1王国”。我很奇怪，为什么叫这样的名字呢？门口站着12个守卫，他们大声让我停下来，并问我为什么来这儿。其中一个守卫问道：“难道你是来应聘大臣的职位吗？”我忙说是的是的。守卫就一路把我送到了王宫门口。

这里的街道很奇怪，有12条主马路，每条马路又有12个路口，路边各有12根灯柱、12棵树。进了王宫，我看到了12根柱子、12个卫兵、12个侍女、12把椅子，最中间的椅子上坐着国王，王袍上绣着12条金光闪闪的龙，王冠上有12颗晶莹璀璨的宝石。我正好奇地打量着，只听到有个声音问我：“你是谁呀？多大呀？”我转头看见一个男孩，头上也戴着小王冠，猜他便是王子。于是回答说：“我叫金子墨，今年13岁。”话音刚落，王宫里便响起了一片哭叫声：“天哪！怎么可以说那个不吉利的数字！”“天哪！我们可怎么活呀！”我奇怪地看了看周围，只有小王子很平静，他告诉我，这个数字在他们的王国里不能说，只能说成“12+1”，因为那是个特别邪恶、不吉利的数字，大家都很害怕。

接下来进行了应聘大臣的考试。

第一个考试内容是能背到圆周率之后多少位，我张口就开始背：3.141592653589。刚好是12位，得了满分。第二个考试内容是记忆数字，我看了12秒，背出了12个数字，顺利过关。

我当上了12+1王国的大臣，小王子很高兴，拉着我悄悄地去冒险，不小心把王国顶上的发光能量石打碎了，于是12+1王国变成了一片黑暗。一时间，王国里上上下下都觉得灾难即将降临，国王震怒，命令小王子把另一块深埋在地下12公里处的发光能量石挖出来。小王子和我拿起镐子开始拼命挖，不知挖了多久挖到了12公里处，终于把发光能量石挖出来了，12+1王国又恢复了光明！

王国恢复光明了，但国王感到非常不安，因为自他有记忆起，谁都没有将地洞挖得那么深，竟然挖到了12公里，他相信，再往下挖一点点，12+1王国将不复存在。国王下令不准再挖，并且把这个深洞给填上了。

小王子顽皮极了，他的好奇心似乎战胜了恐惧。他抡起铁锹，用力往下砍去。突然，我们的脚底感受到一股吸力，我们还来不及叫一声，就飞快地坠落下去！我们大声叫喊，可四周只有黑暗，我们一直掉一直掉，什么也看不见……

等我们醒来时，我发现我又回到了那条熟悉的街道上，那里车来车往，一如往常。我拍拍小王子的肩，他惊魂未定，我安慰他："别怕，这是地球，妈妈还在等我回家吃饭呢。"

迈出第13步，有时可以发现一个新世界。

你发现了吧，我前面说的三个技巧，这两个小朋友都做到了。生活中突然出现了一个洞，一般来说人们会因为害怕而远离这个洞，但在《西格拉斯红洞》里，人们却因为这个洞的出现感到兴奋、幸福。这就是跟常规不一样，是"绕道而行"。

《地底下的12+1王国》很奇特，很好玩。而这篇文章不仅好玩，好玩背后还有想法，它想表达的是：往前走一步，就会有新的发现。

怎样才能成为一个有想法的人

当我讲了写想象故事的三个技巧的时候，孩子们习惯性地反问我：怎样才能成为一个有想法的人？

这个问题真是问到本质上了。怎样才能成为一个有想法的人？那就是让自己生活在一群有想法的人当中，那就是经常和有想法的人交流自己的想法。因此就必须提到我们班一个每天都在坚持开展的课程。

“大家好，欢迎收听今天的新闻播报。”

“早上好，今天的新闻由我们组团播报。”

“欢迎大家再次回来，我是今天的主播。”

这样的开场白让人猛一听，还以为是哪个电台的新闻节目。其实，这是我们班的“新闻播报”课程。这个课程都是陆白琦老师在运作，但只要我在学校，我就会在那个时间点站在教室里旁观，偶尔还参与点评，我把“站在那里”看作自己参与了这个课程。

每天早上8点钟，“新闻播报”在教室里准时开始，这里有相当专业的新闻小主播，为大家呈上的也是新闻焦点，有时事政治，有民生热点，有校园动态，有班级爆料；有斯诺登潜逃、马航失联这样的大事件，也有爱心鞋底、挂面爷爷这样的小日常……孩子们用自己的眼睛把世界、把生活带入四十多平方米的教室里，然后每一个人都从全世界路过。

看新闻、说新闻、听新闻、评新闻成为一道必不可少的“早餐”，每天等候着我们班的孩子们。

“新闻播报”有三轮。第一轮，个人尝试，就是孩子们独自播报新闻，若有困难，可以选择读稿。一轮下来，那些胆怯、缺乏自信的眼神会明显减少，取而代之的是敢于和观众交流的信心满满的眼神。第二轮的规则有所改变：孩子们必须脱稿，流利地播报新闻，而且要求声音响亮。第三轮更难，需要组团播报，选择怎样的搭档，对学生来说真是一种额外的考验。

在实施这个课程的时候，我们提醒自己：“新闻播报”不是几个人的练习平台。“新闻播报”按进度每天进行。在重要的日子，如有人来参观时、家长开放日、毕业晚会时，我心里会闪现和班主任商量让表现优秀的孩子来播报新闻的念头，但始终没有付诸实施。因为这一课程是服务于每一个孩子的，我们想看到每一个孩子在这一课程中都取得进步。

“新闻播报”练的不仅是口才。对播报的人来说，练的是交流与思考，是逻辑，是对这个世界的关注，是梳理自己的观点，是面对众人说话的挑战；对听的人来说，练的是带有尊重的倾听，是积极而礼貌的回应，是对多种观点的选择……所以每次一个孩子“新闻播报”完毕，老师和同学都会点评，点评的角度多元，而不仅仅是播报的音量、流畅度。

最后，请你看一看小学生的新闻述评吧，你会发现他们是很有想法的人。

“9·11”事件新闻详述

金子墨

2001年9月11日上午，两架被恐怖分子劫持的民航客机分别撞向美国纽约世界贸易中心一号楼和二号楼，两座建筑在遭到攻击后相继倒塌，世界贸易中心其余五座建筑物也受震而坍塌、损毁。

世贸中心倒塌发生在上午9点59分，导致许多市民和第一批出动的消防人员死亡。然而，世贸中心一号楼中的消防员和指挥员们最初并不知道发生了什么事情，许多人以为一号楼只是发生了局部坍塌。

这里为大家介绍一位英雄。

他为了能征战沙场，从英国移民到美国。他退役后当上了保安，奋斗至摩根士丹利副总裁。他提前13年预见恐怖袭击可能会发生，他在灾难发生后拯救了近3000人，仍义无反顾，再次走向火场……

他就是瑞克·瑞思考勒。

作为摩根的安全副总裁，瑞克向公司高层建议：搬离世贸中心。但摩根的租约要2006年才到期。他还近乎专断地纠正摩根安全管理中的错误做法，他认为，在世贸中心这种超高层楼房里，等待救援简直是愚蠢之极，必须主动应对；楼顶救援少，而且危险，大家应该往下跑。尽管每次演习都会打乱公司的工作节奏，造成很大损失，但瑞克顶住了压力，甚至不惜丢掉饭碗，因为多年的军旅生涯让他相信：在极端状态下，冷静思考几乎不可能，只有反复练习，人才能在恐惧中做出近乎本能的反应。

8点46分，一架波音767撞击世贸中心。广播让大家待在自己的办公室里。但瑞克有自己的判断：马上撤离大厦，没有他的通知不能回办公室。他抓起扩音器坚定、严肃地要求大家按照演习安排，快速向楼下逃生。9点3分11秒，另一架时速高达950公里/小时的波音767，撞击上摩根原来所在南塔的第77至85层。

在两次撞击间隔的15分钟里，摩根的2687名员工，连同正在摩根谈业务的250多名股票经纪人，安全地撤了下来。到了第10层，他知道已经接近安全。瑞克拨通了妻子苏珊的电话："亲爱的，我还要去救人。如果真的发生了不幸，我想说我生命中最开心的事情就是有你。亲爱的，在家等我。"通完电话，瑞克又向上跑去。作为一个老兵，他即便牺牲自己的生命，也不会放弃任何一个人。

这一转身，却留下了一个永远的背影。9点58分59秒，南塔崩塌，一切都被吞噬掉，他的遗体一直没有找到。

在他倒下后，美国人把他的塑像请进俄克拉何马州名人堂，称他为"双子塔英雄"。

瑞克是真正的英雄。

"9·11"事件是发生在美国本土最为严重的恐怖袭击行动，遇难者总数高达2996人。

因为个人或民族狭隘的观念，而对无辜平民实施残酷的杀戮，这是极端无耻的行为。我们严重谴责恐怖主义，衷心盼望世界和平。

任意付与免费吃

王芷墨

这篇新闻大体是这样的：贵阳的刘先生与人合伙开了个餐吧，策划了一场"任意付"活动，承诺七天之内，食客想给多少钱就给多少钱，结果第一天就把三个合伙人吃出矛盾来了，其中一个合伙人看到惨状，直接离开了贵阳。这七天，餐吧亏了十万元。郑州一家餐厅更"豪爽"，干脆来了个免费的素食午餐，结果店门口排起了长龙，餐厅最后以人数超过接待能力为名，在承诺的免费用餐时间闭门谢客。

我们再来看看网友的评论，网友几乎没有不向民众素质问题进攻的，并且他们旧事重提，举例说明了中国人在旅游时、工作时、生活中……反正不论在哪里，素质都是非常非常低的。依我看，现在网上有太多人不分青红皂白，只认为自己说的是对的，这往往会让原本正确的分析、评论，变成是非不分、随性做作的胡言乱语。

回到这个新闻上来，确实，我不否认这些吃过免费餐的人之中有一小部分人爱捡便宜，认为不吃白不吃，但大多数人都只是像遵守游戏规则一样遵守店老板制定的契约。从小老师和家长就教育我们要遵守规则，为什么在这类事情上，人们遵守了规则反而成为被攻击的对象了呢？我们难道不应该好好反思吗？所以在这里要提醒网友，对任何事情都不能直接、果断地下定论，要在理性思考下适当地做出评论。

这篇报道的评论员是刘雪松，他是《钱江晚报》的资深评论员。每当我在报纸上看到他的名字时，便知道即将会有一篇字字珠玑、条理通顺、语调犀利的文章映入我的眼帘。在这篇新闻中他分析，郑州这家店，既然对外承诺是免费吃，还有时间限定，就等同于一种契约，消费者吃相再怎么难看，也是冲着你的契约来的，其次才是品尝这个免费的素食午餐，突然你不干了，好像是免费午餐的吃相让你办不下去了，这就是你自己的不厚道了。相反，贵阳这家店亏了十万，硬撑也要撑着，这便是一诺千金，虽然是打掉牙往肚子里咽，但至少契约精神还在。

我对此的看法是：这档子事总体来说怪不到谁的头上，食客原本就是冲着契约来的嘛！无论如何，你也不能说他们，毕竟食客既没偷也没抢，什么坏事都没有做。若大家在媒体或网络上集体辱骂食客无底线，那么他们才算是没底线呢。

商家为了促销而搞活动千万不能搞大了，网友的出发点是好的，但他们不能混淆是非，任何事情都应该辩证、客观地看，于商家而言，促销应考虑自己所能承受的风险及将来会出现的情况；对食客来讲，凑个热闹可以，但不要一看到免费的，吃不了还要硬撑，不爱吃还要挑贵的拿。

任何一个人都有发表自己看法的权利，但我们同时也有对社会事件做出正面、积极、实事求是评价的责任，不要人云亦云，多思多听之后再说。

国足又败

卢　果

输了！输了！又输了！如果每次国足失利后都用“对不起”三个字回馈

球迷的话，那这句话的保质期起码有一万年，真是“一句话，一辈子”。

10月11日，中国队迎战乌兹别克斯坦队，对这一战，许多球迷（比如我）并不抱有多大希望，毕竟国足连主场都没有拿下叙利亚队，又会有谁继续顽强地抱有胜利的幻想呢？

果然，这场比赛中国队完全是被压着打的，毫无还手之力，就如同一个沙袋，被拳击手吊着打；就如同一群小孩子，被大人们戏耍来戏耍去，到头来连球也没碰到。

当然，中国队也并非没有“亮点”——在这场比赛中，有一个“人”，数次用身体挡住了对手势在必得、角度极其刁钻的射门，它不是门将，却胜似门将，让我们大声喊出它的名字——门柱！是的，在上半场，正是门柱的神勇发挥，才力保国足球门不失。除了超常发挥的门柱，纵观全场，国足别无其他亮点，为数不多的机会也被武磊踢丢了。整场比赛可以概括为：中国队得球后失误，对手得球后射门，门将发门球，中国队得球后再失误。

赛后，队员们接受了采访，不过许多人说的都是大家耳熟能详的话，还有人甚至把广大球迷拖来说事：如今对中国足球关注的，未必都是真正热爱中国足球的球迷，有很多人在网络上制造很多不好的东西。这话说得……如果你们加倍努力，踢足球的水平有中国乒乓球队的十分之一，球迷们就不会像现在这样崩溃。

每次与顶尖球队踢，输了，他们都会说：我们发挥出了应有水平，虽然输了，但这次比赛对中国足球的发展很有帮助；每次与中游队伍交锋，输了，他们都会说：我们已经尽力了，但对手在国际大赛上的经验比我们丰富，我们和对手有很大差距，虽然输了，但我们收获了宝贵的经验；每次与弱队踢，输了，他们都会说：这场比赛输了很可惜，但我们会接受教训，不会再轻敌。如果真如他们所说的，不断总结教训、积累经验，那中国队的各种经验都已经堆成一座高山了。

另外，娇气的国足球员们，对各种失利，也有不少“客观理由”：草皮太硬了、草皮太软了、下雨了、下雪了、下冰雹了、阳光太好了、太冷了、太热了、裁判帮他们了、门柱帮他们了、补时太短了、补时太长了……

对于对手，他们也是各种评价：对方球员技巧太细腻、对方球员身体太强健、对方球员逼抢太凶狠、对方球员进攻太犀利、对方球员传球太精准、对方球员射门太刁钻、对方球员运气太好……

每次都说，开局之战会努力，输了，不要紧，关键之战再努力；又输了，背水之战一定要翻身；再输了，生死之战一定要胜利；还是输了，荣誉之战我们一定为国争光；最后输了，只能来年再战了。

“我们素质不高，我们水平不高，但是我们工资高。”虽然国脚们个个领着高薪，但到头来，碰到战火纷飞下国脚们都是边工作边兼职踢球的叙利亚队，都能败北，真是一大奇迹。

屡战屡败，屡败屡战，国足如此反复，球迷从心急如焚到心如死灰。连愤怒的激情都没有的时候，也只能编些段子，找点儿乐子。

当今，所有球类运动中，中国有两项最突出，一个是国乒，一个是国足，一个谁也打不过，一个也是谁也打不过。

告诉和描述的区别
——盲人影院

大人教孩子写作，往往会在孩子耳边唠叨：写具体，写细致。其实，这样大而空的话，喋喋不休一万遍也没什么用。还是西方人讲得实在，他们会对孩子说，尽量少告诉，多描述。

什么是告诉？什么是描述？

“男孩很高兴。”这是告诉。

“男孩的脸上露出一个大大的微笑。他眼睛亮闪闪的，上蹦下跳地欢呼：‘太棒啦！’”这是描述。

“饼干很好吃。”这是告诉。

“我被巧克力暖烘烘的甜香味道吸引而来，轻轻咬一口，又酥又软，立即在嘴里融化了。我从来没有吃过这么美味的饼干，连饼干渣都被我舔得干干净净。”这是描述。

“我写了很长时间。”这是告诉。

“我拿着一支黑色的派克水笔不停地写字，肩膀上一阵酸痛。”这是描述。

可是，即使讲得这么清楚，道理也还是很难转成他们笔尖的行动。我们要把道理转化成写作活动，让孩子们在写作活动中去体会。

为盲人讲电影

“你们知道盲人影院吗？”我问孩子们。

“盲人怎么看电影呢？”这是他们的第一反应。

是的，让盲人“看”电影是一件很困难的事。盲人影院需要配备专门的解说员。为了让盲人听得明白电影中的场景、天气、肢体动作等，凡是在没有台词对白的时候，需要对画面做必要的补充描述。

“为盲人解说电影很难吧？”孩子们很好奇。

“为了解说得到位一些，让盲人听得更明白，很多解说员会把电影看四五遍，提前写好脚本。”

为了让孩子们有一个直观的感受，我把教室临时改为“盲人影院”。我上网搜索了一些盲人影院志愿者的解说词，然后根据这些解说词剪辑了一些电影片段。我们每一个人都蒙上眼罩，让自己陷入黑暗中，然后安静下来，用耳朵去“观看”电影。

屏幕上，两只“恋爱”中的蜗牛在月光下越爬越近。它们用触角轻轻试探着对方，然后一点儿一点儿地拥抱在一起，热烈地吻着……

——志愿者为盲人讲法国纪录片《微观世界》

忆苦猛地把思甜的包塞到她怀里，头也不回地跑走了，此时与弟弟、妹妹分离的痛苦就像是把刀，一刀一刀割着他年幼的心……

——志愿者为盲人讲电影《我的兄弟姐妹》

教堂里，娟姐扮演的女侠从天而降，她双手持枪，不停地向从四面八方涌来的匪徒射击。她一头卷发扎在脑后，黑色风衣随着她的移动不停地飞舞。转眼间，十几个穿黑西装的匪徒随着枪响倒地不起。这时，又有四个匪徒冲向娟姐，娟姐一脚踢起教堂的长椅将他们打翻。又有一名匪徒冲了上来……

——志愿者为盲人讲电影《喜剧之王》

一辆轿车突然出现了，车速在减缓，车窗摇下来了，车上一个交际花模样的漂亮女子探出头，向车外一个穿黑色风衣的男子借打火机点烟，这个陌生的男子凑上去，借着点烟的工夫突然狠狠地掐住了这个女子的脖子……

——志愿者为盲人讲电影《东风雨》

我们真的把耳朵竖起来，努力捕捉讲解员的声音，我们根据讲解员的描述，想象影片中的人物形象、关系、位置、意境、色彩、表情、动作等。

听得多了，我们也总结出一些讲解经验。最重要的经验就是少告诉、多描述，即使是描述，也有许多让听者觉得更直观的小窍门。

比如，说“一个梳着奇怪发型的女人出场了”，就不如说“一个梳着面包形状发型的女人出场了”。

比如，说“绵软的草叶铺在路面上，像一块葱茏的地毯”，就不如说“绵软的草叶铺在路面上，比最豪华的波斯地毯还要舒服”。

比如，说“许许多多的工具，分门别类，摆放得非常整齐”，就不如说“从地板到天花板，全是那种金属架子，架子上整整齐齐地摆满了小盒子，盒子上都有标签，像是‘轴承与滚珠’或‘角托架’什么的。工作台上有木板架子，上面是两排——整整两排——螺丝起子，还有一排锥子——从巨无霸大扁头的到小不点儿尖头的，有塑料做的，也有铅做的，应有尽有”。

你发现了吧，如果直白地没有任何设计感地让孩子们练习描述，他们心理上是很拒绝的。可是放在“盲人影院”活动中，他们对如何运用各种感官，尤其是触觉、嗅觉和听觉，具体描述一样事物，就学习得特别用心。用心学习之后，他们就开始跃跃欲试了。我们当时选择的是电影《狼图腾》小试牛刀。

我和孩子们四年级的时候就共读了《狼图腾·小狼小狼》，孩子们都非常喜欢，我们出了一期专辑，这期专辑收录了他们写的读后感，还有他们给作者姜戎先生写的信。很高兴姜戎先生看到了我们的专辑，他在杭州疗养的时候，给我们写了寄语——“像小狼一样勇敢顽强，像狼族一样团结友爱”。

《狼图腾》这个电影请来了曾拍摄《兵临城下》《虎兄虎弟》《情人》的法国名导让·雅克·阿诺，他被誉为最会拍摄动物题材的导演，请看看我们的孩子是怎样用文字描述他独有的镜头语言的吧。

镜头一：厚厚的黑云，冲出远处的地平线，像饿狼般凶猛。黑云夹杂着刀子般的雪花和风力高达十级的狂风，顷刻间就扫荡了广阔的额仑草原。湖水泼向草滩，畜栏早就像纸片一般被吹飞；蒙古包有些被刮翻了，还有散架的；迎风的毡车，被轻而易举地掀了顶。人喊马嘶狗吠羊叫，化作白毛风的声音。

镜头二：黑黑的乌云控制了整个天空，忽然刮起了狂风，下起了暴雨，像是一个可怕的魔鬼在练妖术。突然，天空中划过一道闪电，它照亮了蹲在路边的一条草原狼，它露出了令人恐惧的眼神，让人浑身发颤，但是闪电很快就消失了，眼前只有灰蒙蒙的天空和一片黑暗的草原。

镜头三：一匹狼突然腾空而起，破云而出，在一望无垠的草原上奔跑着，快得像一道闪电，钻入天地。它就像传说中的那条飞狼。狼一直在奔跑，不停地狂奔，顽强地奔跑，好像图腾，狼是腾格里的灵魂，狼还是最凶残的动物。而站在山坡上的那条狼是朝着腾格里叫出了自已的悲惨和不自由……

镜头四：一望无际的大草原上，齐腰深的绿草苍翠欲滴。太阳的光辉洒在茫茫的草原上，还有些光芒洒向草与草的空隙间，落在大地上，这些空隙好像是专门为阳光预备的。黄羊们中了草原狼的计，误入了狼群的包围圈。狼群把羊逼入了四面环山的险地。山崖险峻，虽不十分高，但十分陡峭，上宽下窄，很难上攀，再加上岩石繁多，悬空似的，一不小心，就会随之滚落下去。在这紧急关头，几只身材比较魁梧的黄羊站在了队伍的前面，准备做殊死搏斗。夕阳将黛色的山染成了深红色，危岩只能看见轮廓，岩石上小小的洞孔已看不清楚，狼群把包围圈逐渐缩小，随时准备扑向羊群。黄羊眼看走投无路，只能做殊死拼搏，它们撒开四腿，不顾一切地向前飞奔，那健壮有力的四肢扬起了阵阵飞沙，它们爆发出平生所有的力量。它们终于以最快的速度冲破了狼的包围圈，逃离了险境。狼也没做追赶，因为它们知道，剩下的没逃走的倒霉的羊，够它们饱餐的了。

镜头五：一望无际的沙漠包围着一部分草原。山脚下，原来茂密的苇林早已消失，低矮、稀疏、青黄错杂的旱苇地爬上黑石山的缓坡。山坡上，原本长满荆棘、刺草、高草棵子，此时已成一片秃坡。坡下也没有茂密的苇子青纱帐做掩护了。那个老洞——小狼出生的地方，里边洞道的拐弯处，几乎已被土石、黄沙、乱草堵死。这个老洞已经成为不起眼儿的坑。

镜头六：小狼终于没有了气息。黄昏时分，它的主人将身体各处布满了鲜血的小狼轻轻地放在地上，号啕大哭。此时的晚霞是那么的红艳，像是被血染红了一般，那红，红得非常深沉、非常凝重。忽地，从远处传来几声狼的叫声，这声音凄凉万分，让人听了不禁打几个寒战。这声音，仿佛在向人们述说什么，但它在述说什么呢？

为“未来社区”居民讲记忆

1994年获得美国纽伯瑞儿童文学金奖的《记忆传授人》，看似写实，细读之下，方知进入了一个乌托邦世界。它是一部描绘未来社区生活形态的科幻小说，书中没有邦国观念，取而代之的是社区意识。

在这则科幻故事里，炫目的不是机器战警或奇形异状的外星人，而是与我们截然不同的生活形态：一个经过精心设计的社区。

未来社区里的生活是按部就班的，比如，一岁的孩子将有自己的名字，八岁的孩子可以开始依据兴趣当义工，九岁的孩子可以领到自己的自行车，最重要也最受关注的是，十二岁的孩子将获知将来被分派什么工作。它的领导结构很简单，最高单位是长老会，由社区里最有智慧的一群长老组成，负责决定社区的大事、法则、众人的生活和工作。

为了让农作物有最佳产能，这里始终保持恒温，没有春夏秋冬，没有日月风雨和动物。

为了将危险减到最少，不让大家有病痛，这里没有汽车，用药免费，一般的妇女不用生育，而由职业“孕母”代孕。

为了避免增加社区成本和保持稳定，成长迟缓的婴儿、年纪过大的老人、第三次犯错的犯人，都要被“解放”，也就是被安乐死。

这里崇尚一致性，避谈个人特质，以免凸显差异。因此不需色彩，每个人都丧失了色彩辨识能力，每家每户都住同样的房子，用同样的家具，吃分配的食物，过统一的生活。

书中的主角乔纳思在十二岁的庆典中，被指派担任记忆传授人的职务。这是一项备受尊崇的工作，只有最聪明、最有智能和勇气超强的人，才可能中选。在“上级指导员”——现任记忆传授人的带领下，乔纳思一点一滴地领略到：在过去的世代里，所有的东西都有颜色，生活中处处都有选择，既有冒险的快乐，又有温馨的情与爱，当然也有残酷的战争、病痛、伤害和饥饿的痛楚，以及使人心碎的生离死别。而这些，在他十二岁生日以前他不曾经历过，甚至整个社区除了记忆传授人之外，也无人知晓。

看完这个小说，我就想到了一个很好的练习描述的任务——以乔纳思的身份向未来社区的居民讲述他所看到的情景。例如战争场面、下雪的情景、三代同堂的聚会……要知道，这些情景未来社区的居民都没有看到过。要向别人描述他们从来没有看到过的场面、事物或情景，难度可不小。

向“未来社区”居民描述下雪的情景

这是一种全新的体验，它既柔软，又没有痛的感觉，像是一种细小的、冰凉的、羽毛般的东西轻轻抚过的感觉。四周白茫茫的，一种晶莹剔透的结晶体自空中缓缓飘落，聚集于手背上，犹如一层冰凉而柔软的毛。这种小东西，原来的人叫它“雪”。

张开嘴，也能体验到它，伸出的舌头上很快就会有那种晶莹的结晶体，它凉凉的，不一会儿就会消失，化成一颗小水滴，待你将它吞咽。那感觉是短暂的，但总会不断地有那小东西落在你的脸上、手上，还飘落到你的嘴里，让你轻而易举地感受到大自然的小精灵无穷无尽的魅力。

随着它们接连不断地落下，大地被渲染成白色，好像铺了一层洁白的地毯。树木披上了银装，放眼一看，天地一色，没有区分。到了那时候，你走出门，踩在厚厚的雪上，走路会不太方便，每一脚都会陷进雪里，高一脚，低一脚，不断发出“嘎吱”的声音来。

向“未来社区”居民描述过圣诞节的情景

在一次“记忆传授”时，我看到了原来一家人过圣诞节的情景。

空间里弥漫着幸福与快乐的味道。

屋子里有许多人，壁炉里燃烧着熊熊火焰，火焰红彤彤、暖烘烘的。窗外夜幕低垂，天空中飘洒着雪，雪像一位位小精灵在空中舞蹈，又像一片片洁白的羽毛从天上落下来、打转。屋子里放了一棵高大、挺拔的松树，墨绿的叶子像一根根银针。树上挂满了五光十色、五彩缤纷的灯。桌上放着一个闪闪发光的金烛台，上面插满了蜡烛，蜡烛摇曳出柔和的烛光。空气中菜香四溢，欢笑声此起彼伏，如风铃般清脆。一只金色的卷毛小狗正在打盹儿。

松树下面一盒盒用玻璃纸、彩色纸、闪亮的蝴蝶结包装得漂漂亮亮的礼物排成一圈。一个天真可爱的小男孩拿起这一盒盒礼物，递给房间里所有的人。

最小的小女孩扎着羊角辫，她跑过去坐在婆婆的大腿上，婆婆轻轻地摇晃着她，用脸颊轻轻地触碰她的小脸蛋儿。这一段记忆让人回味无穷。

儿童天生不是诗人

——和名家写同题诗

一个孩子告诉我他写了一些诗。我当然高兴，说："快拿来给我看看。"于是，我就看到了这样一首诗。

相 逢

在那个别离的花园里
哀伤
没有朵朵艳丽的鲜花
流泪
没有花言巧语的信书
无奈
但有友人的真情
过去一年，两年，三年
总有一日能够重逢
在那相遇的亭里
没有悲伤
只有满怀的希望
没有泪光
只有久别重逢的欣喜若狂
没有无言以对
有的是叨叨不停的谈笑
雨下得那么猛、那么长
但是雨后的初晴，总是那么美

说实话，我并不喜欢这首诗，但我不能明显地表现出来。这个孩子告诉我他参加了一个写诗培训班，我觉得他在那个培训班里读了很多不是诗的诗，比如那种“啊、啊、啊……”的朗诵诗，那种“我要、我想……”的表白诗、奋斗诗，那种用词多是“温暖”“伤感”的“为赋新词强说愁”的“抒情诗”。

于是，我给孩子们编选了几页“诗集”，收了王宜振、林武宪、林焕彰、金子美铃、谢尔大叔、史蒂文森、狄金森等诗人的诗。民谣歌手鲍勃·迪伦获得诺贝尔文学奖，我也“紧跟形势”，选了鲍勃·迪伦的歌词，也选了国内摇滚、民谣歌手张楚、何勇、罗大佑、周云蓬、赵雷等人的一些适合孩子读的歌词。他们的歌词去掉音乐就是诗，真正的诗。

读了一些，孩子们好像有点儿感觉了，我说：“我们也试着写诗吧。”

诗歌总是要带给人惊异的感觉

我跟孩子们说，很多诗歌会给人一种惊异的感觉。什么是惊异的感觉？我实在讲不清楚。

我在黑板上画了一条线，在线上画了个半圆。“你觉得这幅图画的是什么？”我问孩子们。他们面对这样的问题还是很愿意参与的，他们已经敏感地意识到，今天的学习内容，可以让他们稍微放松一下，很显然，这样的问题没有什么正确答案，不需要做笔记，复习阶段也不会被拿出来炒冷饭。在学业压力下，孩子们是很会捕捉机会让自己放松一会儿的。

“海上日出。”

“草原上的日落。”

“一个帽子。”

“一个老鼠洞。”

我知道他们会说这些景物，谁都想得到这些，因此这些想法没有引起特别的反应，大家听过也就听过了。

“一个坟墓。”突然有人说出这样一个想象，有人忍不住笑出声来。

“你们不觉得他的想象很不一样吗？你们的笑恰好证明了这一点。这就是惊异。”

“这是一条蛇吞了大象。”我知道这个想象是受了《小王子》的启发。这说明他们已经不太满足于一般的想象了。

“这是一个小和尚在白墙外走过。”当我听到这样一种想象的时候，我特别激动。这是一个动态的场景，而且这个场景是那么有趣。作为一个教师，我经常表演惊喜，不过，这次的兴奋完全是真实的，我怎么也不会产生这样的联想。这就是惊异。

毫无疑问，很多东西需要孩子们在例子中去体验。

趁热打铁，我又给出了一个任务，让他们完成一个填空。

星星一闪一闪的，就像（　　）。

像什么呢？孩子们七嘴八舌地说开了。

“像宝石。”

“像城市灯光。”

“像燃起的希望。”

“这些填空，都证明了你们写不了诗。”我刺激他们，“你们知道诗人会怎么写吗？他们会这样写——‘星星一闪一闪的，就像天被戳了几个窟窿，漏进了天外的光亮’。这就是惊异，这种联想就是那么特别。”

孩子是最受不了激将法的，他们马上投入新一轮创作中。

“星星一闪一闪的，就像孩子的眼睛。”

“星星一闪一闪的，就像萤火虫停留在空中。”

“星星一闪一闪的，就像天上藏着好多好多的小猫咪，它们好像很怕冷，躲在妈妈的怀里，只露出小小的眼睛。”

好吧，前面都是热身活动，最关键的关于惊异的体验开始了。这节课有很多老师来听课，我出示了一首自己原创的诗歌。

我是一支黑色的笔

我是一支黑色的笔。
我要把小妹妹的牙齿涂黑，

让她变成笑掉牙的老奶奶；
我要把红玫瑰涂成黑色，
让它以为自己中了剧毒；
我要把白天鹅的羽毛涂黑，
让它醒来以为自己变成了乌鸦。
但是但是，这些都算不了什么。
我最伟大的杰作，
是________________。

我把诗的最后一句隐去了，让孩子们续写，他们显得很安静，安静的时间越长越说明他们投入了热烈的创作中，我知道享受惊异的时刻就要到来了。

“我最伟大的杰作，是把全世界的人都涂黑，让这个世界从此没有种族歧视。”话音刚落，掌声就响起来了。

“我最伟大的杰作，是把自己的眼圈涂黑，这样我就可以多睡一会儿懒觉了。”除了掌声，还有笑声。

我在掌声里得意起来。我看到坐在第一排的张亦哲把手举到最高，“嗯嗯”地叫着，迫不及待的样子。我没有请他，因为我不放心。大家都喜欢层层递进、环环相扣、精彩叠加的课堂。这个时候，大家最想听到创意，听到想象力。可是，张亦哲无法担当此任，他的语文能力比较弱，作为他的语文老师，我心里很清楚。

“我最伟大的杰作，是把办公室的电脑涂黑，让人以为电脑坏了、黑屏了。”笑声中夹杂着听课老师们自愧不如的惊叹声。

张亦哲还是执拗地把手举在那儿，他预感到机会快没了，脸上流露出乞求的神情。我把脚步挪过去，瞥了一眼，看到了他写的前半句：“我最伟大的杰作，是把青蛙涂黑……”没意义，没亮点。我用眼神安抚了一下他，还是没有请他。

到课的最后了，张亦哲还是把手举在那里，我想，他写得再差，也不碍大局，无伤大雅了，所以我慷慨地做出了一个请的姿势。他高兴得奶声奶气地开始读自己的作品：“我最伟大的杰作，是把青蛙涂黑，让小蝌蚪能很快找到妈妈。”会场里明显停顿了一下，安静超越了掌声。

我有些尴尬，估计没人注意到那一瞬间的尴尬，即使有人注意到了，也很难体会到我的尴尬背后的五味杂陈。

这就是惊异，让人琢磨的惊异。

和洛尔迦创作同题诗

洛尔迦是20世纪伟大的西班牙诗人，他有一首非常经典的诗《半轮月》。我把洛尔迦的这首《半轮月》改写成一篇散文，我们的课文里边最多的就是散文，对散文小朋友们都不陌生。然后我布置了“艰巨”的任务——用最快的速度把这篇散文变成诗的样子。

小朋友们很“滑头”，他们说：“把散文分行写就是诗了。”我其实蛮喜欢他们的“滑头”，面对初学者，千万不要把诗讲得太玄奥。是的，诗就是分行的文章，就是每句话后面都跟着一个回车键的文体。当然，如果句子还能押韵的话，那就更好了。

然后我步步紧逼，让他们争取把分行的散文《半轮月》改得再像诗一点儿。我提了一些硬性要求：分三个小节，每节写两句，每句尽量不超过十个字，写出一个自己感到满意的动词。

这四条要求实际上包含了我的期待，我是想通过这种方式告诉孩子们，诗歌的语言要精练，诗歌要努力在有限的空间里表达广阔而又复杂的含义，诗歌要用一些特别的动词。这个“特别”是很难解释的，所以我就让他们看日本俳句诗人松尾芭蕉和小林一茶的俳句，让他们直观地感受如何有效地使用语言，用17个音节就能创造出很棒的意象。

要求很明确，过了一会儿，不同版本的《半轮月》就诞生了。

半轮月

罗艺涵

夜色把天空擦干净了

倒影把明月变团圆了

清风给河面带来了皱纹
这皱纹，好似波纹

一只小青蛙
向团圆游去了

半轮月

金灿灿

夜色静寂，如一盘清水
明月的照映，在水中忽现

风带着水波，看到河的面颊
那银丝，让河、纹路的故事生动

无知的青蛙，看这洒落的光
随月一同离去

半轮月

余　悦

夜很静，天很净
月亮特别明亮，在天上在水中

古老的河流，弯曲的岁月
在皱纹里

有一只青蛙向月亮游去
游进夜晚

半轮月

肖卓瑶

夜色是展开的水墨画
月亮嵌在天上和水中

河
它微微皱起眉

青蛙一蹬
飞向属于它的细流

半轮月

周卓尔

夜空中的月亮摇哇摇，扑地！
碎了，一半映在水中，一半挂在天上。

微风拂过河面，轻轻地，
让河露出了独一无二的笑容。

忽地，一只小小的青蛙扑向月亮，
打散了月亮，打破了宁静。

半轮月

金　祺

夜美，天净，月明
月亮映在水中

好像分了身似的
风吹来，小河皱起纹

青蛙以为月亮是一块饼
飞快地向它游去

等39个孩子都写完的时候，大家都急着想看一看洛尔迦的《半轮月》是什么样的。于是，我把洛尔迦的《半轮月》打在屏幕上，我们很自然地一起读起来。

半轮月

（西班牙）洛尔迦

月亮在水上行走，
天空多么明净。

河上古老涟漪，
慢慢地织起皱纹。

这时一只小青蛙，
以为月亮就是一面小镜。

和古代诗人写同题诗

我的这个创意来自郭初阳，而郭初阳的创意来自诗人梁晓明。

梁晓明说，他因为一直在写现代诗，便有了用现代诗的语言来改写古诗的念头，这是其一；其二，是因为中国古诗对世界诗坛也有极大的影响。自现代诗的先驱庞德翻译了中国古诗后，中国古诗的光芒便渐渐照到了美国这块陌生的地方，并引起了极大的回响。雷斯克洛斯、加里·斯奈德、罗伯特·勃莱等著名诗人的诗作中都有中国古诗很重要的影响和痕迹，有的干脆将翻译的中国古诗作为自己的创作收入诗集中。

当时，我们正在背《诗经·采薇》，有人马上尝试改写：“昨天/我路过这里/轻风细柳/温暖滋润我的心灵”。我说这不太像诗。有的孩子又开始

“使坏”了：“蒋老师，怎样才算诗呢？你来改改看。”说实话，当时我真的有点儿慌了，但那时已经没有退路，只能硬着头皮上了：“我路过昨天/风扶着柳树/轻轻地在地上写下两个字/春天”。改完后，我脸红红的，有点儿不好意思，但孩子们倒还认可，觉得有诗的味道了。既然被认可了，我就顺着竿子往上爬，问他们：“我的句子里，哪些地方有诗的味道？”

“诗要给人惊异的感觉，一般人的思维是路过一个地方，但在诗里，可以路过时间。”

“诗要尝试用特别的动词，比如让风‘扶’柳树。”

“《诗经·采薇》前面写的是，春天时，人们离开家乡参军去了。基本的意思要表达出来。”

…………

我说：“说了没用，还是自己试试看吧。”

采　薇

金子墨

我走的时候
春天正躲在杨柳中
柳条向我招着它的小手

我回来的时候
冬天还在最后疯狂着
冻疮就是受害者的袖章

（根据《诗经·采薇》改写）

秋　思

陈婧雯

枯萎的藤啊
老去的树哇

你可知道
鸦与你有着同样
黄昏的凄凉

桥的奈何一笑
只有流水能懂
藏不住
黑色的秘密
难道这就是俗世上唯一的真情——寂寞

风，无力地奔跑
马迈着沉重步伐
古道扭曲着身体
它，早已嫣然

夕阳与霞光一同落下
消失了，最后的暮光
迎来了，无尽的黄昏
回首凝望
原来他，还在那里
(根据马致远《天净沙·秋思》改写)

静夜思

俞东睿

月光皎洁
让我想起故乡往事
地上的月光
冷若冰霜地把我和亲人
一刀两断
抬起头

明月映在我的眼球
低下头
故乡永远在心房
(根据李白《静夜思》改写)

秋　思

俞沛吉

秋风
不请自来
思念之情也如一缕轻风
在心扉里徜徉
写一封家书吧
身体健康吗
粮食还够吗
无数个思念的夜晚
都化为一笔的墨水
在纸上留下印记
思乡
似乎一言难尽
(根据张籍《秋思》改写)

江　雪

李奕杉

山，披着白色的衣服
在冰冷得
仿佛能把一切劈开的风里
耸立着

山中一片孤寂
鸟儿不见踪影
路上，没有人的足迹

江上
一位老翁在垂钓
鱼线在水中漾起一圈圈波纹
（根据柳宗元《江雪》改写）

秋

王佳宁

太阳躲在了西山后面
只留下几分黯淡的色彩
那边的孤村中，升起了一缕炊烟
乌鸦“哇”一声飞走了
飞来了一只落单的大雁，就如同那座小村
孤单地生活在青山环绕的地方
也如同青草绿叶红花
独自在风中起舞
（根据白朴《天净沙·秋》改写）

孩子们已经在进行某种尝试——诗歌应该能够向读者传递某种情绪，引发读者感情上的共鸣。

怎么教孩子们写诗，还可以有许多创意的探索。我不禁想起已故的赵镜中老师关于诗教的一段诗一样的语言。

诗是观看，诗是直觉，诗是感受，诗是释放
粗俗不属于诗，虚情不属于诗，矫揉不属于诗

诗属于眼睛，诗属于童稚

诗属于情人——对事事物物有情的人
诗属于嘴角，诗属于心灵
诗属于吟者——那喜欢时刻吟唱的人
诗属于笔触，诗属于言语
诗属于诗人——以诗来书写心情的人

诗玩弄语言，却不被语言操控
诗取乐生活，却不受生活拘限
诗带来惊异，却不需要要弄花哨
诗虽有格式，却不必强加硬套

处处、样样，方方、面面都可以入诗
只要有心，就有诗
只要有言说，诗就不断

想象建立在常识和细节上

——有项目特质的写作

"一件小事""我最高兴的一天""我最敬佩的一个人"……这些题目的特点是"小"，小角度，小切口，小范围，私密性强，拿起笔就可以写，仅凭一点点记忆就能完成。我们喜欢给孩子布置这样的作文题。

而有些题目则让孩子一下子无从下手。比如美国三年级的一道作文题"我心中的美国"、四年级的一道作文题"我怎样看人类文化"、六年级的一道作文题"你认为今天避免战争的最好办法是什么"。用我们的习惯性思维来审视这些作文题，我们一定会觉得它们宏大得有些离谱，完全超出了小学生的心智年龄、生活阅历、知识积累，小学生面对这样的题目感到手足无措，应该是正常的反应。但是出乎我们的意料，美国小学生面对这些大得没边儿的作文题，不仅毫无难色，反而兴致勃勃。他们上网或者到图书馆去查阅大量参考书、权威工具书，并通过各种途径和相关专家交流，然后信心百倍地用稚嫩的小手做着大文章。当然，我只是间接地从别人的学术论文和媒体报道中得到的这些信息，但我的亲眼所见让我觉得这些间接信息是可信的。一个在美国上了三年小学的男孩四年级时转到我们班，我亲眼见到了他的周记的面貌确实跟别人不太一样，他的周记都是《新能源寻找》《我眼中的狼》这样的研究性作文。

有些作文题可以把读推到前台来

大家知道，我一直在推广阅读。即使教作文，我也希望读与写能结合起来，我一直认同斯蒂芬·克拉生在《阅读的力量》中的观点——一些初步的写作技巧可以通过教导和练习掌握，但写作风格的形成一定来自阅读。

也就是说，当别人致力于通过多讲和多写来提高孩子的写作水平的时候，我还是希望我的“项目作文”最终指向读，以写带读，以写促读。我个人偏信人们在阅读中遇到的语文比在写作中遇到的语文要多；我个人偏信小学生的语言学习多来自阅读理解，而不是制造，不是写作。

我不需要孩子们多写，我的教学环境中的孩子们都很忙，他们经常忙得连看书的时间都没有，我不忍心用外在的似乎是以激励面目出现的手段不停地让他们写，以致破坏整个学习生态，而且写得多未必代表写得好，我自始至终希望他们多读。

最让人震撼的一个例子并非来自我自己，而是来自美国。美国一所小学的五、六年级设计了一个贯穿一个学期的包含写作的研究项目——聚焦日本文学。在这个项目的起始阶段，老师把从日本民间文学中挑选出来的故事在班里大声朗读。然后，学生从老师开列的书目（有近50本书）中挑选至少四本其他日本传统故事书独立阅读。最后，老师在班里开展关于日本文学的大型班级展示活动，每个学生都要写出自己对日本文学的感受和理解。设计这个项目的老师最后描述道，学生在项目中投入了热情和思考，他们确实已经开始由内而外地观照并赏识另一种文化了。

很快我就开始尝试出这样的作文题：

仔细阅读伊林的《书的故事》一书，了解书的发展历程。然后搜集身边某一物品（如香烟、火车、计算器、镜子等）的资料，以“杂志”的形式写出它发展的过程。

这个作文题，孩子们挺感兴趣的。为了帮助孩子们写好一样事物的发展历史，我建议他们仔细阅读《书的故事》。苏联作家伊林从人们打手势开始介绍，再从图画时代写到文字时代，一直写到电子时代……他的语言深入浅出，通俗易懂，在他的夹叙夹议中，你不禁开始思考纸质书籍的命运，思考它们是否会像竹简、芦叶纸、羊皮纸那样消亡。这样的梳理性阅读结束后，我又提醒孩子们开始新一轮的阅读：你们得通过各种渠道去了解某样事物，例如船、笔、计算器、汽车等发展的来龙去脉。写可能只花了一天时间，而读则可能持续几周时间。

再如“沙漠探险七日谈”这个作文项目，为了帮助孩子们写好这个探险小说，我推荐了许多阅读资料，有一些是知识类图书，孩子们从中可以了解沙漠的特点，如沙漠的气候、沙漠中的动植物、沙漠地区的居民、沙漠中的奇特现象等；也可以了解探险知识，如探险装备、探险队员的个人素质、探险过程中可能会遇到的危险境遇等。还有一些是探险故事或者探险小说，比如斯文·赫定在中国的探险经历、畅销全球的《手斧男孩》，孩子们从中可以提炼出一些探险小说的写作技巧。

“沙漠探险七日谈”的具体写作过程

有一支探险队伍悄悄出发了，走进了无边无际的漫漫荒漠。他们的装备极其简单，他们骑着骆驼，只带了干粮和水，在茫茫沙漠中经历了七天的探险生活。漫漫黄沙，燥热干旱，此时水就如同生命般珍贵，在沙漠中你拥有多少水，就有多少生存机会。水在人在，水断人亡。

请根据下面的探险队七天用水示意图，发挥想象，写一写这个探险队的探险故事。

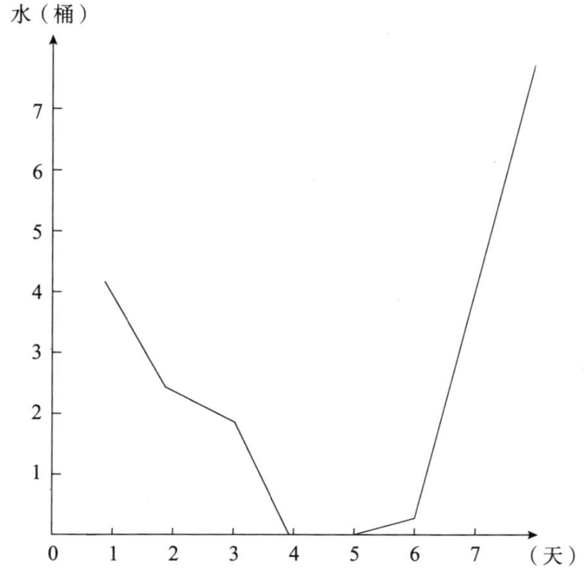

一

孩子们对探险这类话题是有天然的兴趣的，他们看得很认真。他们看了探险队在茫茫的沙漠中七天的用水示意图，提了很多问题，我觉得他们是看懂了这幅图，才提出了这些有针对性的问题的。而这些问题的答案对写好这个探险故事很有帮助。

1. 探险队第四天的用水量为什么几乎为0？
2. 在没水喝的情况下可能会发生什么变故？
3. 探险队是怎么找到水的？
4. 最让人奇怪的是第七天用水量竟然创“历史新高”，这是什么原因？
5. 第一天到第四天的用水量，为什么会一天比一天下降？
…………

二

我们在探险故事中要想办法回答上面这些问题。要回答这些问题，当然就要充分发挥我们的想象力。例如，一个孩子在他的故事中是这样让探险队找到水的。

天气实在是太热了，知了“热死了、热死了”叫个不停，大家渴得要命。这时候，天边出现一朵祥云，一个白胡子老爷爷飞到他们身边，笑眯眯地对他们说：“你们想喝水吗？”大家都争先恐后地说：“想，想……”白胡子老爷爷说了一声“变”，他们身边马上就有了满满一桶水，探险队员高兴极了！

很多孩子看了这个故事之后评价不高，有的说写得太离奇了；有的说找到水的过程太容易了，不好看；有的说这段话里还有知识性错误，例如，沙漠里不可能有知了。从他们的讨论中，我发现他们已经认识到这个探险故事应该采用偏写实的想象，而写实的想象，要建立在准确的细节和常识的基础上。

自然而然地，孩子们有了阅读的需求，他们形成了共识——写这个故事之前，要先查一下有关沙漠生存、沙漠探险的资料。

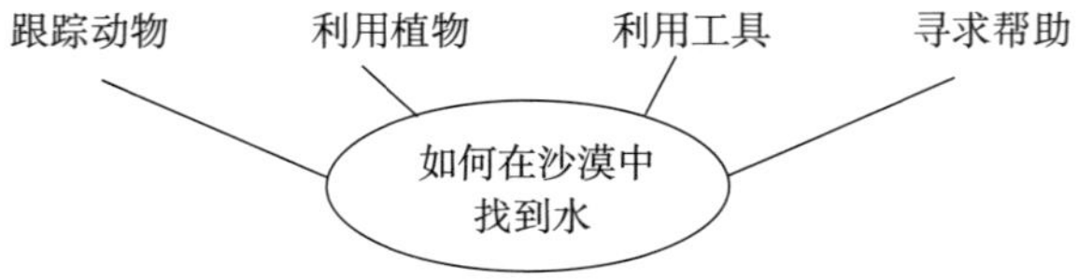

三

孩子们读了一些关于沙漠生存、沙漠探险的资料之后，我仍然没有让他们投入写作，我不断强调，我们现在是写探险故事，而不是写科学记录。写故事就可以虚构，而且还要一波三折、震撼人心，这是有一定难度的，否则就没人看啦。于是我就推荐他们阅读《手斧男孩》。整个过程持续的时间比较长，大概有两周。阅读让他们有了诸多收获，他们所列的故事提纲立即有了探险故事所应该有的“曲折”“意外”。

1. 干旱的沙海
2. 决不向干旱低头
3. 命运未卜
4. 往死亡之路逼近
5. 最后的意志力
6. 奇迹出现了
7. 挣扎着离开死亡阵营
8. 生离死别的一幕
9. 植物带来一线生机
10. 希望再度破灭
11. 又见树林
12. 置身在河床上
13. 恩赐的生命之泉

四

就这样，一个想象故事中出现了真实生活中不可能存在的人物，发生了奇妙的事，物理法则被打破了。但写作者必须想办法让人信服，必须聚焦于人物的现实反应，并保证细节可靠。在下面的片段中，小作者就是朝这个方向努力的。

沙漠探险七日谈（片段）

当天晚上两头落后的骆驼被领进营地，约6点钟时，我对手下说："我们来掘水吧。"每个人听了精神均为之一振，卡辛随即拿出一把铲子动手挖掘，只有向导优奇只顾讥嘲他人，他说恐怕要挖50米才能找到水，其他人则不甘示弱，因为这是他们唯一的希望了。

当我们挖掘到约1米深时，沙地开始变得湿润起来，大家的情绪顿时紧张起来，每个人都拼了命似的用力挖掘，井边翻出的沙墙越堆越高，我们得用水桶装沙子才能运出井口。

越往深处挖掘，沙子的湿气就越明显，现在甚至可以把沙子捏成一个球团不会散开。我们轮流挖掘，一个人累了就换下一个，大家把上衣脱掉，让汗水浸透身体。偶尔我们会躺在湿凉的沙堆上，让高热的血液降降温。井边的骆驼、尤达西和绵羊显然已经等得不耐烦了，它们知道终于可以解渴了。

天色一片漆黑，我们把两支残留的蜡烛放在井边的小洞里供照明用。

到底要挖多深才能找到水？即使得挖整个晚上再加上明天一整天，大家也仍然心意坚定，非找到水不可。我们怀着因绝望而产生的决心奋力工作，我坐在井边看着卡辛专心挖井，在烛光的照耀下，站在三四米深的井里的卡辛看起来酷呆了！我等待着看第一道泉水涌出时他所迸发的光彩。

突然……

那些好玩的作文项目

想象并非毫无意义的无中生有，并非漫天空想、瞎编乱造。

一个孩子写了个故事《克隆小恐龙》。故事叙述了卢院长是如何将一只霸王龙的蛋化石克隆出小恐龙的：先用喷筒向蛋化石喷洒“强行软化剂”，再用一种高科技太阳能激光针向变软的蛋内发射强光，注射“细胞复活剂”，然后用特殊的耐热材料包裹着克隆蛋，将之放入200摄氏度的烘炉内，高温孵化小恐龙。

这个故事之所以被大家认可，是因为它构建了一个真实的虚幻世界，让我们感觉到作者具有很高的科学素养。而这种感觉的营造必须依赖于大量相关领域的阅读。

下面的写作项目的提出都是希望写作者投入相关的阅读中。

写作项目：荒岛生存

热烈祝贺！

你被选为“荒岛生活小组”的成员之一。你将和你的伙伴们在一个无人居住的荒岛上生活一周时间，这是一次显示你的机智、勇敢和适应能力的绝好机会。你决定参加这次活动并描述在荒岛上遇到的各种情况吗？

第一步：选择荒岛：你可以从下列三个岛屿中选定一个作为你们小组要居住的地方。

勃林岛

旅游到勃林岛，你将进入一个热带天堂。

勃林岛堪称野生动物的天堂。在这里你将见到各种你见过和没有见过的动物，包括鱼类和鸟类。但是，岛上的一切并不是表面上看起来那么平静。许多动物对人类抱有敌意，如毒蛇和凶猛的山猫。许多奇异的果实可以成为可口的食物，而有些则含有致命的毒素。然而，主要困难是岛上没有水源，除非你能想出存储雨水的好办法，因为岛上几乎天天下雨。

克劳维斯岛

我们在岛上待了十天时间，发现对比之下，这是较好的一个，总的说来，气候凉爽宜人，不难找到饮用水和食物，但是只有蔬菜类植物可以吃，找不到动物来供应肉食，要捉鱼类也是徒劳的。岛上满是绿树，常常普降大雨。夜里很冷，我们不得不锻炼体格，盖起小棚屋住宿。

阿波埃岛

岛身较低，涨潮或暴风雨到来时，常处于大水淹没的危险之中。气候温暖、干燥，岛上只有一条小溪，下雨时有水，否则完全干涸。岛上植物罕见，唯一容易找到的食物是椰子。鱼类很丰富，但是要走几百米才能到海滩边去捕捉，因为附近的水很浅。

1．仔细研究所提供的荒岛信息，包括有利的方面和不利的方面。

2．根据荒岛的条件和你们的条件选定要去的荒岛。

第二步：挑选伙伴：我们为你挑选了三个伙伴，你还得选两个同去小岛的伙伴。

我们为你挑选的伙伴：

1．按上面介绍成员的方法，描述一下你选的两个伙伴的长处和短处。

2．描述一下你选他们的理由。

3．对你自己做一个简要的介绍，归纳自己的长处和短处。

第三步：配置装备：在上岛前允许你挑选一些装备——六种必需用品和两种娱乐用品。所提供的物品足够小组的每个成员使用。

1．说明你选的六种必需用品是什么，为什么选它们。

2．说明你选的两种娱乐用品是什么，为什么选它们。

第四步：荒岛生活：现在你和你的伙伴们开始了艰难的荒岛生活，把这段让你终生难忘的时光写下来。

写作项目：给除虫人的一封信

11 月 29 日星期一上午，除虫人将进行除虫药物喷洒行动。想象你是一只昆虫，你的栖息地将遭受人类破坏，如果你能与人类对话，你将在信上写什么，让一个除虫人信服你也有生存权？

第一步：研究自己选择的昆虫，只有对这种昆虫有全面的了解，才有可能以它的身份给人类写一封有理有据的信。找出以下问题的答案。

1. 哪里是它的生活栖息地？

2. 它吃什么？

3. 它的生命周期有多长？

4. 它对人类生存环境的益处及其存在的必要性有哪些？

5. 它有什么害处？

第二步：小组讨论三个问题：你喜欢你的昆虫吗？人类与环境需要你所研究的昆虫吗？你觉得你研究的昆虫应该被除灭吗？

第三步：开始打腹稿，你要把收集到的关于昆虫的资料以及思考的结果结合到你的想象中。

第四步：给除虫者写封信。

为了保卫你自己和你的昆虫朋友们，写一封信向除虫人解释你对环境的益处，以及你和某些其他昆虫不应该被灭绝的理由。（注：这是一项个人任务）

写作项目：楼兰消失之谜

1900年3月28日，瑞典探险家斯文·赫定的驼队在穿越中国的罗布荒原时，无意中发现了一座废墟。斯文·赫定激动万分，因为他预感到，这座茫茫沙漠中的废墟将成为全世界关注的焦点……

确实，在此后一百年，许许多多历史学家、考古学家奔赴楼兰考察，挖掘出了许多让世人震惊的文物，例如写满蝌蚪文的木简、大量汉魏和罗马时期的古钱币、木雕和精美的中原丝织品，以及女性木乃伊“楼兰美女”等。所有的发现都表明楼兰曾是一座气势宏伟的古城，繁华一时。

但是在距今1000多年前，这座古城竟一下子从中国的所有史册中消失了。为什么会消失？是怎样消失的？这成了千古之谜。

第一步：楼兰是否引发了你的好奇心？如果你想进一步了解楼兰，不妨自己想办法去寻找相关资料来看。下面这些途径仅供参考。

1. 到图书馆中文社科类书籍中寻找。

2. 到图书馆中文期刊室找自然科学方面的杂志。

3. 到图书馆的电脑查询处，打入关键字“楼兰”搜索。

4. 到GOOGLE、百度等搜索网站打入关键字“楼兰”搜索查找。

1979和1980年，中国考古工作者对楼兰遗址做了多次全面的考察，对古楼兰的消亡之谜做了种种推测。第一种推测是：丝绸之路的改道和汉族入侵导致楼兰衰败、灭亡。但是史书上却没有任何相关战争的记载。第二种推测是：塔里木河改道南行，致使古楼兰人离开家乡，寻找新的家园。但是在其他地方从没发现过古楼兰人的后裔。第三种推测是：气候的变化，使湖泊密布的古楼兰成了一个黄沙遍野的不毛之地。但又是什么原因导致古楼兰的气候发生了变化？到底哪一种推测正确？大家争论不休。

第二步：研究了楼兰之后，你是否发现楼兰的兴衰足够写一篇小说？你可以试着写一写。下面是六年级的姚正阳同学根据他所查找到的资料写的小说的前半部分，有兴趣的话，你可以接着往下写。

在辽阔的中国西部，有一个神秘的国度——楼兰国。楼兰国四周环水，烟波浩渺的罗布泊上，人们悠闲地荡起双桨，迎风唱着动听的渔歌。黑色的“大头鱼”在人们身边高高跃起，它的鳞片在夕阳的余晖中闪着亮光。

大片大片的胡杨林，芳草萋萋。色彩斑斓的罗布虎在林中悠闲地散步，踩在层层的落叶上，落地无声。野骆驼等各种各样的野生动物在这绿树成荫的森林中无忧无虑地生活着。

公元前77年，一位楼兰的王子准备从长安返回楼兰国继承王位。但是，当时的汉朝皇帝只派了一个姓陈的司马和40多个士兵护送。路途遥远，况且一路风吹雨打，豺狼虎豹出没，困难重重，要想把王子安全送到西域，这几乎是不可能完成的任务。幸亏，汉帝允许陈司马一路上招募平民，扩充他的护驾队伍。可是，那些生活安定的青年男子怎么可能丢下父母妻儿跟随他们到遥远、神秘的西域去呢！于是，陈司马就到囚牢中鼓动那些死到临头的犯人跟随他到西域建功立业。犯人当然求之不得，所以，当陈司马到达楼兰时，队伍已经扩充到近500人。

陈司马哪里想得到，在不为人知的遥远的西域，还有如此肥沃和美好的“世外桃源”！他决定留在这块神秘而美丽的土地上，并决定由自己当这块土地的最高统治者。他要在这里依照汉城模样建造一座宫殿，于是，到处是高大挺拔的胡杨倒地的声音……

“尊敬的国王，或许你已经猜到了，那位姓陈的司马是你的祖先，这事离现在已经有400多年了。”先知阿布扎比的声音低沉而有力。

“尊敬的先知，我想知道，400年前，我们的国家真有那么美丽吗？”

“千真万确，那时人们的生活无忧无虑。”

年轻的国王最近心事重重，因此他来找先知聊天儿。这几天一连发生了好几件怪事。五天前，突然起了一阵大风沙，昏天黑地，人们都躲在屋子里不敢出来。老人们都说，从没看到过这么大的风沙。昨天，请人挖水渠，刚挖了近两米深，下面竟然都是流沙，手指一捅，簌簌直流。今天上午，身材高大的老猎户又因为打不到猎物而饿死在胡杨林中。年轻的国王觉得事情很严重，先知的话给了他很大启发，他已经知道该怎么做了。他把所有的士兵、百姓召集在一起，宣布了一项法规：如果树还活着，就不允许任何人砍伐。砍掉一棵树就罚马一匹，即使仅仅砍断一根树枝，也要罚母牛一头。但是这一切已经太晚了，风沙已经成了气候，那声势浩大、跌宕起伏的风龙沙虎扑打得你辩不清方向，厉害的时候，那铺天盖地的流沙会将一户户人家、一个个村落掩埋，人们从流沙中爬出来，充满恐惧。湖泊与河流渐渐干涸，有的已经完全枯竭，露出湖底，甚至泛起白花花的刺眼的湖碱，湖泊边波浪起伏的芦苇一大片一大片地死去……

写作项目：设计说明书

2003年3月，中国国家航天局宣布中国将正式启动月球探测计划，与此同时，航天局向全国征集“中国月球探测工程标志”。这次标志征集收到了1026份作品，设计者中年龄最大的70岁，年龄最小的12岁。根据组委会要求，每一份作品都要有设计说明。假设右边这个标志是你的设计作品，请你为自己的作品写800字左右的设计说明。

中国探月
CLEP

不要假大空的观后感

——班级影院

我很喜欢看电影。我看电影从来不给自己什么负担。首先是装备上，对音响、屏幕大小、画面质量从来没有什么苛刻的要求。有时候在电影院看，有时候在电视上看，有时候在电脑上看，都可以看得入乎其中，不能自拔。

我对电影也没有特别的选择，美国的流水线商业电影，那种单枪匹马救美、救国、救世界的英雄片，那种搞笑、搞怪、搞七搞八的娱乐片……我喜欢看，不过心，不费脑，身心放松。法国的小众影片，那种节奏慢得像催眠、细节琐碎得一地鸡毛的小电影，我也喜欢看。虽然我没有“恋思癖”，但是看这种独立电影，脑神经总是被冲击得突突跳；虽然我没经过美术训练，但是看这种电影，眼睛和心总是被唯美感动。

我爱看电影，但从没将这种爱好刻意提升，向专业靠拢。例如，我不太记演员，不太记导演，经常是别人在说哪个国家哪个导演的电影如何如何好，我一脸愕然，羞愧于自己孤陋寡闻，回家搜寻，发现早就看过了。

我自认为自己悟性差，做事认真。当了老师后，全身心放在教学上了，忙里偷闲去市场上淘部片子，看部电影，对我来说是难得的享受。还是因为当老师的缘故，看儿童电影的频率也增加了，跟看书一样，看完后，随手记下一些七零八碎的感受。我不知道这对自己的教学有没有帮助，但至少当孩子们让我推荐好电影的时候，我还能说出几部有种、有料、有趣的片子。在我看来，教师最重要的是永远和这个世界保持同步，有自己的视野。

教室里的电影院

每年的5月份，孩子们早早地就激动起来。

近五年来，我会和班主任一起设计、筹备“班级影院”，一年一度，“六一”儿童节盛大启幕。这种准备活动，后来我完全沦为“协助”，我内心是非常感谢班主任的付出与坚持的。

办“班级影院”，事务实在太多了：为“班级影院”取名，设计电影海报，制作电影票，编写调查问卷，布置现场，迎宾，检票，引导，播放……

所有的事情全部由孩子们自己去做，他们为了一件事兴高采烈地认真筹备着，他们的投入和笑容会让你感受到做这件事的意义。

以下是“炫动电影院”观影注意事项（由学生制定）。

各位老师、同学，还有家长们：

你们好！欢迎来到四（2）班的炫动电影院，在此，您将和自己的孩子一起度过开心的两个小时，我们会尽心尽力地为你们服务。为了让此次活动能圆满成功，请务必看看并遵守以下注意事项，谢谢！

1. 入场前请到门口检票，请配合工作人员的安排。

2. 入场后请找到座位坐下，做好看电影的准备。

3. 电影开始播放后，请不要大声喧哗，要保持安静，务必将您的手机等电子产品关机，以免打扰到其他观众。

4. 请不要在观看电影时吃东西，也不要乱扔垃圾，这样容易让人踩到摔一跤。

5. 如在看电影时想上厕所，工作人员会带您到厕所去的。

6. 整个活动结束（电影放完）后，请收拾好您的东西，有序地离开现场。

7. 整个现场将由工作人员管理，请您放心参加活动，也希望您能给予一些支持。

8. 如果有什么建议，请找陆老师、蒋老师或总负责徐茂桓。

我清楚地记得第一次我们看的是《小鞋子》；第二次看的是电影短片，

是一盘大杂烩，我们一口气放了五部短片——《失落的一角》《平衡》《百花深处》《神奇飞书》《红气球》；第三次看的是新加坡教育电影《小孩不笨》。

《小鞋子》是一部伊朗电影。电影中的兄妹俩只拥有一双球鞋——一双又脏又破的不合脚的球鞋。为了保证对方在上体育课的时候能穿上球鞋，兄妹俩在电影中不停地跑，跑，跑，跑……他们在小巷子里七拐八弯地跑，沿着小水沟拼了命地追跑，筋疲力尽了咬牙继续跑，跌倒了爬起来再跑。在电影的后半段，哥哥一心要赢得跑步比赛的第三名，因为第三名的奖品就是一双球鞋，可哥哥很幽默地得了冠军……你不要以为这部影片充满了悲苦和同情，你想悲苦的时候，影片却来一段让你哑然失笑的幽默；你想同情的时候，影片却来一段温馨的生活。小男孩一家的生活确实清苦，但你不会觉得生活有多么残酷；尽管电影细节处处显示着社会的不平等，但你不会想到反抗和斗争。本来，反抗和斗争并不是生活的主题。导演冷静而智慧地描绘了全世界穷苦人家的相同“表情”：懦弱，善良，隐忍……他们默默承受着生活的不容易，默默释放着内心的坚强，偶尔收获一点儿笑声。我跟孩子们一起看过这部电影，他们不一定看得很深刻，但是他们至少看到了兄妹真情，至少看到了父子情深，至少看到了家庭温馨。你可以感受到他们表情的变化，至少在那段时间里，他们在全心全意地感受在朴素命运中坚强、乐观生活的态度。我后来问过孩子们：“天堂里的孩子”是怎样的？答案很多，有一个让我终生难忘，那个孩子说：“天堂里的孩子就像清澈如镜的水中那双跑烂了的小脚。”

第一次“班级影院”结束的时候，一个妈妈对我说：“老师，这次你们要求一家人来看电影，我终于看到了我老公，谢谢你们。”在我们学校读书的，很多都是外地人，父亲是做生意的，积累了一些财富，希望孩子接受更好的教育，就到杭州来买学区房。可能保持财富并不容易，做父亲的，在很投入地履行男人、生意人的角色，平时很难看到。就像周云蓬所唱的：“孩子们梦见自己的小孩，老人们想着自己的奶奶。只有中年人忙着种粮食。只有中年人忙着种粮食。”

生活中的一切都会在电影院中真实地反映出来。在那一个半小时里，有人在偷偷抹眼泪；有人正襟危坐，想给老师和孩子一个好印象；有人压低身子和声音走出大礼堂打电话；还有人在中途忍不住玩起了手机。《小鞋子》的故事还算好看，但毕竟没有枪战、恐怖、悬疑、言情片好看。看完电影后，一个孩子对父亲说："你老说我上课不认真听，你自己今天看电影时都在发短信。"

一个母亲看完电影，骑着自行车回家，后座上坐着她的女儿，她边踩自行车边问女儿："这部电影讲了什么呀？我没看懂哎。"女儿安然地坐在自行车后座上，耐心地解释着。这时候有家长开着豪车，豪车驱动着四轮，油门很响地从她们身边经过。

做了老师后我才发现，在这繁华的城市里，在那些热闹的大街旁，延伸着弯曲、狭小的弄堂，弄堂里有破败、仄小的房子，大多是出租的，里面住着一些孩子和他们的父母。孩子们穿着校服在教室里的时候，看起来是统一的、没有差别的，然而到了窘困又真实的环境里，很多问题一下就"消失"了，你眼前就剩下两个字——生存。

这些细节，都是观影活动的衍生产品，都可以写进作文里。因此，"班级影院"活动结束之后，我会找机会和孩子们互相分享我们看到的、听到的一些东西。

回家作业——看电影

一年只有一次"班级影院"，说实话，即使活动效果再好，量也还是太少了。但是在分科教学、课时严格按课表运作的学校体系里，你也很难找到时间让孩子们看电影。

于是，我就偶尔推荐一部电影，让孩子们在家里看，推荐电影的时候尽量少布置或者不布置语文家庭作业。如果电影院公映的电影有特别适合孩子看的，我就会把看电影布置为必做作业。

我让孩子们看《巴黎淘气帮》，导演用一个半小时的时间完美地再现了法国经典童书《小淘气尼古拉的故事》。

我让孩子们看《夏洛的网》，这是E·B·怀特三部曲里我最喜欢的一部，我特别好奇导演是怎样把一头猪和一只蜘蛛的故事搬上荧幕的。

我让孩子们看《狼图腾》，对姜戎的书，我信任；对导演，我也信任。让·雅克·阿诺早在1988年，就拍摄了从熊的视角看世界的剧情片《熊的故事》。

我让孩子们看《圆梦巨人》，这部电影是斯皮尔伯格根据罗尔德·达尔的《好心眼儿巨人》改编的。

…………

如果你看过这些电影，你就会发现，它们有一些共同点：都改编自文学名著；都是由著名的导演拍摄的，这些导演都不愿意自己的电影过度商业化，因此这些电影都不是简单的爆米花电影；得益于原著的优秀，这些电影可讨论的话题特别多。

当然，好不容易等到一部好电影，就这样让孩子们看过就算，实在有点儿可惜，我一般会有下面这些附加动作。

1. 增加仪式感。我会要求孩子们在电影海报前拍一张照片，然后在班级QQ群里展示。那几天班级QQ群终于显现了它存在的价值。大家不是在问作业、对答案、给老师“献花”，而是在晒这些特别的照片，在闲聊观影后的感想，特别好。

2. 引导孩子们看原著。在捕捉到电影公映的信息后，我就会引导孩子们去看原著，让他们带着对原著的感知去看电影，比较自然而然就产生了，这种比较对看书和观影都是一种促进。

3. 让孩子们分享观后感。我会努力挤出时间让孩子们聊一聊看完电影后的感受。如果可能，我会和他们一起出一期观影特辑。写过了，思考就更深入了；写过了，就记住了。

电影品位是慢慢提升的

2014年，我又带了一个班，班主任还是陆白琦老师，这让我感到特别幸运和高兴。

这个班看电影的时间更多了，时间从哪里来？我希望我说实话不会惹某些人生气，我们是在品德与社会课的时间让孩子们看电影的，这并不是因为我们不重视他们的品德教育，一方面，我们把品德与社会教材上的内容加以整合，合并了一些重复的内容；另一方面，我们又把很多内容融入每天每时每刻的教育行为中。而且，电影是非常综合的艺术，《品德与社会》里有关价值观、人文、历史、地理等的内容，电影里往往都有涉及，并且更丰富、更厚重。

终于腾挪出一点点时间让孩子们看电影了，但也不能随意地选择影片，电影太多了，即使只看优秀影片，你24小时不间断地看，看两辈子也看不完，因此，看电影是一项非常奢侈的教育活动，还是要有所选择。

下面这些电影我会优先选择在教室里放映。

《放牛班的春天》《辩护人》《扑通扑通我的人生》《七号房的礼物》《和声》《佐贺的超级阿嬷》《小鞋子》《熊的故事》《迁徙的鸟》《家园》《红气球》《神奇飞书》《城南旧事》《蝴蝶》《功夫熊猫》《夏洛的网》《千与千寻》《美丽人生》……

我的选择有两个原则。

第一，自己先把电影看一遍，如果电影里有不适宜的镜头，就提前剪切掉。如果你选择的是儿童电影，这样的状况一般不会发生。但是，纯粹的儿童电影太少。

第二，兼顾电影的娱乐性和艺术性。在“班级影院”活动刚开始的时候，我会更多选择更偏向娱乐性的电影，例如《功夫熊猫》《狮子王》等好莱坞电影。慢慢地我会增加《放牛班的春天》《狐狸与孩子》等艺术性强一点儿的电影。看偏艺术性的电影是需要训练的。例如日本电影《菊次郎的夏天》，节奏缓慢，一个画面会停滞好长时间。对喜欢艺术性电影的观影者来说，那些定格、停顿、凝滞是享受；而对习惯看爆米花电影的观影者来说，那些简直就是受罪。

以下是小学各学段电影推荐。

小学低段：

《孙悟空三打白骨精》《大闹天宫》（剪纸动画）《木偶奇遇记》《你看起来好像很好吃》《小鹿斑比》《爸爸去哪儿》（电影版）《雪人》《尼科的飞天梦》《海底总动员》《机器人总动员》《查理和巧克力工厂》《人鱼的童话》《狮子王》《天才眼镜狗》《天堂回信》《花木兰》（美国动画）《功夫熊猫》（美国动画）《爱丽丝梦游仙境》（蒂姆·波顿版）《最后的独角兽》（美国动漫）《穿越时空的少女》（日本动漫）《少女哪吒》《海洋之歌》（动漫）《狼之子雨与雪》（日本动漫）《月神》（短片）《悬崖上的金鱼姬》……

小学中段：

《西游记之大圣归来》《城南旧事》《魔女宅急便》《天堂的颜色》《小鞋子》《夏洛的网》《侏罗纪公园》《驯龙高手》《彼得·潘》《仙境之桥》《梦回金沙城》《红气球》（寓言故事）《辉夜姬物语》（日本动漫）《蝴蝶》（法国）《狐狸和孩子》《夜莺》（法国）《巴黎淘气帮》《绿野仙踪》（数字修复版）《雾都孤儿》《穿条纹睡衣的男孩》《瓦嘉达》《海洋世界》《北极故事》（纪录片）《千与千寻》《回忆积木小屋》（短片）……

小学高段：

《一个都不能少》《国王与小鸟》《音乐之声》《地球上的星星》《阿信》《安妮日记》（黑白版）《大地惊雷》（科恩兄弟版）《少年派的奇幻漂流》《囧男孩》《家园》《深蓝》（纪录片）《海豚湾》《灵犬莱西》《造梦的雨果》《微观世界》《迁徙的鸟》《了解宇宙如何运行》《父与女》（短片）……

一群小学生的《百鸟朝凤》

现在要说说《百鸟朝凤》了。

《百鸟朝凤》上映的时候，我周围几乎没人关注。我因为喜欢看电影，还知道吴天明是谁，知道他拍过《老井》，知道《百鸟朝凤》是他的遗作，因此我提醒自己一定要去电影院感受一下。

于是，上班时偷偷去看了《百鸟朝凤》，我也只能白天去看，因为《百鸟朝凤》的排片太少了，大部分电影院一天只排一场，并且安排在白天。

我买了一张电影票，结果“包场”了，整个电影厅里就我一个人。

看完电影，我一下子被感动了。这部电影讲故事的方式很传统，但拍得很细腻，情绪很克制，不会让人产生刻骨铭心的难过，但淡淡的忧伤还是有的，为逝去的民俗。

或许已经预感到《百鸟朝凤》将在票房战场上落败，许多导演如李安、张艺谋、黄建新、贾樟柯、徐克、谢飞、陈凯歌、管虎纷纷通过发视频、微博等方式来向这部电影致敬。

可是，他们再怎么致敬，也无法改变什么。《百鸟朝凤》和《美国队长3》是同时上线的。《百鸟朝凤》首映日排片率为1.9%上下，票房惨烈到仅收获27.7万人民币，与《美国队长3》的几千万人民币相比，简直微不足道。

我很遗憾没有更多人能够欣赏这部电影。我所能做的就是带自己班的孩子们走进电影院。是的，停课，走进电影院。

在进电影院之前，我依旧布置写作任务，教写作技巧。

我布置的写作任务如下：

1．描述令你印象最深刻的一个镜头。

2．说说自己对这个镜头的感受。

之所以让孩子们这样写，一是为了防止他们喊口号，写很“大”、很“高”的词语，而让他们进入细节中，好的写作一定是写细节的；二是希望他们能表达自己的情感与想法，好的文章不是因为用了文言写作，不是因为用了好词好句，而是因为表达了真切、充沛的情感与思想。

接着我开始教写作技巧。要把一个镜头写得细腻、富有画面感，并不容易，要使用以下技巧。

第一，要动连着动。即多用动词。后来有孩子这么写电影中焦师傅吹唢呐的镜头：“他对着地面剧烈地干咳了好几下，努力将口中那充满血的痰咽下去。长叹一声，摇了摇头，但又立刻深吸一口气，对准唢呐，缓缓吹气，双手也紧随着灵活、有序地在出气孔处跳动着，一首悠扬的曲子，就此渐渐拉开帷幕。”

第二，要善用联想。后来有孩子这样写唢呐的声音：“这节奏与音色，好似赞叹着死者生前的德行，好似祝福着死者的来生，又好似千万只鸟儿飞落于此，张开自己的尖嘴，低吟着，感叹着，一起为死者送终。”

以下是孩子们的观后感。

有些东西钱买不到

肖卓瑶

那天，村子里的老村长去世了，为他送行的人可以说满满当当的一大园子，房子里充满了大声的哭闹，焦师傅坐在威严的太师椅上，刚刚吹完了送葬规定的曲目，正准备休息一会儿，不知受到何人指使，大家纷纷磕头，边磕头边说：“请给老村长吹一曲《百鸟朝凤》吧！”更多人附和上来，焦师傅眼睛瞪得大大的，似乎要从椅子上蹦到地上，听到别人强求他吹《百鸟朝凤》，脸色渐渐变得沉重起来，缓缓地摇摇头。从他那摇头的速度来看，焦师傅像是死了心，决不为老村长吹奏《百鸟朝凤》的任何一个音符。“其中一定有什么原因。”游天鸣想。他悄悄走到焦师傅旁边，打探其中的原因，事后他才了解到，原来之前村中有五个大姓，可是，那个村长把别姓人员全部赶出了村子，结果，村子里就只剩“查”这个姓了。焦师傅很不高兴，又补充了一句：“就他那个德性。”可是，那一群送葬的家属，却不死心，一个小伙子说：“加钱，焦师傅，肯定加钱。”焦师傅十分不满，闭眼摇了摇头，那个小伙子只好下去了。

我真佩服他，因为他明白，用心做的东西无价，人的品格也是买不来的。那个小伙子不明白这个道理，他像一面镜子，照出了老村长生前的品格，那个村长，可以肯定，并不尊重他人的付出，而是一味相信所有东西都可以用钱购买。其实，社会上，这种人多得很。有人为了钱发生口角；有人为了钱大打出手；有人为了钱贪污，因此被拘禁，受到法律的制裁。我们要向焦师傅学习，他不看重钱财与名利，就像三国时期的聪明人——

诸葛亮所说的："非淡泊无以明志，非宁静无以致远。"焦师傅才是民族器乐中的圣人哪！

虽然这部电影票房可能不怎么样，但真正的电影评判标准不是票房，而是心灵受洗礼的程度。

唢呐不是吹给别人听的，而是吹给自己听的

陈彦达

"《百鸟朝凤》是大哀的曲子，是咱们老祖宗传下来的，只有德高望重的死者，才配享用。火庄村长，曾在抗日时期打过鬼子，修过堤坝，他的所作所为大家都看在眼里。因此，由游家班班主——游天鸣演奏《百鸟朝凤》。"说完，焦师傅看了一眼后面，只见游天鸣正擦拭着头上密密麻麻的豆大的汗珠，还一口一口地喘着粗气，看来他发烧还没有痊愈，是无法吹奏这首代表着至高荣耀的曲子的了。

焦师傅一抿嘴，又对大家说："大家都看到了，班主还在发高烧，那么这首曲子只好由我代劳了。"说罢，他小心翼翼地从一个古老的唢呐箱中取出一只金黄色的泛着光芒的专用唢呐，放到嘴边。唢呐配上焦师傅的脸，显得有些沧桑。他用那浑厚又有些沙哑的声音喊道："《百鸟朝凤》，敬送亡人。"说完，他对着地面剧烈地干咳了好几下，努力将口中那充满血的痰咽下去。长叹一声，摇了摇头，但又立刻深吸一口气，对准唢呐，缓缓吹气，双手也紧随着灵活、有序地在出气孔处跳动着，一首悠扬的曲子，就此渐渐拉开帷幕。

有些沉重的音色，在游家班中传开，荡入人们的耳根中。这节奏与音色，好似赞叹着死者身前的德行，好似祝福着死者的来生，又好似千万只鸟儿飞落于此，张开自己的尖嘴，低吟着，感叹着，一起为死者送终。

突然主乐器停止了演奏，取而代之的，是一阵阵让人心口发酸的猛烈干咳声。但马上，这声音消失了，主乐器又开始了演奏。但是，这声音在人们心中却更加沉重，沉重到让人窒息。

游天鸣咬着嘴唇，皱着眉头，紧盯着自己的师父，恍然间，他看见一道

血水从唢呐中流了出来，紧跟着还有第二道、第三道。他下意识地想去阻止师父，但看到师父眼中的坚定后，他缓缓放下了双手，他知道无法劝阻师父，特别是此时的师父。

游天鸣不敢直视他的师父，他紧紧闭上了眼睛。而周围的人见此情景，眼角都湿润了，他们不约而同地低下了头，向焦师傅表示最大的敬意。

长长的演奏，在众人的敬意下缓缓结束。焦师傅猛地站起身子，抽开唢呐，对着地面吐了几大口鲜红的血，双手握紧唢呐，昏了过去。

这是影片《百鸟朝凤》中的一个片段，也是让我印象最深的一个片段。

焦师傅在吹奏《百鸟朝凤》时流出的几道血水让我异常心酸。他没有因为身体原因中途停下这首长长的曲子，而是一直坚持到了最后。这得需要多大的毅力，正如焦师傅所说的一句话那样："唢呐要吹到骨头缝儿里。"而焦师傅，就是这样一个人，他毕生致力于实践唢呐艺术，不肯放弃，将唢呐看得比自己生命还重。

时代更新，一批又一批洋乐器和洋乐队进入中国，渐渐取代了唢呐的位置，他和游天鸣没有放弃；当以前热爱唢呐的人嫌弃唢呐时，他和游天鸣没有放弃；当唢呐匠不受欢迎，甚至不被市场接纳，赚不到一分钱时，他和游天鸣没有放弃。因为他们都坚信，"唢呐不是吹给别人听的，而是吹给自己听的"。

正是这份信念与执着，才让他们一直坚持着，他们才是真正的唢呐匠，才真正配吹《百鸟朝凤》。

我们以为只是带孩子们安安静静地走进一部优秀的电影，没想到他们即将"热热闹闹"地参与一个文化事件。

观影活动后不久，发生了该片制片人方励下跪请求排片的事件。

《百鸟朝凤》自2016年5月6日上映之后，一直因高评分低排片率的遭遇让业内人士扼腕叹息。5月12日，《百鸟朝凤》出品人方励现身某直播平台呼吁院线经理为影片增加排片，说到激动处，悲情一幕出现了，他在视频中磕头痛哭，称"希望大家能在微博上、朋友圈里推荐一下《百鸟朝凤》。只要你（院线经理）能够在这个周末给我们排一场黄金场，我老方愿意给你下跪"。

方励“悲情一跪”立即成为热点事件，一时间网络上沸沸扬扬。这个时候，我们的孩子们的观后感被一家微信公众号推出，立刻引起了大家的关注，大家开始惊叹孩子们对影片的敏锐感受力和写作水平，点击量一下子突破20万，方励也在第一时间转发了我们的微信。小朋友们激动坏了，觉得自己同步参与到了原本离自己很遥远的文化事件中。那段时间，排片一有增加他们就会向我报告，因为他们觉得可能有他们微信的功劳，觉得自己小小的努力正在改变这个世界。

我对他们说：“你们很了不起。”

用笔写下“公民”两个字

——什么是好的新闻写作

到六年级的时候，我会鼓励孩子们创办一份报纸，作为班报的增刊。

这个规定动作起源于一次偶然事件。一次，我推荐孩子们阅读美国儿童文学作家克莱门斯的系列校园小说《兰德里校园报》。

孩子们希望看到写他们的生活的小说，他们的生活无疑主要集中在校园里，校园小说自然而然成了他们的阅读首选。原来我特别喜欢黄蓓佳的几部校园小说，如《我要做好孩子》《我飞了》《今天我是升旗手》等。这些小说，既好看，文学品质也很高，但它们的当代性稍微弱了点儿，它们与现在的小朋友稍微有些“代沟”，因为人们吃的、穿的、用的，电视、电影里活跃的偶像，都在以我们难以想象的速度更新。虽然小说的内核可以跨越时代，但孩子们还是希望所看的小说能够写到他们熟悉的环境。

可是，现在的一些校园小说过于迎合孩子的娱乐消遣需求，面对小一点儿的孩子，一股脑儿淘气包，拼凑了大量网络段子式的搞笑；面对大一点儿的孩子，就写“霸道校草”“美丽校花”，满足其青春崇拜心理。

对孩子们的阅读选择，我并不想干预太多。但是，对国产校园小说，我实在不敢恭维。因此，我就推荐了克莱门斯的小说。我喜欢克莱门斯，他写的校园小说故事线索并不复杂，但情节跌宕起伏，扣人心弦，关键是故事背后有情怀——友谊、理想、独立、公民精神，他很认真地要跟小朋友聊一聊这些情怀。

《兰德里校园报》的内容大致如下：

丹顿小学五年级的拉尔森老师实在有些古怪，他只会看报纸，喝咖啡，不给学生上课！他来学校简直就是消磨时间，是磨洋工，他损害了学生的受教权。

转学来的卡拉自制了一份校园报，用它打破了校园的惯常模式。大家都很喜欢这份报纸。

这份报纸使拉尔森老师对教学重新投入了热情，他教给卡拉和同学们很多知识。

没多久，拉尔森老师的班级，忽然成了丹顿小学创校以来最出色的班级。卡拉没想到，校园报上的一篇文章惹怒了校长，校长准备解聘拉尔森老师。在卡拉和同学们的帮助下，拉尔森老师终于在最后的“斗争”中取得了圆满的胜利！

有一次上课时，我对孩子们说：“我真希望你们也能像《兰德里校园报》中的主人公一样创办一份校园报！”我这话虽然含有一种期待，但还是不经意的。

没想到这个建议一下子就点燃了几个少年的心。据第一期校园报的主编陈晗说，当时一下课，他就拉着徐茂桓、王域橙等几个小伙伴一起商量创办一份自己的校园报。

什么是好的新闻写作

要做好事情，光有一腔热血是不行的。孩子们不可遏止的热情需要有人疏导一下，于是我和他们讨论一篇好的新闻是怎样写出来的。

尽量不用“我觉得”这样的词语

我们在写文章时喜欢用“我觉得”这样的词语，但是新闻忌讳用这样的词语，它在大多数人看来多少是有些讨厌的，因为它代表了自以为是、主观、偏见、片面……

最重要的是，新闻是讲述事件的，不是让你拿出一些观点说服大家，让大家的思维屈服于你霸道的话语权下。

正面笔法、负面打击、中性处理

我和孩子们再次回到《兰德里校园报》这本书中，书上说："想建立某种概念，就用正面笔法。想撕裂某种东西，就用负面打击的方式。如果作者只是在探究，只是从各个面向看一件事，那就是中性处理。"

什么叫"正面笔法"？什么叫"负面打击"？什么叫"中性处理"？

孩子们听不懂这些理论，我就找来很多新闻，让他们按不同的属性把词语挑出来，他们挑出的负面词语有"笨""荒谬""浪费""愚蠢""愤怒""呆板"等，正面词语有"正能量""宽大""热心公益""睿智""友谊"等，中性词语有"显然""清晰""不确定""可以理解"等。

最重要的是调查

为了让孩子们接受、认同这个观点，我专门上了一节关于"草莓新闻"的阅读课。

我从报纸上选了四五则新闻。有一则新闻是2010年4月20日发表在《生活报》上的，题目是"大个儿草莓是膨大剂催的，对健康不利，提醒市民注意"，主要讲了市场上大个儿草莓越来越多，而大个儿草莓很可能使用了膨大剂，对人体健康不利。这篇新闻有两个硬伤。一是文章的标题与内容不符。文章中讲大个儿草莓有可能是用膨大剂催的，但标题中却没有用"可能"这个词，而是肯定了大个儿草莓是膨大剂催的。标题的表述是片面的。二是采访对象的身份信息不全。用了省农科院园艺分院、哈市农委有关专家的表述，却没有具体写明专家的职务和姓名。在新闻写作中，什么时候可以模糊处理采访对象的身份信息？一般是在有可能暴露个人隐私，或者其身份见报后有可能遭人报复而有生命危险等情况下。但这篇报道显然是没有必要这样处理的。

还有一篇是2010年4月24日发表在《长春晚报》上的，题目是"大个儿草莓放心吃"，主张和前面一则新闻正好相反。里面的内容是现在的草莓个头儿越来越大，个头儿大是人工栽培所致，极少数是因为使用了膨大剂。即使使用了膨大剂，对身体也没有伤害。总之，大个儿草莓可以多吃、放心吃。硬伤的性质和前一篇是一样的。

这两篇报道的观点刚好是相反的，于是课堂上产生了争议，孩子们对这些新闻就不太满意了，觉得它们写得不够客观，甚至是片面的，以致误导了消费者。是的，这几年因为市场化操作，报纸的权威性有所下降。而且，每天都有许多条新闻生产出来，有瑕疵甚至虚假的新闻屡见不鲜。

那么，怎样才能写出一则比较好的新闻呢？

有人提议整理信息。孩子们又收集了几则关于草莓的新闻，综合阅读后，提炼出了五个导致草莓个头儿大的原因——使用了化学制剂、品种引进、科学种植、第一花期、氮肥足，然后对如何分辨草莓是否用了膨大剂做了介绍。

新闻似乎写得理性、完整了，但一个家长听课后发表了不同意见。她认为新闻写作不是整理材料，新闻是要采访的，是对事实的记录。这几篇新闻来源不同，有浙江的、广东的、吉林的，还有黑龙江的。孩子们组合这几篇新闻里的材料，然后拼凑出一篇新的新闻，这到底算哪里的新闻？另外，广东引进了草莓新品种，不代表别的地方也引进新品种了；浙江草莓科学种植了，不代表别的地方也科学种植了。

因此，大家形成了一个共识：新闻一定要调查，一定要记录事实。

特刊《午餐论》诞生

既然要办报纸，就要抓住当下的痛点。经过简单而热烈的讨论，大家很快就决定以大家一直颇有怨言的午餐作为创刊号的主题。当时，我们学校吃的是配送的午餐，不好吃，孩子们有怨言，他们想通过这份报纸表达自己的诉求。其实，我知道他们甚至希望他们的第一期报纸能够发生实质性的作用，他们虽然觉得没有可能，但也没有完全放弃。

这是他们的“第一次”，他们来征询我的意见，我说：“你们自己决定。”

接下来他们就开始行动了，他们自己设计了调查问卷，采访了同学和老师，调查了学校周边的零食店，分头撰写了六篇新闻稿件。他们在报纸的编排上也花了功夫，配上了同学原创的漫画插图，穿插了一些直观的柱形图和饼状图。于是，2013年11月18日，以公平、公正为宗旨，以有争议的校园午餐为主题，四版八开的校园报创刊号就新鲜出炉了！

学校午餐系列报道（一）

郭淑怡

每天早早来到学校，做奥数题，写文章，背英语，做实验，上午的学习很辛苦，因此，每到中午大家的肚子就饿得咕咕叫。大家都期待着中午能有一顿美味的午餐。但这个期望貌似落空了。

我们在自己班做了个调查，发现不喜欢营养午餐的同学占了58%，而非常喜欢营养午餐的同学却一个也没有，许多同学一口饭都不吃就把午餐倒掉了。我常常听见同学们抱怨：营养午餐实在太难吃了！有23个同学认为午餐也存在安全问题。我采访了×××同学，她认为营养午餐不卫生，因为她多次发现米饭里有虫子，还尝出了有些蔬菜不太新鲜。

对营养午餐，大家提出了很多意见。×××同学觉得可以建造一个食堂，因为学校的营养午餐味道不佳，而且塑料饭盒容易破，会把油、汤滴得满地都是，塑料本身含有塑化剂，加热后也有害健康。如果建造了食堂，就不会出现这样的问题。还有同学希望在建造食堂的同时改变菜色，比如加些馒头、玉米等杂粮，或者加一些水果，适当补充一些维生素及其他营养。这样，下午的课上我们就可以提起精神，积极发言。×××同学觉得午餐可以饭多一点儿，菜式丰富一点儿，油炸的少一点儿，这样比较健康且营养均衡。

常言道："早饭吃得饱，中饭吃得好，晚饭吃得少。"我们希望能够吃到一顿真正"好"的营养午餐。

学校午餐系列报道（二）

陈家扬

中午吃学校午餐已经成了大家的"噩梦"，原因很简单——午餐不好吃！

根据本报记者对六（2）班38个人的调查，只有4个同学对学校饭菜的安全毫无顾虑，没有一个同学对学校午餐的口味十分满意。在这篇报道中，我们单谈学校午餐的安全性。

对食品安全，不只是同学，连老师都表示不大放心，我们采访的某位老师是这样说的："最重要的还是这盒菜是怎么煮的，要是放在大锅里煮那就算了。最怕他们把塑料盒子与菜一起煮！"这个问题学生没有提到，可能他们还没有想到这个层次吧。学生们提到的，都是有关菜的质量的问题。你说，做到菜里没有异物，应该是很简单的，但对"新苗"公司而言，好像很难做到。我们班的同学吃中饭时屡次吃到异物，最常见的是已经死了的小飞虫，别告诉我这虫子是菜包装好了之后，钻个洞，跳进去烫死的呀！本人也有吃到异物的经历，但我吃到的，是比小虫子危险好几倍的东西——一块小石头。这小东西磕坏牙齿后果可不堪设想啊。

关于菜的质量还有一个问题，我们需要菜中的鱼、虾、肉、蔬菜是新鲜的！本报和"新苗"公司取得联系，得知，折合一下，我们的每一顿午饭不到10元钱。根据我去菜场的调查，现在虾大概30元/斤，肉大概13元/斤，蔬菜每斤不超过10元。（以上数据是最便宜的价格）根据以上数据，把两素一荤的价格压在10元以内是很困难的。

在这里，我质疑：（1）"新苗"公司是如何制作我们的午餐的？（2）为什么老师对午餐安全毫不知情？还有，借此报纸，我想问一下我们的班主任：为什么不让我们自带饭菜？

如果你仔细读了这两则新闻，就会发现在逻辑上、语言表述上，这两则新闻都还存在很大问题，但这是一个珍贵的开端。孩子们自己非常满意，他们第一时间把报纸送到校长室，我知道他们心里的秘密，他们想看看校长的反应，他们希望自己的校长表现得比《兰德里校园报》里的那个校长好一点儿。

校长没让他们失望，看过报纸后，校长在办公室亲切会见了校园报的正、副主编，对他们的工作及报道给予了充分肯定。在校方的安排下，午餐提供方负责人专程到我们班召开了一次座谈会，听取孩子们对午餐的意见和建议，并在期末“特供”了一份试吃的午餐，大概有三周的时间。也就是说，在那三周里我们班的菜肴跟其他班是不一样的，而且每个人多了一份水果。这引起了其他班级孩子无限的“羡慕嫉妒恨”，午餐的时候，不断有人过来张望，这无疑助长了孩子们的成就感。那段时间，我发现孩子们吧唧嘴的问题非常严重，可爱的孩子们在用孩子的方式呈现自己内心的骄傲。

一份校报有了一个皆大欢喜的结果。非常感谢学校，如果没有学校的开放、包容，这群小屁孩尽管有过认真、独立的思考，付出了扎实、细致的努力，最终只是生产了一份对现实没有任何影响的“小报”。但是在所有人包括校长、家长、午餐提供方负责人等的努力下，孩子们看到了知识、理性和执行带给他们的力量，这张幼稚的“小报”一时拥有了和“大报”一样的社会影响力。如果要拔高来说，在社会痛苦转型的当下，对这些中国未来的公民来说，这堂课具有非常重要的现实意义。我们现在一直强调现代公民意识的培养与教育，强调理性与包容的社会风气的建设，但作为处于强势地位的管理方，学校和家长很多时候其实并不容易做到平等、宽容地尊重我们的孩子。

我相信，这些经历会融入孩子们作为合格社会公民的素质之中。

后续的新闻写作

后来，班里陆陆续续地出了一些特刊。

有报道空气质量的，有调查城市道路为什么一下雨就被淹掉的，有关注学校少先队代表大会提案的……孩子们在尝试用笔维护他们的权益。

这不仅仅是个写作问题。

其实，我心里也有矛盾，我是在帮助这些孩子，还是在把他们的未来推向危险的境地，他们少年时代办报“发声”，各方反应积极、包容，但长大以后呢？

怎样的文字能打动人

——“智慧树”不是一棵树

越来越多的学校重视组织学生参加公益活动。但是绝大多数公益活动都简化为捐钱、捐物的活动。最要命的是钱是孩子们伸手向父母要的，物是孩子们要求父母买的，这些钱物究竟去了哪里他们并不知道，但是他们从学校领到了公益证书，这些证书在他们评三好学生、评先进时立竿见影起到了作用，这样的捐钱、捐物活动还常常被他们写到自己的作文里。久而久之，很多人把公益等同于给予、施舍，缺乏对过程的认同和参与。

共读《星期天的巨人》

作为大人，我们其实并不清楚怎么培育孩子的善良。很多时候，我们只是把钱交给他们，然后由他们把钱塞进捐款箱。

其实，我也不能很清楚地说出怎样的帮助是好的帮助。

我推荐孩子们读一本书——《星期天的巨人》。

小男孩马克斯和爸爸妈妈住在一起，他们住在奥地利的一个小城市里。

一个周日的下午，乔纳森——马克斯的叔叔，来到了他们家。乔纳森的到来让原本平淡无奇的周日一下子变得不可思议。

乔纳森叔叔就像一个长不大的孩子，脑袋里装满了鬼点子，时常会做出一些疯狂的举动。乔纳森叔叔总能给马克斯的周日带来惊喜。

例如，乔纳森叔叔给马克斯买了一堆卡通小人，每一个小人都有名字、有身份、有故事，然后让这些卡通小人和马克斯一起看书、看电视、睡觉、旅游、聊天儿、说说每天的高兴与伤心……

例如，乔纳森叔叔和马克斯在家里搭了一个相当漂亮、柔软的“鸟窝”，当然不是用树枝，不是用烂泥，用的是床垫、床单、旧夹克、旧裤子和毛绒玩具，然后就躺在里边过夜。

例如，乔纳森叔叔在客厅里铺上一层厚一点儿的膜，然后把干沙子倒在上面，这真是够疯狂的。然后打开客厅里所有的灯，并把家里所有的台灯都放在沙子周围，打开，让沙漠变热。慢慢地，把灯一个一个关掉，安静下来，想象空无一人的宁静，想象天空的遥远，想象伸手可及的星星。

例如，乔纳森叔叔用粉笔在地板上画一样自己喜欢、自己熟悉的乐器，然后用嘴模仿出乐器的声音。如果你在地板上画一个架子鼓，那么你就要用嘴发出“洞次打次”的声音。你想象一下，如果参与的人多，你们简直就可以组织一场音乐会。

但我想跟孩子们分享的是书中的最后一个故事——乔纳森叔叔让大家陪伴埃洛。埃洛曾经是一个能够“飞翔”的杂技演员，可后来他只能躺在床上。乔纳森叔叔和马克斯一家为埃洛策划了一场特别的演出。乔纳森叔叔化身小丑，马克斯朗诵了诗，妈妈跳着缓慢的舞步为埃洛献上了红色的玫瑰，爸爸表演了纸影戏。这个下午，病房里充满了人与人之间的感情，长时间的握手，用心的拥抱，互相亲吻的温柔、欢笑……

乔纳森叔叔是想告诉我们——

帮助和礼物，应该建立在观察和聆听之上。我们要清楚对方到底需要什么。

帮助和礼物，并不局限于物质的东西，也包括分享美感、表达理解。

帮助和礼物，要用心准备。帮助可以空着手，但是不能空着心。一场倾听、一个拥抱、一句赞扬、一段祝福、一声鼓励，也能传递心意和惊喜。

…………

小朱哥哥，我们来了

我们希望看到孩子们可以参与的公益就在他们身边，是他们可以听到、看到的，是他们可以持续参与的；所有的帮助都是他们自发的、力所能及的；他们所获得的快乐不是来自别人发给他们证书，不是来自别人说他们很善良，而是看到别人的笑容有一种发自内心的满足。

于是，我们就想到了去“智慧树”。

“智慧树”是一家实体甜品店，这是上城区教育局、民政局和残联专门为杨绫子学校的特殊孩子搭建的服务社，鼓励他们自食其力、快乐生活。杨绫子学校是一所什么样的学校？它是一所培智学校，专门接收特殊儿童。也就是说，“智慧树”里的工作人员都是长大了的“特殊孩子”。

那天，我们就去“智慧树”了。这个“我们”包括我，包括班主任陆老师，包括孩子们。

这次出发，是和孩子们的约定，我们筹集了一个学期的稿费，准备在这个有着智慧的小店“挥霍”一把。揣在口袋里的是满满的自豪、满满的期待。

在路上一直说笑的孩子们，到了小店门口突然安静下来，他们意识到接下来必须调整自己的姿态，来迎接这别样的遇见。他们是兴奋的，更是紧张的。

小朱的大声欢迎，着实把孩子们震住了。小朱是“智慧树”的服务生，我相信有那么一秒钟他们在努力思考着如何应对这意外的热情。“我已经等了你们好久了。”这句话几乎是吼出来的。还有什么能比吼出来的期待更让人动容的？孩子们解释着是怎么被挑选、怎么坐车过来的，小朱挺幽默地说：“那班里剩下的同学真够惨的。”大家所有的拘谨就在这一瞬间被打破了。孩子们趴在柜台上挑选自己喜欢的甜点，他们这个也要，那个也要，恨不得把整个柜台都搬空。安静模式是从小朱哥哥算“12+10=15”那一刻再次开启的。有一个孩子忍不住报出答案，顿时遭到所有人眼神的秒杀。于是，挤在桌前陪伴哥哥算两位数加法，成为那天最漫长、最深情、最感人的等待。

每一个孩子都拿到饮料杯了，每一个纸杯上都印有那棵瘦弱但极其倔强的小树，那就是智慧树。大家捧着热乎乎的饮料在柔软的沙发上坐下，小朱也一起挤过来，聊他新发现的手机连拍功能，聊他玩的电脑游戏，聊他喜欢的足球比赛，并说起这里的生意冷清……

小朱说要把我们到访的照片放到“智慧树”的群里，我们因此备感荣幸。

每个孩子都单独与他合影，并进行自我介绍，他能用自己的幽默解读每个人的名字。最后轮到陆老师，她迫不及待地挽起小朱的手，小朱不紧不慢地说："你还没介绍自己呢。"大家都笑了。

到了要回去的时候了。

他还是那句话："你们多坐一会儿。"

我们说："下次我们还来，就约下学期吧。"

他说："下次再给我带个体育老师来。"

我们说："一定，一定！"

我们答应他，也承诺自己。

就这样，他坚持送我们到元宝街的巷口，他的手叉在口袋里的样子特别帅气。我和孩子们继续前行，纸袋和心里都装得满满的。

我们在这里遇见了一个可爱的大男孩，遇见了他的热情，遇见了他的真诚，遇见了他的快乐，更意外的是我们也遇见了自己，特别温暖，特别纯粹，特别美好。这个下午，幸运的我们尝到了智慧树上甜蜜的果实。

这个活动以后，有好几个孩子隔三差五还会去一趟，去买点儿东西，去和小朱哥哥聊聊天儿。他们慢慢体会到了公益不仅仅是捐钱、捐物，还有付出时间、付出陪伴。

感动自然就写出来了

回来以后，我这个煞风景的语文老师让他们写文章，写出自己心中的感动。这次他们并没有抵触情绪，可能在这次活动中他们切切实实有感动，写出来是很自然的事。

写之前，我们围绕感动聊了一会儿。

陆老师按捺不住，先说："我买单的时候可紧张了，4杯柚子茶加2杯牛奶，24+20在等于32、26、50、20、40、42之后，终于等于44，我手心里全是汗。"陆老师这样说的时候，全班一片欢笑。"不过，你们的表现让我感动，你们就那么安静地等待着小朱哥哥。"整个教室里的人们用安静体会着这句话。

一个孩子接着说：“我记得小朱哥哥说到他的妈妈已经去了极乐世界，他没有一丝忧伤，我羡慕他的生命里尽是快乐。我突然想到《冰河世纪》里那两只特让人羡慕的负鼠，猛犸象问它们‘你们为什么成天那么快乐’，它们的回答是：‘因为我们傻乎乎。’”教室里又响起了有节制的轻轻的笑声。

交流了一会儿，我就说：“你们开始写吧！”

智慧树温暖了我们的心

蒋一繁

太阳从云层中挤出来，和煦的阳光温暖了整个冬日的下午。

在陆老师的带领下，我们来到了元宝街的智慧树。智慧树可不是一棵树，它是一家非营利机构，是专门帮助智障青少年进行职业训练和就业的工作坊。

在路上，我们一行六人就开始聊了起来：“那儿的哥哥、姐姐到底长啥样啊？”“不会跟我们有太大的差异吧？”……

元宝街上没什么人，灰瓦白墙、古色古香的建筑，让整个社区显得格外朴素、宁静，大家不约而同地安静下来。我们仰起脖子，往前看，静静地踏入目的地。店员小朱哥哥穿着暗红色的格子衬衫，将近一米七的个头儿，从小小的门面里冲出来，高兴得像个孩子似的。他嗓门儿很大，想用最高的音量表达他的喜悦，反复说着“欢迎光临”。我们立马被他欢快的情绪感染了，逐渐兴奋起来，欢声笑语充满了整个屋子。忽然，我被柜台上那琳琅满目的点心吸引住了，乳白色的滋润的布丁、咖啡色的绒绒的泡芙、紫红色的QQ的血糯米，还有那表面光洁的小芝士，我再也挪不动脚步了。哎！我真是我们班的小吃货。

我囫囵吞枣地把芝士吃完，准备出去走走的时候，小朱哥哥突然叫住我：“你喜欢体育吗？”“当然喜欢。”我干脆利落地回答道。就这样，我和小朱哥哥像朋友一样聊开了。国足、CBA、NBA……只要跟体育有关的内容我们都能聊。我和小朱哥哥分享着彼此的喜好，我喜欢从北京首钢转会到新疆队的李根，他对新疆队的西热力江骂裁判的不理智行为发表了自己的看法……我们聊得很投机、很开心。

临走前，小朱哥哥还带领我们去了他管理的地方——智慧树的另一个区域。那个区域是个露天场所，没有遮挡物，冷风毫不顾忌地钻进来；没有空调，我们每个人都紧缩着身子，小朱哥哥看出了这一点，没有让我们久坐。我们一行人真的要走了，他有些恋恋不舍。因为我们走了，他又变得孤孤单单了，元宝街地段不是很好，智慧树又藏在巷子里面，平时生意确实冷清。

哪天你路过元宝街的时候，可以试着走进智慧树，买一份糕点，喝一杯热气腾腾的茶，如果你愿意，可以和他们聊聊天儿……真正的体贴是让人察觉不到的，他们需要关心，但不需要怜悯和施舍。

真的要走了，小朱哥哥展现了他喜欢体育的风采，让我们排成一路纵队，帮我们喊口号："一二一、一二一……"我们挥舞着双臂很认真地走着，每个人心里都笑得不行了。

凉凉的风　浓浓的情

王芷墨

元宝街上，六个身影正缓慢地移动着，小心翼翼地靠近一家冷冷清清、没什么生意但非常别致的小店，走近了看到上面写着"智慧树"三个字。

风呼呼地吹来，眼前的景象变得愈加清晰：一个大哥哥身着红袄，坐在一张椅子上盯着手机，旁边站着一位阿姨。"点什么？"大哥哥猛地一起身，椅子都快翻过去了，可见大哥哥有多么激动。当我得知自己有机会来智慧树时，也跟他一样激动，一回到家就翻出我这一年半积攒的所有稿费，真的是一大笔钱，因为我基本上每刊都中噢，小小地骄傲一下。"我带五十块钱就差不多了吧？"我问妈妈。妈妈笑着说："这是你的稿费，是你辛苦写来的，你可以自己决定，但你别忘记了，每次周记入选，都是谁帮你整理的；你一放学肚子饿了，都是谁给你准备吃的。"我立刻明白了，原来妈妈也想吃呢！还有爷爷奶奶。这么一想，还数什么数？全部带上得了，稿费加上平时的一点儿零钱，二百多，我全部带上了。

虽然店里的糕点品种跟我家边上的蛋糕店里没法儿比，但个个都很精致，我这个也想尝，那个也想吃，还要想着妈妈的口味和奶奶的爱好。可惜，陆老师说我们不能买很多，如果买很多，会让大哥哥不自在。哎，无奈之下，我只挑了几样小小的。接下来算钱，真是“very slow”，大哥哥就那么吃力地帮我算数、算数、算数……

突然不知道谁喊了一声“22块”，我们循声望去，立刻开始用眼神秒杀曹同学，谁叫他喊出了声！看得出来，大哥哥是极喜欢我们的，他跟我们聊天儿时显得特别激动，甚至拿蛋糕时下面的小盖子也会掉掉。最开心的是他跟蒋一繁聊足球，看他们俩聊得一头劲，虽然我啥也不懂，但看着大哥哥高兴，我也高兴，我们谁也不忍打断他的话头，也许不是我们来，一天都没什么人和他说说话。

陆老师努力让大哥哥相信，身边有很多人关心着他们、注意着他们，只要努力，就能跟上大家的步伐。又一阵凉风吹过，带来了浓浓的情……

让我们大家都去瞧瞧这个元宝智慧树吧！让我们大家都去尝尝这树上坠着的甜蜜果实吧！相信你也会跟我一样爱上这里，我会一去再去……你呢？约吗？

我们还有感受爱的能力吗

——如何写“我”的父亲母亲

一次，我让孩子们写一篇关于妈妈的爱的文章。

刚开始，他们觉得挺简单，但要动笔时，又觉得很难。他们知道爸爸妈妈爱自己，但就是不知道该写些什么。

抓耳挠腮，绞尽脑汁，左思右想，费尽心思……最后，很多人写了下面三件事：

妈妈带我去看病。

妈妈给我送雨伞。

妈妈陪我做作业。

天哪，难道除了这三件事，就没有其他事可以写了吗？我对他们的文章明确表示不满意。我跟所有老师一样，喜欢在学生面前唠叨以前的学生，我跟他们说，我以前支教时有个学生写的文章才叫好呢，简直就是少年版的《背影》。

为了让他们全情投入听我朗读，我开始讲述那段支教的经历。我去的是一所山村中学，学校离县城非常远，运气好的时候，倒三次车，花六个小时可以赶到。因此，如果我要一周回一趟县城的话，就意味着周日早上8点出发，挤在汽油味儿十足的中巴车里，晃荡到下午2点才能到。学校在山坡上，是一层泥砖房，墙上还留着大幅标语：农业学大寨。厕所是简陋的茅坑，为了在肮脏的环境里图个清洁，那些有脚力的初中生总是两脚踩在横槛上方便，而老教师做不到这一点，就总是拿一张废纸垫在屁股底下坐在横槛上解决内急。

那所山村中学的孩子普遍受到轻视，老师为他们树立的阶段性奋斗目标是考上普高。可就在那所山村中学里，在我支教的班上，我看到了一篇好文章，我非常喜欢这篇文章。有时候，疯狂地偏爱学生的一篇文章，是老师的应有之义。我逢人就推荐，帮助她发表。孩子们听了我的述说，有点儿不服气，有点儿嫉妒，又有点儿好奇。于是，我开始朗读。

我的父亲

父亲又受伤了，因为我。

我约父亲打羽毛球。我将球重重一击，他视力不太好，过高的球对他来说很难接。他用力将球拍举过头顶，想挡回去。没想到，一瞬间，他把头仰高了，脚发颤，突然往后退了两步，我眼睁睁地看着他的后脑勺叩在水泥地上。我不顾一切地甩开球拍，飞奔过去。

父亲努力撑起整个身子，用那粗糙的手抚着后脑勺，眼向外突着，嘴偏向一边，整个笨拙的身子似乎有一种说不出的疼。我不知所措，两手尽力想拉起父亲，但怎么也拉不动。我心急如焚略带颤抖地说："爸，快起来，快起来……"父亲一手捧着头，一手试着支起上半身，摇摇晃晃的。我笨极了，只听见父亲歪斜的嘴里重复着那几个字："还好还好……"我很想哭，但又哭不出声。奶奶出来了，一脸纵横交错的皱纹，我因为看不出她焦急、悲痛的表情而更加难过了。父亲又在回答："还好还好！"这声音仿佛在安慰我，又在安慰他自己。

父亲体力很弱，当然经不起这一摔，他用力拖过靠椅，虚弱地躺在上面，像是经历了满城风雨。

午饭时，父亲无力地咽了几口饭，我搀着父亲仍旧坐在靠椅上，父亲糊里糊涂地说着话："是耳朵在响吗？是耳朵在响吗？"我瞧了父亲一眼，父亲更憔悴了。他望着我，没有任何责怪的意思，我在这种宽容下惴惴不安。我站在父亲的身后，无意中发现他的后脑勺上有个明显的红伤疤，正在往外渗着液体。我吓呆了，用力挪动着被伤疤染红的眼神，看着慈祥的父亲。他说他觉得耳边有一种声音，他用手指挖了一下两边的耳朵，红色的两滴血印在了他瘦大的手里，我心如针刺般疼。我拿来纸，却不知怎样抹去那两滴血。父亲吐了一口痰，那痰里又是血。他怕我看了不好受，急忙用脚拖去。

父亲躺了一阵，又坐了一阵，坐着又有点儿不安，说与我到医院去瞧瞧。父女俩的脚步凌乱在风里。

到了医院，我找到了正在工作的母亲。母亲听了父亲憨厚的陈述，不住地轻声埋怨。我也在一旁听着，我望着父亲，父亲也望着我，我们竟笑了。母亲仍在责备："身体刚好得差不多，你能不能熬几天，等好了再玩！"父亲对我说："你快回去吧，很冷，我们要去杭州了。"父亲仍然慈祥地望着我，我走到了那条马路上，路上的人似乎都在望着我，唯独我在走。我没有与父亲说再见，我只是回头望了眼父亲，他仍然憨厚地笑着，仍然慈祥地望着。

这样去发现爱，是没有办法的办法

我以为孩子们听了那篇文章，会如醍醐灌顶，于是关于爱的文章会很自然地一篇篇流淌出来，可事实完全不是那么回事。他们可以被别人的文章感动，但是要让他们自己发现爱还是很难。

我们的孩子习惯了生活在舒适的环境里，什么家务都不用做，对什么事情都漫不经心，觉得家人对自己好是应该的、追着喊着喂自己吃饭是应该的、上学放学接送自己是应该的、哭的时候安慰自己是应该的、夸自己可爱是应该的……如果有谁轻慢了他们，他们就会生气，就会愤怒，没错，是愤怒。在一系列"应该"中，他们对爱的感受有些麻木了。

但是，事情也还远远没有到让人绝望的时候，只要不断地鼓励和暗示他们，过去的某些场景和事件就会让他们有所触动。

关于如何发现爱，我们也要教孩子们一些方法。于是，我跟他们说，当一个人非常爱你的时候，他往往有下面这些"症状"，你可以一一对照，看看自己的爸爸妈妈、自己的家人有没有。

"唠唠叨叨"：面对不相干的人，你的爸爸妈妈说半句话可能都嫌多。可是，在你面前，他们却成了话痨，成了《大话西游》里的唐僧。“多穿点儿衣服”“听老师话”“做作业要仔细”……一句话，一天就可以说上好几遍。当时你可能嫌烦，但这就是爱的表现。

我的唐僧妈妈

冯丞斌

我的妈妈活像一个唐僧，她天天在我耳边“念经”。听吧，她又在“念经”了。

星期天，做完了作业的我躺在软绵绵的床上看书，看书看久了就觉得无聊，心里开始惦记着电视。我在床头柜上找到了遥控器，迅速打开电视，开始津津有味地欣赏有趣的电视节目。我目不转睛地盯着电视看。啪，电视突然黑屏了。我正纳闷儿呢，下床一看，原来是妈妈把电视机的插头给拔了。妈妈又开始在我耳边“念经”了：“好孩子，再看可就近视了，看电视还不如出去玩玩，可不要跑得太远了……”我见了这场面，就像孙悟空听到了紧箍咒似的，赶紧抱头鼠窜。

我出去痛快地玩了个够，回到家，拿起水杯倒好水，正准备喝下去，不巧，被妈妈看到了，她又开始“念经”了：“别那么大口大口地喝水，喝急了肚子疼。”我一口水都喷了出来，边拿起拖把，边说：“你干吗要在我喝水的时候说话呀？害得我一口水都喷了出来。”“好孩子，我是为了你好。”妈妈苦口婆心地劝道。可我根本听不进去。

看吧，这就是我的唐僧妈妈。她“念经”的种类还有很多，比如“字太差，不行，擦掉重写”……

“谎话连篇”：做人要讲诚信，要实话实说。但如果那个人特别爱你，有时候就会忍不住说谎，当然，这谎言是善意的谎言。例如，一个妈妈对孩子说，她就喜欢吃鱼头，拼命把鱼肚子上的肉往孩子碗里夹。其实，她是在说谎。再如，一个妈妈脱下自己的衣服披在孩子身上，一个劲地说“我不冷不冷”。其实，她是在说谎……你的家人十有八九也说过这样的谎言。

妈妈的爱

李奕杉

我和我的妈妈有时简直不像一对母女，因为我们经常一起玩，一起闹，一起骑车，一起看书，有时我们也会发发小脾气、吵吵架。

那是一个下雨天，我上完英语课准备回家。原以为那天肯定会遭殃，会淋得像只落汤鸡。当我走到楼下时，却惊喜地发现妈妈骑着车在楼下等我。但是很快我便体会到了“乐极生悲”这个词语是什么意思。

因为下雨，车子在一个湿滑的转弯处打滑了，我和妈妈都重重地摔在了地上，车子也重重地砸在了地上。我还没回过神，妈妈就急忙转过身来抚摸着我的脸，一个劲地问我：“你有没有摔着，有没有哪儿疼？”豆大的雨点打在身上，妈妈把我扶起来，帮我整好雨披，又赶紧去扶车子。妈妈只是个女人，要扶起那么重的车子一定很吃力，我想上去帮忙。可妈妈一个劲地拒绝，还连连说她可以，她没事，让我好好地站在边上，别再碰着了。

我们继续上路了，大大的雨衣盖着我们，我不经意地往下一看，发现妈妈脚上划开了一道长长的口子，还隐隐地往外渗着鲜红的血。原来妈妈为了不让我担心，撒谎了。

那一刻，我感到无比后悔，妈妈每天都在为我服务，从早到晚都没歇过，为我做饭、穿衣，送我上学……她为我的一点儿成绩而开心，也为我的一点儿小毛病而担忧。可我，还要和她斗嘴、吵架，可她却从来不会因此生我的气。每次考试前她都会唠唠叨叨个不停，让我细心些，再细心些，当时我还不耐烦地嫌她啰唆个没完。现在想想，她的所作所为都是为我好哇！

母爱是无私的，我们要好好珍惜！

“偷偷摸摸”：一个人做事，要光明正大。但如果那个人特别爱你，有时做事就会“偷偷摸摸”。例如，晚上“偷偷摸摸”地给你盖棉被、“偷偷”地在你的面里多放一个荷包蛋、“偷偷”地把虾皮磨成粉放进菜里……你的家人做过这样“偷偷摸摸”的事吗？

虾 皮

俞沛吉

我一向讨厌吃虾皮。虽说虾皮很有营养，但我就是受不了那股海鲜的味道，觉得特别刺鼻，一吃就难受，就想吐，好像吃了毒药似的。

因为虾皮中含有很多微量元素、维生素B之类的东西，我们家的大厨——奶奶就想尽办法让我吃虾皮，哪怕是一点点也好。这不，奶奶眼睛一亮，想出了一个办法，开始找起擀面杖来。

晚饭开始了，一盘盘香喷喷、热气腾腾的饭菜被端上桌来，其中有我最喜欢的番茄蛋汤。以前碰到这东西，我不喝上三碗不罢休。但是这天，我喝了一小口，就感觉到了一种海鲜的味道，好像是海鲜番茄蛋汤似的。奶奶在番茄蛋汤里放的是什么呢？我努力在脑海里搜索着，不过几秒钟就想到了令我难受、恶心的虾皮。可是平常虾皮出现在碗里，一认就认出来了。但是今天却没有虾皮的踪影，是虾皮“隐身”了呢，还是不小心用了烫过虾皮的水了呢？……我心里有了一个问号。反正，是虾皮在捣乱。我便把那碗番茄蛋汤远远地丢在一边，不理它，开始吃饭。

没有番茄蛋汤的晚饭毫无生色。我只能一口一口地慢吞吞地吃着饭和菜。奶奶看了，诧异地问道：“今天怎么不喝番茄蛋汤了？”我生气地淡淡地回了一句“有虾皮味”，便走开了。

过了好几天，我才知道，奶奶在那天的番茄蛋汤里加了虾皮粉。这个虾皮粉呢，则是奶奶用擀面杖将虾皮磨碎而成的，又花力气又花时间。奶奶这么辛苦的劳动成果，最终就这样被我化为乌有了。我感到有点儿对不起奶奶。

“自相矛盾”：一个人做事，要言行一致，前后统一。但如果那个人特别爱你，就会做一些“自相矛盾”的事。例如，一个爸爸让孩子自己去理发，希望孩子学会独立，但是又忍不住悄悄跟在身后。再如，一个爸爸忘性特别大，丢三落四，可是他答应孩子的事总是记得清清楚楚，从不食言。你的家人做过这样“自相矛盾”的事吗？

黑暗中的身影

戴豪泽

在我的印象中，父亲并不关心我。

这天晚上，我觉得头发有点儿乱、有点儿长，想去理一下。我本来想叫上妈妈陪我去，可她却说要洗衣服、拖地板，根本忙不过来，还很不高兴地说："你已这么大了，自己去！"我顿时哑口无言，只好去叫爸爸，但他好像和妈妈商量好了一样，也说很忙。我非常不甘心，不情愿地嘟囔着："明明你就在看电视嘛，说什么忙不忙的，哼！我就自己一个人去了！"

晚上外面挺可怕的，漆黑一片。"这是什么父母哇！"我慌乱地走着，有些伤心。而且，我总觉得身后像有人跟着似的，可我一转头却只能看见被黑暗笼罩的小区。在胆战心惊中，终于来到了灯火通明、灯光闪烁的理发店，我忍不住回头再看，仍是空无一人。理发的时候，我也心不在焉，以前理发时，爸爸总是坐在旁边的沙发上等我，他埋头看报，时不时地探出头来望一眼。理完发，结了账，我就回家了。但那种有人跟着我的感觉并未消失，我又转头看去，但还是一无所获。那个人仿佛会隐身，每当我转过头时，他就会立刻消失得无影无踪；那个人仿佛会穿越异次元空间，每当我转过头时，他就会躲进去；那个人又仿佛会飞，就像超人一样，每当我转过头时，他就会飞上天躲起来……

当我回到家时，才知道，原来是爸爸一直在跟着我，并不是什么超人，也不是什么会穿越时空的怪人，更不是什么会隐身的人。那个黑暗中的影子，就是我的爸爸。

"标准不一"：一个人做事，要一视同仁，标准统一。但如果那个人特别爱你，就会做一些"标准不一"的事。例如，一个妈妈带孩子去看病，一路上让孩子吃带鱼或肉末炒雪里蕻，自己则啃馒头夹咸菜。再如，一个爷爷送孙子上学坐公交车，自己回去时却走路。你的家人做过这样"标准不一"的事吗？

一碗热汤面

陈彦达

双休日，我有几个兴趣班要上，经常都要急急忙忙地吃一顿饭，甚至有时只能吃一个小小的干巴巴的包子。

为了让我安心吃饭，妈妈都会提前为我准备“工作餐”，再去接我回来。因为我从小就比较爱吃香肠，所以她经常为我放一根到餐盒里。有一天我下课后回到家，一看妈妈已经为我准备了香喷喷的热汤面，可是里面没有香肠，就随口问了一句：“妈妈，有香肠吗？”妈妈这才记起来，打开冰箱一看，发现家里没有香肠了。妈妈轻声对我说：“彦达，你在家里等一下，我去外面买香肠。”话音刚落下，她便穿着一件蓝色的大衣走出家，轻轻关上门。我目送着妈妈，心里十分后悔，早知就不吃香肠了，还让妈妈跑出去买，哎！可后悔也没有办法呀，只好在家静静地待着。

没多久，妈妈急匆匆地回到家，看到我的面已经有些糊了，就重新烧了一碗新的，加入了一点儿蔬菜、鸡蛋、虾干，再把煎好的香肠放在面条上，端到我面前。一碗香喷喷的热汤面放在桌上，我用筷子夹起香肠，问妈妈：“你要不要？”可是她摇摇头对我说：“你快吃吧，不然面条就糊了。”

我吃着妈妈精心为我准备的热汤面，心里一阵感动。我抬起头望着妈妈的面，因为时间长了，面已经变得更加糊了，并且里面只有鸡蛋和蔬菜，可是妈妈还是津津有味地吃了下去，而我的面条却十分丰富，有鸡蛋、青菜、虾干和那美味的、充满爱心的香肠。

吃完了面条，妈妈骑着电瓶车带着我直奔少年宫。两旁的大树上随风落下几片金黄的枯叶，我回想起吃饭的场景，心里久久不能平静。

来到了兴趣班，我静静地看着妈妈的背影从混乱的人群中慢慢消失。

“一意孤行”：一个人做事，有时要急流勇退。但如果那个人特别爱你，就会做一些“一意孤行”的事。例如，一个爸爸说要带孩子去看映山红，就漫山遍野地找映山红，不找到不罢休。又如，一个爸爸为了给孩子买他想要的书，跑了好几家书店。再如，一个妈妈为了示范什么叫“坚持”，坚持绣了三年十字绣，最终绣出了气势恢宏的作品。

寻找映山红

王佳宁

还记得小的时候，我们全家一起去台州上坟，一路上，爸爸很兴奋地说起，老家的山上一到清明漫山遍野都是美丽的映山红，我很期待能早点儿到，亲眼看看爸爸描述的那一片火红的花海。

可是到了目的地，看到了那座山，却见不到爸爸说的花海，连一片红花瓣也望不见，我有些失望。可爸爸却一直坚持说：“快到了，到了山顶就能见着了！”其实，在我心里，有没有映山红花并不重要，能拉着爸爸的手，听爸爸温柔地跟我絮叨他小时候如何调皮、捣蛋的故事，已经非常有趣了。就这样，一会儿挽着爸爸的胳膊，一会儿牵着爸爸的大手，一会儿跳到爸爸的背上，我们到了山顶。

虽然没有映山红有点儿小遗憾，但登高望远的喜悦还是有的，一会儿时间，我便和表姐、表弟们玩开了，不经意间，我瞥见了对面的山头上，似乎有个人影在费力地向上攀爬着。因为山坡几乎是垂直的，那个人每爬一步前，都会小心翼翼地伸出一条手臂，先拉一拉上方可以够着的粗树枝，确认牢固后，便紧紧地拽着，再伸出另一条手臂扒住泥土，同时一条腿迅速找准一个踩点，用力再将另一条腿送上，就这样，一点点地挪动着。足足有30分钟的时间，我愣在那里，身体早已被寒风吹得瑟瑟发抖，但我却丝毫没有冷的感觉，只是直直地看着那个人。那是我的爸爸，为了兑现他的承诺——给我看火红的映山红花，天生没有运动细胞的他，竟然如此地冒险……我真不敢往下想，如果一不小心脚踩空了，或者手上拽着的树枝断了，那我的爸爸……

看着远处走来的爸爸，我冲上去扑进他的怀里，紧紧地搂着他，他却像啥事也没有发生过一样，只是对我笑着说：“你看，映山红。山那头很多，我随便折了几枝回来。”爸爸不知道我看到了他，我想永远把这个小秘密保存在心里，作为永远的回忆。

真正的技巧，是用心感受

这个作文课程结束后，孩子们写出了许多好文章。但我心里总是不舒服。

我知道真正的技巧是用心去感受，身边美好的事情，只要用心感受，就会发现时刻都有、到处都是。比如，圣诞节去购物，恰好在超市门口发现了一个停车位，高兴极了；穿起旧衣服，摸摸口袋，发现了50元钱，好开心；去超市，发现喜欢的零食在搞促销，感觉妙极了；刚到楼下，电梯就来了，好像专门迎接我，心里很欢喜。事实上，我们周围一直都有美好的事情，只是我们没有用心去发现而已。

是的，要用心感受生活，不是用我前面提及的那些“类型”去衡量爸爸妈妈是否爱自己，即使它们暂时管用，也是过渡性的。

正当我期盼孩子们用心写出关于爱的文章的时候，文章就来了。看来，有些东西只能耐心等待。

我的爷爷奶奶

王芷墨

我的爷爷奶奶普普通通，要不是他们的孙女——我，他们本来可以住老家那栋有整整三层楼的别墅，可是他们没有住；他们本来可以过得悠闲自在，可是他们没有自得其乐；他们本来可以和那边的老人不顾时间地谈笑，可是他们同样没有。

其实，我的爷爷奶奶是因为我的降生，才花了所有积蓄建了那栋房子。可是我的爸爸妈妈坚持要我接受好的教育，接触好的老师，所以不想把我留在那个景色优美、环境良好、非常宁静的小村落，而是选择了景色还行、空气污染严重、非常吵闹，但是可以让我成为一个有用的人的城市。我心里说不出是乐意还是不乐意。

每当我寒暑假回到那个生了我的风水宝地时，我内心都有种说不出的感觉，总认为爷爷奶奶额头上的皱纹里藏着一些我还不理解的东西，藏着一些至今都需要我去探索的东西。

每次回到老家，我都会到那条叫“落花河”的小溪边去摸鱼，奶奶总会和爷爷一起拿着我那小小的网子和桶，在岸边焦急地盯着我。其实，他们没有必要那么紧张，因为就算我到了最深处，那里的水也只齐我的小腿肚。可他们的眼神却让我的心里激起一股暖流。

记得那次，我吵着要去屋后面的竹林里玩，奶奶不放心地看着我，看得我感觉有一千只蚂蚁在身上爬，但最终奶奶还是让我去了。我高高兴兴地带上挖泥工具，哼着小曲一路蹦着跳着去竹林了。我刚走进竹林不一会儿，就突然感觉有人正跟着我，回头一看，原来是爷爷！看我发现了他，他心虚地蹲在一株嫩笋边，被我盯得很不自在，他结结巴巴地说：“呃……呃……就是……我来看……看……这个季……节的笋，你……你玩你的吧！”我奇怪极了，心里怎么也想不出个头绪。我问奶奶能不能来竹林玩的时候，爷爷并不在家呀！真是巧遇？那为什么爷爷说话会结结巴巴呢？搞不明白的我，转身从爷爷身边走过，而这时爷爷也起身跟着我回家。一看到奶奶舒了一口气的那个表情，我一下子就明白了。

我有一对非常普通的爷爷奶奶，我想也是大家都希望有的、跟自己非常非常亲的爷爷奶奶。

多写点儿研究报告

——一周在研究

很多文章说，从小学开始，美国的孩子就已经学会了“老师布置课题——学生分组分解课题——分头研究子课题——自行阅读延伸材料和参考教材——小组开会总结、提炼观点——修正原始课题和观点——补充材料——撰写报告——修正报告——提交作业”的研究性写作。

很多文章说，中国孩子与美国孩子写作上的差别是写作时长与耐力的差别。美国孩子可以根据特定写作任务进行长时间（一周或一个月）的大论文写作，而中国的小学生似乎更擅长快速完成短时间的基础性写作。

因为没有实地考察过，我没法儿确认美国的小孩子是不是研究性写作能力特别强。但不管别人如何，我内心是认同小学生要多练习研究性写作的。不能否认，我们的孩子没被要求进行长时间写作和研究性写作，他们写得最多的是记叙文和散文。

选题是一项重大考验

2010年，我来到杭州的一所学校教书。学校的综合实践活动——走近西湖是经过精心策划的，但我发现孩子们对这个活动并没有什么热情，因为他们的研究是被规定了的，比如四年级研究“西湖的由来”、五年级研究“西湖的楹联”、六年级研究“西湖的桥”，从四年级一直规定到六年级，层层递进。孩子们好不容易有机会体验一下不同于学科学习的研究，结果，连研究内容都没有机会选择，这实在是很令人丧气的。

那让孩子们研究什么呢？研究他们想研究的呗。如果真的尊重他们的选择，有时候他们会选择一些社会热点问题，比如雾霾、二孩政策、校园霸凌……他们不怕触碰这些现实的敏感话题。反而是我们老师，经常想不到或者有意回避这些话题，为什么呢？这是因为许多老师都只生活在学校中，而没有作为一个市民生活在社会中。

我更希望自己作为一个市民生活在社会中。这样，可以跟孩子们一起研究的课题就会堆积如山，比如环境问题、福利问题、歧视问题等。

我跟孩子们说，我们的研究要玩真的，要研究就研究一下大人都不敢研究的。于是他们选择研究雾霾，研究杭州的空气质量。

可真正做起来，就会发现困难重重。为了让研究顺利开展，我们需要许多支持。

第一个支持就是时间。我们实施的是分科课程，时间都被分割成20分钟、40分钟，每一个时间段都有明确的安排。因此，首先要想办法聚集时间。学校还是很有魄力的，果断采用“灵动课表”，就是在那一周里，下午都不按课表上课，孩子们一下子拥有了五个半天，这是非常奢侈的。在这五个半天里，孩子们可以围绕自己的选题策划做方案、外出调查访谈、写研究报告、分享……聚集时间就意味着聚集精力，聚集精力就意味着研究范围可以扩大，体验可以深入，过程可以展开。

第二个支持就是资源。研究是需要资源的，在成熟的教育社会，个人、场馆、机构、企业、商店都很愿意为孩子们提供研究资源。例如，我们研究空气质量，就需要专业的测量仪器，就希望有医院呼吸科的医生配合我们的访谈，就想到有关机构做调查……事实上，在我们这个人情社会里，这些愿望会经常落空，研究行动会屡屡碰壁。因此我们就通过家长汇集资源。我向家长发意见征集信，当你想做的事情取得家长的信任时，家长是很愿意提供相关资源的，有的家长反馈他认识某个名人，有的家长在某个场馆工作，有的家长可以联系某个机构，有的家长可以提供一些仪器，有的家长报名当志愿者……

在这次研究PM2.5的过程中，一位妈妈为我们提供了空气检测仪，这个仪器不是PM2.5检测仪，用这个仪器检测空气中的颗粒物，数值小于0.03为正常，大于0.03说明颗粒物较多，有污染。我们分别到校园里、马路边、西湖边三个地方测量，测出来的数值分别是0.06、0.09、0.04，都在0.03以上，说明空气有污染。后来，一位爸爸知道我们在做这方面的研究，就帮助我们用专业的PM2.5检测仪检测，因为他在气象局工作。如果没有这些资源，我们的研究就会受阻。

一定要写规范、严谨的论文吗

我们的第一个研究结果，是杭州在过去的一个月内，空气质量相当糟糕。

我们找到了相关网站，竟发现了一个惊人的事实，那就是在这一个月里，杭州空气质量竟有29天是不合格的，其中28号是重度污染，情况非常糟糕。我们找医生做调查。因为呼吸道感染与空气污染有很大关系，由于一名学生的父母都是医生，所以我们请他去问父母，了解到的情况让我们大吃一惊。在这一个月里，他们所在的医院每天呼吸道门诊量平均是520人。我们初步算了一下，一个医生一天平均看150多个病人。这个门诊量几乎是此前的3倍，可见这个月的空气确实不好。

我们的第二个研究结果，是人们对PM2.5的关注度确实不高。我们对回收的有效问卷进行了梳理，发现，知道PM2.5的人占少数，其中大部分人年龄都在40—50岁，基本上是通过报纸了解到的。但是这些人中，不少人对PM2.5有误解，例如，有的人误以为PM2.5是空气中的一种有害元素。

我们有自己的研究结果，但我们更看重研究过程中的收获。现在很多部门会组织小学生研究性学习成果评比，这些评比更看重研究报告的格式，暗示小学生的研究报告往成人的研究报告靠拢，因此我带领孩子们最后形成的研究报告总是获不了奖，因为我更看重让他们梳理研究过程中内心真实的想法。

我们对回收的有效问卷进行了梳理，发现，知道PM2.5的人占少数，其中大部分人年龄都在40—50岁，他们基本上通过报纸来了解新闻。虽说他们知道，但还是非常不了解，有的还误以为PM2.5是空气中的一种有害元素。

不知道PM 2.5的人占大多数，有63%，以20—29岁的年轻人为主。不了解PM2.5的原因集中在三个方面，依次为：(1) 工作实在是太忙了，压力太大，没时间去看。(2) 没兴趣。(3) 这是政府的事，关注也没用。

对这个结果，我们和蒋老师做过进一步讨论、分析，我们认为大家不关注PM2.5的深层次原因，有三点：(1) 大部分人生活压力很大，无暇顾及生活品质。(2) 这个社会是高度娱乐化社会。很多年轻人不关注时事新闻，只关注娱乐新闻。他们太八卦了，今天谁谁感冒了，明天谁谁怀孕了，时间都花在关注这些事情上。(3) 大家还没有关注公共空间环境卫生的意识。另外，政府的公信力也比较低，很多人认为自己是个小老百姓，自己的意见政府根本不会理。

上面这几段话节选自我的学生撰写的研究报告，语言还不是很准确，有的地方用的甚至是讨论时的口语，逻辑也不是很严密，更没有各种图表数据分析，但我觉得这对小学生来说已经够了，看到他们真实的思考才是最重要的。

我们的孩子甚至以记者的身份写了一则报道。这则报道后来经过真记者的修改，刊登在报纸上。但当时这则报道参加小学生研究性学习成果评比，初选时就被枪毙了。

小组15人中有7人是过敏性体质，
原来都是空气惹的祸呀！

组员仇行健告诉记者，在测量之前，大家对PM2.5并不了解，有人连听都没听到过："第一次听到这个词，觉得离自己很遥远。"在调查了一些资料和数据之后，仇行健发现，PM2.5就是细颗粒物，会对呼吸系统和心血管系统造成伤害，比如让人咳嗽哇，呼吸困难哪，加重哮喘哪等。

仇行健的话提醒了其他组员，有人立刻跳出来说："怪不得我们现在得哮喘以及过敏性体质的人这么多呀！"于是，组员们顺势在现场就做了一次调查，结果发现15人中，竟然就有1人患有哮喘，7人是过敏性体质（主要是鼻敏感和尘螨过敏）。这个结果让组员们大吃一惊，原来，都是空气惹的祸呀！

整整一星期，下午不上课！

天长小学让学生走出校门，搞了54项独立调查走遍大街小巷的孩子们，一个个都有点儿小专家的范儿了。

"你知道PM2.5吗？"

天长小学五（2）班的莫佳绮见到记者，第一句话就问了这个问题。看到记者点头之后，她又继续问："你想不想知道你每天经过的中河高架边上，PM2.5的值是多少？"记者又狠狠地点了头。原来，莫佳绮所在的研究小组正在进行一项调查，内容是关于杭州空气质量的。为了让研究更准确、更专业，15名组员都做了认真、翔实的前期调查，于是，一个个都有点儿小专家的范儿了。

其实，不仅仅是莫佳绮所在的小组，这一周，天长小学三到六年级的学生下午统统不上课，来到杭城的大街小巷进行各项调查研究。天长小学副校长蒋军晶拿给记者一张项目单，里面的内容五花八门，涵盖了杭州人民的吃穿住行：走进杭州的消防、走进收藏家和传统书画、赏析茶文化、采访全国眼科权威、西湖边的独立书店、采访乒乓球冠军、公共自行车对杭州的影响、将近失传的老技能……记者数了一下，一共有54项，每项由一位老师带队。

"孩子们走出教室学到的东西也许不能体现在考卷中，但一定会体现在他们的成长中。"蒋老师说。

蒋老师说，跟着孩子们做研究，自己也长知识了，为什么现在得癌症、不孕不育的人那么多？其实，和我们的环境有很大关系。"有毒物质吸附在细微颗粒中被我们吸进身体里，如果是致癌物，长期吸入会导致人体得癌症；如果是有机污染物，长期吸入有可能产生生育生殖系统的毒性作用。”蒋老师说，这些信息都是孩子们查阅资料和报道整理出来的。

一场雨让空气质量变好了，
车流量最大的中河高架旁
粉尘浓度也只有0.09毫克/立方米

小组成员向环保部门借来一台数字粉尘仪，它虽然不能测量PM2.5的值，但能测量空气中粉尘的浓度。经过讨论，同学们选定了三个地点：教室里、高架桥附近和西湖边。教室是第二个家，我们每天都在这里生活、学习；中河高架附近从早到晚都有很大的车流量，比较典型；远离喧嚣的马路，景区里空气会不会好一点儿？抱着这一疑问，大家开始行动了。

昨天下午1点，首先在教室里进行了测量。郑儒佑一边打开仪器一边讲解步骤，先将数据清零，然后预热三分钟，接着把下面的开关打开，仪器就开始吸空气了，这个时候，仪表上的数据开始跳动，从0.03跳到了0.06。检测完毕之后，数据停留在了0.06。郑儒佑解释道，这就表明教室里的粉尘浓度是0.06毫克/立方米。

接着来到中河高架和庆春路的交叉口，同学们站在马路边的人行道上得出的数据是0.09毫克/立方米。这让大家非常欣喜。之前有同学了解到，宾馆里粉尘浓度的标准是0.20毫克/立方米以内。室外能有这个数据，应该是非常好的了。“可能是因为刚刚下了一场雨，空气瞬间就变好了！”有同学说，前几天从高架桥上去滨江，一路上灰蒙蒙的，都看不见江对岸的房子。“太可怕了，空气质量太差了！”

那么景区的空气质量如何呢？大家又步行来到西湖边的湖滨路上，挑选了一个空旷的地方开始测量，所有人都紧紧围着粉尘仪，只见数字跳到了0.06。“不错，看来和我们教室一样啊！”

PM2.5是什么？路人一问三不知

PM2.5早在一年前就成了年度热词，在网络上引发了无穷尽的口水仗，成为公共事件。然而，我们的市民又有多少人在真正关注这个事呢？为了了解杭州市民的关注情况，小组成员们设计了调查问卷，在各大商场、街道随机采访调查。

昨天下午，街头随机调查陷入了困境，也许是因为天气比较冷，原本预计会比较热闹的湖滨路一带，行人也少得可怜，十几分钟过去了，调查数量停留在个位数。于是大家转战到附近的几家大型商场和写字楼，结果，都是刚一进门就被拦住了，工作人员上前询问之后，表示“需要事先联系才能进去”。几位小组长不愿放弃，继续说服工作人员，可是，最终都没有成功。吃了闭门羹，孩子们显得有些失落：“我们只是想去做个问卷调查，为什么不能进去呢？”大家只好去一些分散的小店做调查。

半个小时的随机采访下来，结果让大家很意外：“大部分人都说没有听过PM2.5，只有几个大学生说知道。”不过，这样的结果也在孩子们的预料之中：“我们采访了几家做生意的小店，他们每天忙于生计，可能考虑的都是经济方面的问题，没那么多精力关注空气质量。”对几家酒店的调查结果倒是让大家挺欣慰。“也许是因为酒店本来就有这方面的卫生要求，他们会比较关注吧！”

调查还在继续，孩子们说，希望最终得出的调查报告，能让更多人关注周围环境，这关系到我们每一个人的健康。

研究性学习要普及，路还很长

我总是想知道，在国外，小学生每周是否都有固定的时间外出研究，或者说，他们每周是否都有固定的时间开展研究性学习和综合实践活动。我去过美国、芬兰、日本，看过一些学校的课表，他们好像也不是整天都在做研究，更不是经常到校外去做调查。可能是我孤陋寡闻，所看的不全面。

即使国外是这样的，我们目前也还做不到，为什么？

1．我们老师自己从小到大接受的基本是分科教学，突然要担任综合课程的设计者、引领者，心有余而力不足。

2．密集的知识测查，让老师和学生都把学科学习放在首要位置，并且还学得挺累。

3．我们的班额相对于国外来说还是太大。一对家长带一个孩子出去都头疼，一个老师带40—50个孩子出去安全隐患太大。

4．我们的企业、机构、个人等还没有为孩子的社会实践提供资源的意识。因此，我们的孩子有了很好的选题，想找单位调查，想找个人访问，总是屡屡碰壁。

综合实践活动课，在我看来，本是一门最能体现学习本质、最能培养学生综合能力的课，但是，很多时候却成为最忽悠学生、最浪费学生时间的一门课，唯一可取的就是让师生休闲了一下。

然而，即使困难这么多，我们也还是可以慢慢做起来。我得再说一个真实的案例。

一天，我的语文课上的是小说《景阳冈》。说实话，我上得挺过瘾的。孩子们在阅读中发现了武松的倔强、武松的粗中有细、武松的智勇双全……我以为课会像以往一样圆满结束，结果一个孩子站起来问道："武松赤手空拳真的能把老虎打死吗？"

很多时候就是这样，没人问时，大家都忘了在课堂上还可以提问；一旦有人开了个头，大家又发现老师不反感、没制止，于是就来劲了，全都跟上来了。

有的说要考察一下老虎的品种，在他们印象中华南虎的个头儿比东北虎小很多。

有的说要比较一下人和动物的肌肉密度、运动速度。

有的说要了解一下武松当时处在怎样的环境中，如果环境比较空旷，武松再厉害也没用。

…………

反正那节课之后的几天，大家都很忙碌，上百度，上知乎……然后鼓捣出一篇文章——《论武松打死老虎的可能性》。

这不就是研究性写作吗？

现在杂志上、研讨会上到处都流传着综合性学习与学科学习有什么不同、与学科学习有什么联系这样的抽象的议论。其实，如果综合性学习和学科学习都能有效组织的话，是看不出两者的太大区别的。

因此，尽管我们主要实施学科课程，但如果你想让孩子们适当地写一些研究性作文，完全是有可能的。

比写作技巧
更重要的

一 二 三

好作文和好的考试作文

我必须说实话，现在教语文变得越来越没意思。

现在的语文课为什么没意思？就像一位我尊敬的老师所说的，因为现在的小学已经没有独立地位，只是升学流水线上的一个环节。应试的教育方式在不断下移，以至于很多人开玩笑说，人生的幸福主要在两个阶段——小学三年级以前和退休以后。实际上，在有些城市，这种说法都有点儿乐观了，现在很多一二年级的孩子双休日都在上学科类的培训班。

应试就应试吧，反正全世界都在考试。可惜我们的试卷出题方向、方式几十年来改变微弱。我们的试卷极其迷恋知识，迷恋到了畸形的地步，于是出现了“猪八戒的铁耙上有几颗钉子”这样让人啼笑皆非的题目。我们的试卷在考“看拼音写词语”“选择正确的读音”“按课文内容填空”，就是那些貌似应该考能力的“阅读理解”，最终都可以转化为记忆和背诵。

上面所说的两点会直接影响我们语文老师的每一堂课。还有教育行政化管理方式、家长的焦虑、教师的量化考核等很多因素会推波助澜，直接把老师给绑架了，老师成了转运知识的简单机器。

因此，我们在教室里主要还是背作者，背作者的字、号、笔名、所在国家、生活年代……

我们在教室里主要还是讲近义词、反义词、多音字、ABB、ABAC、把字句、被字句……

我们在教室里主要还是讲中心思想，讲“揭露了”“批判了”“赞美了”“歌颂了”……

我们在教室里主要还是拼命“控制”，讲“坐端正“静一静”“听我讲”“背下来”……

不是说不要知识，不要“听话”了，如果教育主要是灌输知识，不说其他道理了，那么上课多没意思，多没劲哪。

或许有人会说：“你言过其实了吧？我们在杂志里、在公开课上，经常可以看到理想的课堂、充满生命活力的课堂啊。”如果你真这样想，我就只能“呵呵”了。请你看看现在年轻人的微信朋友圈，他们在朋友圈里晒旅行、流浪、听民谣、学钢琴、学插花，你真的相信他们都过上了亢奋的文艺生活了吗？实际上，他们的生活常态可能是加班、孤独、苟且、麻木的忙碌，根本不知道诗和远方在哪里。

你不要简单地认为我是在发牢骚。再说，发牢骚也不是散播负能量，发牢骚本身也是提建设性意见，发牢骚是因为看到了问题。发发牢骚并不妨碍我们往前走，尽管抬头一看前方路漫漫兮，但我们还是会上路，不会停下脚步。相反，我经常看到那些习惯唱高调与赞歌的人，原地踏步，裹足不前。

我希望像山姆一样抛开分数

现在回到教写作。关于教写作，我希望自己像山姆一样把分数抛开。

关于山姆是怎样教作文的，在下文中我会具体论述，这里先做一个简单介绍。

2011年，《我是一支爱写作的铅笔》繁体中文版在台湾出版，作者是山姆·史沃普。

山姆·史沃普很诚实地描述了自己当老师以前的身份和生活状态。他是童书作家，出的书不多，我们能在百度上搜索到的，只有《住在自由街的阿拉布里人》《克拉奇》等两三本而已，到目前为止它们还没有中译本。而且，在决定给小孩子教作文的那段时间里，他已经很长时间没有写作了，有点儿江郎才尽的感觉。当然，我们不能以此判定山姆·史沃普的文学水准，很多伟大的作家作品也不多，很多时候写作上不入潮流，等于获得了大自由。但是，从传播面和影响力这两个角度看，山姆·史沃普在美国也就是个二流童书作家，当然，这话说得有些刻薄了。

“无心插柳柳成荫。”一次偶然的机会，史沃普在美国纽约皇后区的一所小学开办写作工作坊。这是个极大的挑战，因为这个班里的学生来自世界各地，28个小朋友来自21个不同的国家，说着11种不同的母语。他在《我是一支爱写作的铅笔》中记录了这段与孩子们一起成长的难忘的日子。令人没想到的是,《我是一支爱写作的铅笔》竟然产生了世界级的影响力。

2011年台湾出版《我是一支爱写作的铅笔》这本书的中文繁体版，推广人急于证明山姆·史沃普在教写作方面是很有一套的，这种迫不及待在书名、序言、推荐语中都能感觉到。这本书的英文名是“I Am a Pencil”，很显然，中文译名中的“爱写作”是加上去的。封面上的照片也很显眼，一个金发碧眼的小女孩拿着一支铅笔，满面笑容，似乎在享受写作。这样的画面在生活中几乎难以看到。序言作者李伟文写道：“写作的确非常重要，可是我们的孩子为什么每到作文课就唉声叹气，提笔有千斤重呢？”这个问题似乎在暗示每一个焦虑的老师和家长，在这本书里能找到答案——山姆有一套可以复制的方法，这套方法可以迅速点燃孩子的写作热情，提高孩子的写作能力。

那么，山姆的学生到底写得怎么样呢？一次山姆鼓励学生给他写信。拉斐尔是这样写的。

亲爱的山姆·史沃普：

我的生活并不快乐，就是你妈叫你做事然后你头很痛然后做功课然后听奥坎说很难听的笑话然后当妈妈、姐姐和妹妹一起玩的时候你肚子很饿。我受不了了。

你的小老弟拉斐尔

面对这封短得离谱、连断句都不会的信，很多人的第一反应是这是一个疏懒的、有写作障碍的孩子写的。这个孩子写这封信时，山姆已经教了他一年，一年的写作课在技术上对他似乎没有任何帮助。《我是一支爱写作的铅笔》里的大量学生习作，都是这样的，很一般，放到我们的考试系统里，用我们的评分标准来衡量，最多得个60分，那还是阅卷老师手下留情了。在《我是一支爱写作的铅笔》这本书里，各个角落都有孩子们的习作，这些习作在很多参照系里不值一提，但山姆却把它们当宝。

在以分数论英雄的中国，山姆几乎不可能成为一个典范，因为没有说服力。大家骨子里认为学会如何应付考试，是素质教育的重要内容。牺牲学习成绩来对抗教育体制，实际上是最大的不负责任。在中国，被誉为教育家的老师、被誉为改革先锋的学校，共同点是学生考试很牛。大家向他们学习，往往都说是去学理念的，实际上是去看考试的。就像大家去看《少年派的奇幻漂流》，都说去看上帝，实际上是去看鲸鱼的。

然而，山姆从来没有考虑过要把孩子们的习作拿出来和其他同龄孩子的作文比个高下，他一向认为作文考试是很可笑、很荒谬的。不比较倒不是因为害怕，而是因为他认为孩子的优秀不需要通过比较来证明。山姆自己觉得这些孩子的作品很棒，他总是对孩子说："你写得很棒。"他总是对孩子的父母说："你的孩子写作很棒。"一次，他又对菲蒂玛这样说道："你这个作业写得很棒。"菲蒂玛对山姆的赞许嗤之以鼻："你对每个人都这样说。"山姆的赞美受到孩子质疑，还好，这只是一个孩子悄悄的质疑，在中国，或许就是家长、领导公开的质疑：孩子的作文都被扣了10分，你还说他很棒！但是，山姆的赞美是由衷的。这我能感受到，山姆在书中写道，在做作文老师的第一年里，他经常期待着给孩子们上课，课后他又激动地把孩子们的习作带回家里，批改前，他会先放点儿音乐，让自己舒服地坐在沙发里，泡上一杯咖啡。他搞得很仪式化，他是带着一种小心翼翼的珍惜的态度去批改作文的。或者说，他根本不是批改，他是欣赏，他是借此走进28颗心灵。山姆的这种珍惜和欣赏是骨子里的，这种骨子里的东西决定了他作为一个老师的价值。这种价值就是山姆的眼睛里是人，他认为写作是完善人的一条途径。

然而，山姆这次来到中国，还是有人忍不住直接问他："美国的孩子不需要考试吗？您教的孩子考试怎样？作文得分高吗？"

山姆笑了一笑回答："作文可以分为两类，一类是好作文，一类是好的考试作文。我只教如何写好作文。"

我焦虑，但又做不到那样教写作

马上就要期末考试了，我又变得焦虑起来。

从我当老师那一天起，我就没有做到过这样一件事——把考试这玩意儿踩在脚底下。我不是山姆，我一直在努力做这样的平衡：孩子们既可以写出好作文，又可以写出好的考试作文。

可是，我发现以前我还能应付，现在越来越难做到了。我连年轻老师的步伐都跟不上了。现在的年轻老师，在高压之下，一年内就可以速成为一个应试高手——读书的时候自己应试，做老师的时候就帮助学生应试。不过，这个过程没有想象的那么简单，往往混合着焦虑、泪水、彷徨、妥协……

应试有应试的路径，现在很多人开始教以下写作技巧。

六年级作文的七大高分技巧：

1. 作文成绩看字迹，得分要素是第一。

2. 考试作文五六段，干净整洁看卷面。

3. 开头结尾要简练，最好首尾两行半。

4. 动笔之前要拟题，漂亮标题如美女。

5. 作文首尾要打眼，丰富多彩出亮点。

6. 适当克隆和“抄袭”，考前备料攒信息。

7. 篇幅争取要写满，多写一点儿是一点儿。

光告诉孩子们这些技巧是没用的，告诉之后，还得让他们反复操练，还得辅之以责骂以及直接的、变相的惩罚，把这些技巧落实到他们的写作行动中去。我根本做不到这些。这些技巧跟我所说的技巧完全是两回事，我连告诉孩子们都做不到。因此，我变得越来越焦虑。

我的这种焦虑影响到了我如何对待我的学生，包括金子墨。考试前一天我碰到他，就叮嘱他，说是叮嘱，实际上是警告。

◎ 不要对自己要求太高，不是一定要写出“语不惊人死不休”的句子，要忘记蒋老师曾经说过的“创新”“真诚”这样的词语。

◎ 批卷的老师喜欢看到主题，喜欢看到明确的主题。

◎ 要充满正能量、正能量、正能量。

◎ 字一定要写端正。

◎ 考试要求是不少于400字，别相信，你必须写到550字。

◎ 记住，你要写出一篇好的考试作文。

后来我发现，我的这些警告也并不彻底，我根本做不到那样教写作技巧。

每次听完我的警告，金子墨都会学着小胖的样子，把左脚重重地靠向右脚，突然来一个响亮的立正——“yes sir”，然后就嬉皮笑脸地把一百多斤的身体靠在我身上。我把他推开，想严肃起来，我想让他知道他即将面对的是什么。

考试进行到一半的时候，我忐忑不安地来到考场外。按照规则，我是不能进入考场的，我就透过玻璃张望。金子墨已经开始写作文了，他看到我就朝我做了个鬼脸，我给了他一个很凶的表情，他却咧嘴笑了一下。这次作文是一个半命题作文——“我得到了______”。我瞥见金子墨写的是“我得到了锻炼”，我不太满意，觉得鸡汤味儿还不够浓，如果题目是“我得到了爱”“我得到了友谊”“我得到了帮助”……得高分的概率会更大。但我已经很庆幸，我知道他表面上一副满不在乎的样子，其实已经妥协了，如果无所顾忌，让他放开来写，谁知道他会写什么呢。

分数出来了，我想盼来惊喜，可生活总是那么现实。

其实，我不应该对“惊喜”还有期盼，我经历过许多次关于作文批改标准的讨论，总能听到许多莫名其妙让人生气、令人发狂的意见。

有的说，作文没分段，至少扣12分。我一听就来气了，谁规定作文一定要分段？囫囵一段可能确实不符合人的常规审美标准，但评判一篇文章的好坏总应该以内容为重吧，凭什么文章看都不看就扣12分？

有的说，一篇文章结尾没点题，至少扣5分。我一听就来气了，谁规定结尾一定要点题？就不能“含蓄”吗？就不能“意犹未尽”吗？

有的说，写人的文章不出现外貌描写至少扣6分。我一听就来气了，谁规定写人就一定要写外貌？按这个标准，历史上的很多散文名篇都得不到优秀。

有的说，有六个错别字，包括“的”“得”“地”用错了，最多得良好。我一听就来气了，如果这样简单化，以后谁还愿意尝试、创新？鲁迅还经常写别字呢！

反正，我经常生气。

或许生气是缘于害怕。

好作文和好的考试作文

成绩出来了。金子墨的作文得了22分，被扣了8分。

一般小学生的作文分为四等。

一等（27—30分）：中心明确，选材好，内容具体，详略得当，有条理，词句表达好。

二等（23—26分）：符合题意，内容具体，注意详略，有条理，语言通顺。

三等（18—22分）：基本符合题意，内容比较具体，表达较有条理，语言欠通顺。

四等（18分以下）：不太符合题意，内容不够具体，语病较多。或文理不通，或语病严重，或不足300字，或不成篇。

被扣了8分是什么概念？就是说金子墨的作文只是“合格”，“合格”就意味着他的这篇考试作文主题不突出，事情不具体，表达缺乏条理，有些句子还不通顺。我再说得通俗点儿，“合格”就意味着他的写作能力低下。但是平时，金子墨的每篇作文几乎都被我珍藏着，都被我当作范文来读，虽然他的字确实有点儿难看。这个分数从另一个方面证实了我的审美眼光出现了巨大“偏差”。

我迫不及待地把金子墨的作文找了出来。

我得到了锻炼

金子墨

我曾经有黑暗恐惧症。

多少个不眠的黑夜，我躺在床上，不敢闭眼，只因为闭上眼就是无尽的黑暗，而睁着眼至少好一些。直到一个当时让我痛苦不堪的周末才结束。

当时正值四下，作为学生的我逃不过统测，所以当我做完作业时，已是9点有余。而由于我妈单位工作需要，我妈在7点时已经睡得昏天黑地了。

晚饭呢？

只能自己做。

可是我妈4点时自己吃过饭了，结果连根面条都没给我留，我只能出去买了。

走下电梯，一阵凉风迎面袭来。果然，黑暗笼罩了一切我所看到的东西，除了门口的警卫室，我快步向那里走去。

突然，停电了。一阵脑电讯号飞过了大脑。我定睛一看，警卫室的灯光已经消失。

停电了！会有僵尸从旁边跳出来吗？

停电了！会有外星人把我抓走吗？

停电了！会一不小心踩到地雷吗？

停电了！会有一堆狗屎被我踩中吗？

一阵阵刺骨的寒风往我脸上撞，好像幽灵在抱怨我忘记了他们。旁边的竹子也发出撞击的声音，好像几个骷髅正奔跑过来，骨关节发出咔咔的声音。

出了小区大门，我在路灯下看看自己，确认自己没有少条胳膊或少条腿。

万幸，上面的事一件都没有发生，除了第四项……

吃完面，上楼时，我不怕了，因为我知道，一切都是我的遐想。

除了那堆狗屎。

我能说一下当时的阅读感受吗？

我太喜欢这篇文章了。那种脱离了小学生啰里啰唆的简洁，那种夸张，那种小机灵、小幽默，都非常吸引我。

我都愿意给这篇文章满分，可是它竟然被扣了8分，快不及格了。

为什么被扣了那么多分？

就是因为出现了“狗屎”这样的词，而且出现了好几次，这叫粗俗。

就是因为所写的事情没有“正能量”，你不写扶老人过马路可以，你不写在公交车上让座可以，你不写帮爷爷修电脑可以，但你不应该在文章中调侃考试制度哇！

就是因为开头和结尾没有点题。你可以不写“虽然没有风，但五星红旗依旧在风中飘扬”，但你至少应该写“我经受住了锻炼，我变得更加勇敢了”。

就是因为文章的段落太多。考试作文哪有分那么多段的，哪有开头、结尾只有一句话的？

总之，金子墨不是按考试作文的套路出牌的。按考试作文的套路写出来的文章是怎样的？我在试卷中也找到了几份。

我得到了一次锻炼

人在一生中，会得到很多东西。比如一份礼物、一句表扬、一个拥抱。我今天想写的“得到”，是看不见摸不着的，我得到了一次“锻炼”。

那一年暑假，爸爸给我买了一辆自行车，由于某种原因，我特别兴奋。当天下午，就拉着爸爸去操场练习。

刚开始时，爸爸在后面扶着，车骑得相对平稳，我不禁信心大增，心里想：“都说骑车难学，其实也不过如此。”于是，要求爸爸放手。我一脚蹬上踏板，就感觉不对，不出三秒，我就如同喝醉了的酒鬼一般重心不稳，车身剧烈摇晃起来，幸亏一旁的爸爸看见了，冲过来扶住，否则后果不堪设想。

这一前一后的巨大反差让我有些沮丧，我下了车，不敢再跨上去，想要放弃。爸爸见了我垂头丧气的样子，脸色严肃起来，他对我说：“做什么事，都必须坚持，世上没有什么事是不劳而获的。来，我相信你。”听了爸爸的话，我鼓起勇气。在爸爸的指导下，我一次又一次努力，却一次又一次地经历失败，但我的脑海中始终铭刻着爸爸的话。一天，两天，三天……就这样，一周之后，我的骑车技艺终于有了进步。但我依旧努力，直到现在。

那一天，我经受了锻炼。爸爸的话成为我人生的指南针。

看到了吧，这就叫好的考试作文，这篇文章只被扣了2分。

好的考试作文是什么样的？

事例老一点儿没关系，学骑自行车可以从四年级写到六年级，但是务必传达正能量。

开头、结尾要点题。什么叫点题？就是题目里有“锻炼”这个词，开头要出现一次，结尾也要出现一次。如果再搭配上一些“温暖”“难忘”“指南针”等暖色调的词，就堪称完美。对了，开头、结尾长度最好在两行左右。

里面的人物在关键时刻要文绉绉地说道理。爸爸平时可能会说：“你像个男人吗？自己起来。”可在文章里绝对不能这样说，在文章里得说：“做什么事，都必须坚持，世上没有什么事是不劳而获的。来，我相信你。”

…………

尽管我可以把事情分析得很清楚，但我心里很堵，我把金子墨的文章发给我认识的一些作家，他们的第一反应都是：嘿，这真是一篇有趣的文章，这才像孩子写的文章，多有创意。我在“新经典”大讲坛上把这篇文章读给两千多个老师听，他们笑得前俯后仰、掌声不断。有一个孩子说太喜欢这篇文章了，想上来给我一个拥抱，他在课本里边根本读不到这样的文章。

但是这篇文章被扣了8分。

尽管被扣了8分，但值得我珍藏

我曾在家长会上直截了当地对家长说：“抱歉，各位家长，我当老师以来所带的班，考试并不好。如果你们因为这个而对我有意见，那你们太短视，太功利了。”我提前这样说，其实是胆怯、不安的一种表现。

已经教了18年书了，忽然觉得，我好像要放弃了。

上面的这些想法我很少跟家长交流，我有时害怕面对家长，害怕面对他们无可奈何后的极度焦虑。有时家长会来对我说；“抱歉哪蒋老师，孩子考差了。”好像是来道歉，是来真诚地和我交流的，但这种安慰式交流反而加剧了我的不安。

我更不敢面对孩子，不敢面对他们的失落、伤心。当他们问我“蒋老师，为什么我的作文被扣了那么多分”时，我连回答的勇气都没有。

我所能做的，就是把他们的文章保留下来。我希望有一天我有机会把文章拿出来给他们看，然后说：“这不稀奇，你小时候就能写出这么棒的文章了，不信，你看！”

不信，你看嘛！

我的亲人

金子墨

今天我要说的是我妈妈的奶奶。我们在家里都叫她“大阿太”。

至今我还记得大阿太给我们讲故事的情景，我们是大阿太的重孙，我是曾长孙。我们三个小男孩并排坐在一张沙发上，大阿太就坐在对面藤椅上，带着天津口音开始讲故事。大阿太讲得很快，以至于很快就讲完了。结果呢，两个大的也没听懂，急得直挠头。我是实在听不懂，便向她投去了渴望的目光，大阿太看了，微微一笑。

大阿太是在2013年8月11日天上漾着夕阳余晖的时候过世的。本来大阿太的身体就很虚弱，所以，那天妈妈一直陪着她，让我和爸爸先回家，并且答应晚上回家给我们做饺子。正当我和爸爸做着香喷喷、热乎乎的饺子美梦时，妈妈的短信把我们狠狠地打醒了：阿太走了。看到这简简单单的四个字，我的大脑只是一片空白——没有悲伤，也没有痛苦。过了一会儿，脑海里开始将大阿太以前的那些声音和动作记忆起来。

每次去看阿太时，她都从柜子里掏出好吃的给我。好些零食是她自己舍不得吃，特意留下来给我的。

听说自己又抱上一个曾孙时，她没有说什么，只是摸摸我的头，悄悄和我说，她最喜欢我。

我们刚搬到华光路时，想想已是六年前了。当时的大阿太87岁了，依旧对妈妈说，挺好的，住得离她近多啦，她可以帮忙照顾刚上小学的我。她是多么乐观哪！

瞬间梦醒，我被拉回现实，爸爸已经把车掉头，开到了医院。

阿太毕业于南开大学化学系，后来一直在中学当化学老师。阿太是一个善良、坚强的女性，事事为他人着想，不愿给人添麻烦。连到了最后，都好像特意选了一个星期六离开我们，不想让我们请假。

阿太一直很关心我们这些小辈，说我这个曾长孙是她的开心果、青春宝。阿太说只要一看到我们，她就不烦恼了，比吃药还管用。曾经有段时间，她觉得自己时日无多，就对妈妈诉说了一切。妈妈说："没事的，奶奶。看，2008年北京奥运会快到了，到时候我带你去看比赛！"阿太的眼睛亮了。原来，阿太从小就喜欢运动，学生时期打过篮球、垒球、棒球，之后尤其喜欢看足球比赛。于是，虽然没有去北京现场观赛，但阿太还是开心极了。

阿太已经离开我们一年多了，可我时常想起阿太看到我的样子，一看到我，阿太就算再虚弱，也会努力挤出微笑。"有皱纹的地方只表示笑在那儿待过"，阿太的微笑是刻在我心里的！如果阿太在天上看着我，一定是面带笑容的……

烤肉记

金子墨

"老金家烤肉正式开店！全铜烤炉，上等肉材（有猪五花、牛排、羊排、鸡翅），美味无比。简直太好吃了，不是吗！"

我等了三个星期，终于等到了今天。趁妈妈洗菜，把肉解冻，爸爸去买番薯时，我悄悄地溜到了楼上看书……

正看得高兴呢，外面一声响亮的喇叭把我从狐狸爸爸的地洞（被窝）里揪了出来：我们今天的客人——弟弟来了。他背着橙色小包，一副调皮的样子。既然今天的客人来了，就要开烤了。在等待的时候，调皮的弟弟早就把两颗枪子儿打向我的脑袋了。

开始烤肉了。爸爸在炉子旁专心致志地把烤肉工具一一请上场，姨父在旁边看着，阿姨、外婆、外公和妈妈在聊天儿，弟弟则向我开了第78枪。爸爸先往肉上抹粗盐，再放到烤炉上，每过几分钟转一下面。肉的香气慢慢飘了出来。我呢，真不争气，哈喇子已经流了一地。老爸不慌不忙地用刷子在肉上涂上点儿作料，肉吱吱作响，所有人都围了过来，七嘴八舌，有的说嫩点儿好，有的说还得烤会儿，带点儿焦味的肉才好吃。肉终于端上来了。第一波两块牛排，分成十几小块，每个人正好拿到两块。妈妈、外婆和其他人都在细嚼慢咽，只有我和姨父狼吞虎咽，三下五除二就没了。就连平时食量很小的弟弟也吃完了自己的那一份，在那儿喊还要还要（其实下一块就吃不动了）。

已经收尾了，所有人都吃不动（爸爸是烤不动了）了，只有我一个人把一大块肉给包圆了——吃了个精光。还有一小碗炒青菜，我也干掉了。弟弟走了，走之前还特意把子弹打光，一颗都没剩。烤肉大会结束了。我看到了弟弟的一个宝贝——小石子儿，突然想起下次再见弟弟不知何时，十分伤心。再看到我向弟弟扔去却被弟弟用一根针刺爆的可怜的气球，眼泪更是快要掉下来了。

真可谓：

俺家烤肉等四周，
一周天气愁上愁，
二周小雨来加油，
三周考试还没走，
四周烤肉肉足够，
多余骨头喂小狗。

上海两日游

金子墨

在五天春假里，我和妈妈去了上海。上海真不愧是国际大都市，共有14条地铁（包括在建的）。我们一路上坐的都是2号线。

第一天，我和妈妈在高铁上晃悠了一个小时后，跳到了上海虹桥火车站的17号站台上。还没等我站稳脚跟呢，妈妈就又拖着我上了地铁2号线。于是，我又在地铁上被“哐当”了整整15站，来到了上海东方明珠广播电视塔下。妈妈一站到468米高的东方明珠塔下时，手就痒痒。还好妈妈没有什么自拍杆，要是有的话，挥舞它的次数肯定比孙大圣一路上用那根铁棒打妖怪的次数还要多几千倍。我等她的一对“判官机”（手机、照相机左右开弓）点完之后，便向东方明珠塔走去。明珠，我来了！

我们要排20分钟队才能坐上电梯，电梯先把我们送上90米高的一号大球。我们没有停留，又坐上电梯，来到了263米高的二号中球。我们绕了一圈，看到大屏幕上写着：距离浙江省杭州市180公里。极目远眺，我仿佛看见了宝俶塔和六和塔。后来，我和妈妈又上到了351米高的太空舱。哇！上海的夜色可真不一般！我既看到了上海环球金融中心（492米高，像一个开瓶器），也看到了近处黄浦江上写着“PICC中国保险第一”的游轮，还看到了太空舱里的“外星人”。

太空舱看完了，我们又来到了259米高的全透明悬空观光廊，因为这里有一条环绕整个球体的玻璃栈道。只听“哇——”一声，边上一个小女孩被吓哭了。我被从地面射上来的紫色炫目强光弄得晕乎乎的，所以从头到尾都有种“在跳楼”的感觉。

下了明珠塔之后回到酒店，我倒头便睡。23点了，让我们一起迎接明天的朝阳吧！

拿起笔，你就是一本书

——写给王芷墨

我知道，你想成为一个作家。

你今年12岁，12岁是一个特别多变的年龄，说不定明天你醒来，也没发生什么惊异的事，只是伸了一个懒腰，或者喝了一碗粥，你就冒出了一个新的想法，想成为一个明星什么的，或是当一个家庭主妇，谁知道呢？没有到来的明天，对你这个年纪的人来说，充满了各种可能。

如果你想成为一个作家的理想一直不变，那么我想告诉你，我觉得你完全有可能成为一个作家。我说这句话是比较慎重的，作为一个老师，我以前似乎没有对一个学生说过这样的话。

我经常说的是：你写得真棒！

我也不隐瞒你了，说“你真棒”是很多老师的职业习惯，说这句话就像从盒子里抽一张餐巾纸一样简单，因为你们喜欢听这个，我们老师当然也乐得送一个顺水人情。

我也经常说：你写得真好，蒋老师也写不出这样的文章。

这也不是什么了不起的夸赞，尽管我出过不少书，但并没有真正意义上的文学创作，我成不了一个作家，超过我是很正常的。现在很多大人是很过分的，自己小时候成绩烂得一塌糊涂，但对自己孩子的要求却高得离谱。我有一个小学同学，我清楚他的底细——小学时语文经常不及格，现在他当爸爸了，自己的孩子考试低于80分，就会严厉批评，我都不知道他批评的底气从何而来。同样，和小时候的我比较，你们写的文章大部分都超过我了，我没理由不称赞。

我希望你分辨清楚，我对你的评价不是“你写得真棒”，不是“你写得真好”，而是“你完全有可能成为一个作家”。

不要相信什么天赋

我说你完全有可能成为一个作家，并不是发现了你写作的天赋。我自己都不知道天赋是个什么东西，我不知道拥有天赋是怎样的一种体验。

如果你觉得能成为作家的人，都是下笔千言，拿起笔就像打开水龙头，水就源源不断地流出来了，我想这种想法完全是错误的。几乎每一个作家都希望能够经常体验到那种灵光乍现的感觉，但这种情况很少出现，他们更多的体验是这样的：像死尸般坐在椅子上呆呆地盯着白纸，感到脑袋打结，很长时间写不出几个字。有的时候更夸张，在书桌前坐了几天也没有什么收获。是的，事情明明已经到嘴边了，但就是找不到恰当的文字来描述，这让人沮丧、羞愧，就像给自己的肩膀挠痒痒，明明知道哪里痒，但自己的手就是抓不到那个地方。

这几年，你写了那么多文字，写得多了，我相信你也体验过那种羞愧的感觉，这个时候，千万不要怀疑自己不是写作的料，不要自己摧毁自己的自信心。说实话，这种羞愧跟挫折感毁掉了不少写作者。我想对你说，几乎每一个作家都有过这样的时刻，但是他们没有放弃，他们知道在书桌前坐得够长久就会有收获。

还有人觉得有天赋的作家，一下子就会写出杰出的不容更改的完美的作品。其实，这样的情况是很少的。那些相信这种说法的人，只是想给自己找一个拒绝写作的借口。事实上，最终成为作家的诀窍，往往是写下也许烂到极点的初稿。

我得总结一下了，我今天想跟你说，不要把天赋、灵感这些说法太当回事，先别担心写得好不好，开始动笔就对了。

不要依赖什么兴趣

要成为一个作家，我必须告诉你，要习惯做这样的事——试着每天在一个固定的时间坐在书桌前，比如在早上8:00或晚上8:00坐下来，启动电脑，打开文档，然后开始安静地写作。

在写作过程中，你还要有毅力排除一切干扰，比如你突然想到必须把洗衣机里的衣服拿出来、接孩子的时间到了，或者应该剪指甲了。其实，对写作意志最大的干扰因素来自网络。你要有冷落微博、微信、朋友圈的意志，当你20多岁的时候，可能又会出现新的网络社交平台，哦，天哪，我知道它一定是非常有诱惑力的，但我希望你在写作的时候，有能力离开它们，不刷微博，不关注新闻，不看朋友圈，屏蔽群消息。你要知道，适当地离开它们，对你是有好处的，网络不是世界，百度不是智慧。很多大人已经离不开这些了，当他们的手机铃声响起的时候，他们心中就会千回百转，总想马上一窥究竟，而代价就是要花时间才能让自己恢复刚才的效率与专注。

我相信你是能做到这一点的。因为你跟我说你在暑假的每一天都坚持写三千字，这是个非常了不起的开始，这本书里的五万多字是你一个字一个字、一天一天积攒出来的。我都能想象出那样的情景，每天那个时候，你可以选择看一部肥皂剧，可以选择出去溜达一圈，可以选择给朋友打个电话煲一锅电话粥，可以选择窝在沙发里发呆，你有太多选择，但最终你选择把纸摊在书桌上，拿起笔……

写作的事，你不能期待一蹴而就，写作是一件关乎辛勤劳作、坚持、信念的事情，真好，你已经开始选择了面对。

老老实实写自己熟悉的

有人经常抱怨不知道写什么、从哪里着手，于是写一些自己根本不了解的东西。

还好你没有做出那样的选择，当你想写一个比较长的东西的时候，我很高兴你一头扎进了童年，一头跳进了你的回忆，沉浸其中，并将所有记得的事尽可能照实写下。你的这本书就是你的生活回忆录，写自己，写自己熟悉的，你的选择是那么明智。

这个童年早到什么时候呢？早到你刚出生的时候，早到你混沌一片根本没有意识的时候。我知道你的妈妈在陪伴你一起回忆，你要感谢这份陪伴，感谢她与你一起回忆，这让你的书中的细节变得那么真实，你终究是在写自己熟悉的生活。

在某种意义上，任何一个人的写作都是在写他的童年，因为童年是一个人全心全意观察过的最熟悉的生活。

你看过《名家文学读本》，这真是一套值得反复看的书。你发现了吗？鲁迅总是写绍兴，沈从文反复写湘西，汪曾祺一直写高邮，老舍放不下北平，丰子恺忘不了桐乡的缘缘堂……他们写的都是自己小时候生活的地方，都是自己的童年记忆。看来任何有本事撑过童年的人一辈子都不缺写作题材。

或许，你会举出一些反例，比如那些荒诞的幻想小说。《爱丽丝漫游奇境》够荒诞了吧，可后来人们发现，作家刘易斯·卡罗尔实际上是借由这个故事讽刺当时的社会。罗尔德·达尔的《玛蒂尔达》里的老师坏得够夸张、够漫无边际了吧，可后来大家知道了达尔大叔小时候确实遇到过一个让他耿耿于怀一辈子的老师。你终究会发现，任何荒诞幻想的背后都是作者熟悉的生活的影子。

总之，要写你熟悉的生活。

如果将来，你讲究咖啡的品质，买一条围巾还要考虑颜色是否和鞋子搭配，那么，你就不要刻意去写生活的窘困和不堪了。如果将来，你总是被疼爱、温暖包围着，总是沉浸在欢乐中，那么，你就不要刻意去写痛苦和眼泪了。

是的，写你所看见的和感受到的，写你所喜爱的和理解的。你对这个世界很失望，就写出你的失望。你对那种生活很喜欢，就写出你的喜欢。你对一种现象很愤怒，就写出你的愤怒。

写你熟悉的生活，就是写真实。真、善、美，真是站在第一位的，真都没了，善就是伪善，美就是臭美了。

能够教你的是书籍

其实，你已经明白了，好文章可以分为两类：好作文和好的考试作文。

在教室里，我一次一次地和你们坦白，老师的审美水准大部分是不高的，对多种写作风格的包容程度也非常低，我们已经习惯听命于某种标准，比如用三到四个段落写出一篇文章啦，开头和结尾要点题、要呼应啦，多出现一些正面词语展现正能量啦，多用好词好句、多用“高级”词语啦。如果做到了以上几点，你哪怕写一件很俗烂的事例，比如妈妈背你去医院、学骑自行车，也可以得一个不错的分数。

可是，那样的写作并不是真正的写作。

真正的写作是怎样的，我也说不清楚。我相信你以后读初中、读高中、读大学了，也很难找到一个能够教你文学写作的老师。在写作的最初阶段有技巧可循，但是上升到文学的层面几乎就没有了。师傅临终前以微弱的声音传授秘方，那是教手艺，不是教文学。

所以，只有书能教你写作。想写作，必须爱阅读。

你已经很爱阅读了，希望你坚持下去。你知道吗？当你读到初中时，你的老师可能会对你说：“你还有时间看闲书哇？”老师可能也是为你好，因为在他们看来，一切与课本、考试无关的书都是闲书。因此，现在很多人上过学，考过试，但是没有读过书。那个时候你必须做出选择，或者放弃某个方面，比如放弃阅读，那就意味着放弃写作；或者两者兼顾，那样你会非常辛苦，是那种需要咬牙坚持的辛苦。

如果你想坚持阅读，那么就再听老师啰唆几句，

你不能让你的阅读老是待在舒适区里，你要时常挑战读一些有难度的书，读一些你一下子看不懂的书。如果你只能在一些流行小说里获得阅读的乐趣，那么，你还是趁早调整一下自己的理想。

有时候可以偏爱着去读书。这个世界上的书早就读不完了，有时候就集中读自己喜欢的书，读对自己胃口的书，这是很正常的事，不要害怕自己的特别，不要担心自己的另类，很多作家都是与众不同的，不同才会醒目，才

会让别人看到、记住。

有时候要像一个作家一样去阅读，总是提醒自己问一些“怎么写”等问题：他为什么要用这个词？他为什么要这样布局？他这样写是有意识的吗？如果我来写，我会怎么写？这样读书是有点儿累的，可是，在膝盖上放上爆米花，边往嘴里塞爆米花，边傻傻地随着故事喜怒哀乐，那么你在写作上是不会有进步的。

好吧，最后一个读书建议：

去全世界看一看，回到中国。

拥有读者对写作者来说是很高的荣耀

现在是一个出版非常便捷的时代。

我得告诉你一个事实，这套丛书的出版是花了钱的。当然，这也不是一件需要羞愧的事情，很多伟大的作家的第一本书也是自费出版的。绝大多数人写了东西，都想去发表，都想去出版，因为我们希望更多人能读到自己的作品。对写作者来说，拥有读者是实实在在的最好的回报。

但是，我们花了钱把我们写的东西印成书，并不意味着我们真正拥有了读者。

什么叫拥有读者？我想和你说一件事，有的人会送我他的书，书的扉页上写着“蒋军晶惠存”“蒋军晶指正”，我会第一时间带着一种期待去读这本书，我要对得起这份情谊和信任，可是好多次我读了几页就再也读不下去了，因为我感受不到他写作时的用心，我接收到的是一些负面词语：拼凑、应付、了无新意……这个世界上的书已经看不完了，我有权利放弃，有权利选择看自己喜欢的。

你写的东西，很多同学都喜欢。他们被你的文字吸引了，尽管读你的书最开始是我们老师号召的，但如果你写的东西并不出色，你就不要期望别人能坚持读下去。因此，你应该特别珍视同学们的阅读感受，从他们真挚的语言里，你能够感觉到他们是你的读者。

芷墨的语言非常细腻，她居然能把从出生到现在的每一件大事、小事都详细地写下来，让我感觉生活不仅是在普通过日子。当今天变成昨天，昨天变成前天，生命中的某一天变成被人遗忘的一天时，这样的文字也许弥足珍贵。

身边的事，说大不大，说小不小，但是，能将从小到大的故事罗列下来，也是了不起的记录吧。感谢芷墨让我认真地去想小时候发生的故事，也算被勾起了回忆吧！

芷墨，真是巧，如果你不提前生出来，说不定真是在年三十那天被生出来呢！2005年2月8日（年三十）那天，正是我出生的时候呢！

这本书是一本充满童趣、童真的书，每个孩子都有类似这样的故事，也正是因此，人们才认为童年是最快乐、最自由、最无忧无虑的。

当我翻开《想不到的》这本书时，心里感到无比震撼——芷墨不是作家，不是天才，却靠着她的坚持与才能在写作上埋下了成长的种子。从四年级开始，芷墨每个寒暑假都会写一本小说或是书。每天的几千字成就了一本厚厚的、四万字的书，她挥洒着汗水，换来了赞叹、成就和别人的羡慕。她每天的几千字并不是流水账，从她的出生到五年级的暑假，没一篇是多余的。

小时候的芷墨和小时候的我们一样天真烂漫、无忧无虑。每看一篇，我都联想到小时候的自己：我在妈妈肚子里的时候，爸爸在外面干什么？我满百日的时候，妈妈带我去拍过大头贴吗？小时候我跟谁打过架？我干过什么“糗事”？……看得越多，想得就越多。

芷墨非常有写作天赋，她的文字非常细腻。很少有作家能把自己的童年趣事——从出生前到现在的——写下来，她是非常了不起的，我为她出第一本书感到非常开心、欣慰。一般人都不会清楚地记得小时候干了什么，甚至不知道小时候的体型、爱好、体重。我想芷墨一定是从照片中、从家人的口中得知的，并经过非常大的努力才完成这篇长达四万六千多字的“巨作”。

王芷墨的文笔细腻，逻辑清楚。能把从小到大的事情一一记录下来，非常厉害。写得栩栩如生，记录如此清晰，令人佩服。她的有些比喻是我写不出来的，比如“妈妈已经像吹了气的球那样，越来越胖”这样的话，都堪称经典语录。这篇小说，大部分都是以文学、哲理的标准去写的，而且这文学、哲理之中还蕴含着一点儿风趣和幽默，爸爸的那句“远远地，如果你看到一个球滚过来，那就是我老婆了”，就足够让读者捧腹大笑了。管中窥豹，可见一斑。一本书，只要体会其中一节，细细品味，就能推测出这本书的好坏。

你感觉到同学们对你的文字的那种真诚的喜欢了吧。是的，你要靠自己作品的真实水平去吸引读者，等他们到处打听，找上门来想读你的作品的时候，你就成功了。

一个非常尊重读者的作家，对自己的要求一定是很高的，下笔的时候会非常慎重：选取什么样的角度？传达什么样的情绪？哪里应该着重下笔？这样写究竟会不会好看？能不能呈现自己希望表达的东西？因此，为了写出让读者满意的作品，应该慢慢写，不要着急，不要对快那么迷恋。

当然，也有人对读者是相当不屑的。写作风格前卫、喜欢运用意识流手法的伍尔夫，对写作的态度就简单而纯粹。关于写作，她认为就是完全顺从自己的直觉，根本不用管读者。

哦，文学就是这么复杂。

你走上了一条复杂的注定让你百感交集的路。

很高兴认识你，山姆

山姆·史沃普，《我是一支爱写作的铅笔》的作者。

山姆·史沃普是美国的一个童书作家，出版过《住在自由街的阿拉布里人》《克拉奇》等童书。

台湾2011年出版了《我是一支爱写作的铅笔》的繁体中文版，大陆2012年出版了这本书的简体中文版。

山姆·史沃普教写作很特别。

除了想象力，还是想象力

2013年山姆来到中国，他主要的活动是演讲，偶尔也给孩子们上课，他在中国真正意义上的课是在我们班完成的。他给我们班上了60分钟的作文课。课的准备工作相当简单，他拿着一支粉笔就上去了。课的框架也很简单，他在黑板上写了三个单词——“卷心菜”“新娘”和“自由”，然后让孩子们大胆想象编故事，最后由他们来演他们自己写的故事。

演故事的时候，教室里一片欢声笑语，听课的老师也跟着笑，这是一种出于尊重和礼貌的笑，笑声背后充满疑虑，这种疑虑在课后交流中通过问题呈现了出来。一个老师迫不及待地问：“史沃普先生，在中国，我们更多地希望五年级的孩子写身边的事，写真实的事，但是，你还强调让孩子们写想象故事，为什么？”

是啊，为什么呢？

“哦，我也让学生写实实在在发生过的事啊。”史沃普摊了摊手，很美式的一个动作，“可是，我个人还是希望让孩子们多写想象故事，我喜欢这么做。”史沃普的脸红通通的，像喝醉了酒似的。

史沃普太喜欢让孩子们写想象故事了。如果用一个百分比来说明的话，史沃普90%的时间都在让孩子们写想象故事。他的写作工作坊的第一节课就是让孩子们写想象故事。他在黑板上写了一个词“很久”，他说词语和我们人一样害怕孤单、寂寞，当你在纸上写下一个词的时候，这个词自己就会去找朋友，于是一个故事就慢慢形成了：很久——很久很久以前——很久很久以前有一个老师——很久很久以前，有一个老师名叫史沃普老师。有一天早上，他的班上来了一个新同学。他是一只蟑螂。

在接下来的三年里，史沃普一直苦口婆心地劝说孩子们写想象故事：“写一个故事，任何故事都可以。只要是自己创作出来的都可以，不可以抄袭电视或书里的故事。”他每次走进教室最想说的话就是：“今天，谁愿意和我一起写一个故事？”

他的创意写作课程，也一直让孩子们写想象故事。三年级实施“盒子计划”，他带孩子们到博物馆看盒子展，再让他们制作盒子，创作一本述说盒子故事的“盒中书”；四年级实施“小岛计划”，他让孩子们把身体的轮廓画成一座小岛，写出自己的小岛故事；五年级实施“大树计划”，他带孩子们到中央公园各自认养一棵树，观察树的变化，并写信给它……

即使是考试，史沃普还是让孩子们写想象故事。那次考试简直太有趣了！上课的时候，孩子们发现窗户的把手上挂着一根绳子，大家的注意力都集中到了这根绳子上，他们好奇绳子下面到底有什么。史沃普老师把绳子拉上来，下面是一个信封，上面写着“给史沃普老师的学生”，大家都快沸腾了，这到底是什么礼物？是谁放在这里的？结果打开一看，竟然是一道写作测试题，而且这道测试题很特别：“你正和你的父母走在拥挤的街道上，然后，你的父母开始慢慢地改变形状。你既惊讶又害怕地看着他们。请描述一下，你的父母变成了什么，接下来又发生了什么事。”

“你为什么总是让孩子们写故事？”我追问，希望山姆直接回答。

“因为没有故事的世界是不存在的，我们都是通过故事来了解这个世界的。写故事可以锻炼他们的想象力，我们能给予孩子的最重要的礼物就是想象力。”史沃普终于开始正面解释，他努力地不运用专业、深奥的词语，他明白这会给翻译带来麻烦，“对了，最重要的是，孩子在想象中很快乐。”

孩子在想象中快乐吗？在天长小学的阶梯教室里，山姆·史沃普挥舞着手中的笔，冲着学生说：“‘新娘’‘圆白菜’‘自由’这三个词，你要把它们写成一句话，不要害怕你的想法太奇怪，奇怪才是好的，意外才是好的，要写点儿疯狂的。”

五分钟后，有几个孩子站起来分享自己造的句子，教室里响起一片大笑声。

孩子1：新娘不想结婚，因为她还没有做好准备，在婚礼上她带了一棵会变魔法的圆白菜，当人们寻找她时，她已经自由了。

孩子2：一个新娘和她的新郎，坐在一个超大的空心圆白菜里，自由地在天空中飞翔。

孩子3：新娘吃过圆白菜后，突然感到她需要自由，最后逃婚了。

“如果你在教室里开展培养学生创造力的写作，学生跟语言的关系就会更亲近，他们就会变成更自由的作家。”山姆·史沃普说。

出去，尽可能地出去

山姆·史沃普是一个很和气的老师，有一段时间他有点儿沮丧，因为孩子们并没有以良好的秩序回报他的友善、和气，他觉得课上得乱七八糟。就是这样一个和气的老师，有一次却发火了，真正地发火了。

那是四年级的“小岛计划”实施期间，孩子们按照他的要求把自己的身体轮廓设计成一个小岛，一个叫奥坎的孩子所画的地图引起了史沃普的注意：那是一个身体侧躺、双臂弯曲的轮廓，有点儿像警察用粉笔为从高处落下的尸体所画的身形。在岛屿的内部，他画满了密密麻麻的东西，其中有各式各样的商店：甜甜圈专卖店、麦当劳、汉堡王、必胜客、肯德基、中国餐馆、百事可乐喷泉、电子用品专卖店……看到这张地图，山姆·史沃普非常懊恼，因为奥坎的小岛被过度开发，而且拥挤不堪，里面看不到一个瀑布或者顶部覆盖白雪的高山。失望、气愤在山姆·史沃普心里弥散开来，他在心里呐喊：“奥坎，你怎么可以这样！这不是我想要的！我想要的是大自然、幻想、冒险、谜团与神话！”

是的，山姆·史沃普希望孩子们能到大自然里去，能写一些跟大自然有联系的文字，他甚至极端地认为，那些长大后只会撰写契约、租约、经销商授权书、合约书的人，是丑陋世界的一份子。因此，他一直鼓励甚至“煽动”孩子们暂时放下笔，跑到外面去。“现在的孩子太可怜了。”他在书中写道。即使到了暑假，大多数孩子也是在自家的公寓里度过，不能出去玩。这令他很难过，因为他觉得暑假孩子们应该是赤着脚在外面玩耍度过的，他们应该在草地上奔跑，在森林里探险，在溪流里玩水。

当他得知某个孩子要走出家门的时候，他比这个孩子都显得兴奋。例如，西泽要和家人去厄瓜多尔，这是他第一次去厄瓜多尔。

“太棒了，西泽！你会住在城市里还是乡下？”

“类似农场的地方，我想。”

“里面有牛和鸡之类的动物？”

“对。”

“你会有机会帮牛挤奶吗？”

“才不要！”

“如果有机会的话，你一定要试试看！”

“那好恶心哦，史沃普老师。”

“不会，才不会。这是很自然的事。”

是的，这是很自然的事。山姆·史沃普希望孩子们走到大自然中去，而且实实在在地为他们创造机会。

一个星期天，史沃普起床后发现窗外正在下雪，大片的雪花在天空中慵懒、缓慢地飘着，他很兴奋，开始给学生打电话：

“快去叫你妈带你和你弟弟去外面玩雪！这是功课，知道吗？你要去玩雪！然后回家写一首诗。我们的《树之书》还没有任何与雪有关的作品，所以你要去看看你的树在雪中的样子！还有，帮我一个忙，打电话给你那组的其他同学，告诉他们这件事，好吗？”

“聪明的小孩！可是我要你先去雪地里玩，做一下研究，然后再写诗。”“我本来想等一下出去的。”“不行！等一下就太晚了！雪就会融化而且变脏了！现在就出去！这么漂亮的雪地等一下就没了！”

山姆·史沃普没有仅仅满足于这种提醒，他开始主动出击，开始设计和实施让孩子们走进大自然的创意写作，五年级的“大树计划”是他最得意的课程规划。他带孩子们走出教室，到公园里去认养一棵树，仔细地去看这棵树，用听诊器去聆听它的心跳，并写信给它。

“大树计划”这个课程，在旁人看来或许是浪费时间、和写作没什么关系的游乐课程。但是山姆·史沃普却乐在其中。一天，史沃普又带孩子们到室外去画树，有一位要送货到学校的快递员停下来看他们，对他们说：“我是从牙买加来的。我们每个星期五都会去外面，学习认识花朵和树木和美丽小鸟的名称。美国的小孩都不会认鸟！他们连鸟都很少见到！你在做的是一件好事，老兄。”史沃普对孩子们说：“你们听到了吗？至少有一个人欣赏我做的事。”一个叫西蒙的孩子发出了嘘声，逗得每个人都笑了。

其实，笑得最开心的是山姆。

到了五年级的时候，山姆开始为孩子们朗诵和大自然密切相关的诗，比如古罗马诗人奥维德的诗，孩子们已经愿意接受。

在辽阔平原里的小山丘上，绿色
的草地上没有树荫；诗人
坐在此地拨弄琴弦
然后树荫出现了：卡欧尼亚树与赫利达的
白杨森林、高耸入天的橡树、枝条柔软的菩提树、
榉木、月桂、柔弱的榛木、
白蜡树、无结的枞木、
结实累累的橡子、亲切的悬铃木、
多彩的枫树、河滨的柳树、
莲花、长绿的黄杨木、
细细的柽柳、双色的桃金娘、
结了蓝莓果的荚迷。
…………

写自己，写自己的内心

淑永这个名字贯穿了《我是一支爱写作的铅笔》这本书的始终。

关注淑永，当然还是因为写作。那天山姆·史沃普的情绪正处于低谷，因为孩子们写的故事都差不多，无法找出别的优点，无法通过故事感受到他们的内心。“于是你会感受到挫折，觉得无趣，变得暴躁且沮丧，最后想要尖叫。”史沃普老师从来不掩饰他的真实感受。这天，一个叫淑永的孩子的故事让他摆脱了这种情绪。这个故事的题目是“住在丛林里”，故事里有唱歌的猴子、脏乱的房子、小屋里的陌生人，还有一种愤怒。史沃普觉得这是一个真实并富有原创性的声音、一个来自心中的呐喊、一种充满画面感和神秘感的文字。

史沃普老师对淑永充满好奇，急于要去认识和了解淑永。这是哪个国家的名字？是男孩还是女孩？急于了解并不是因为发现了一个文学苗子要额外教给淑永一些写作技巧，而是因为想了解淑永到底是一个怎样的人、为什么故事里总是出现令人害怕的事物、为什么故事的结局是个悲剧。史沃普尝试和淑永聊天儿，但是淑永沉闷无比，几乎不说话。

史沃普老师越发关注淑永了，还是因为作文。淑永又写了一个故事，故事里有一个巫婆因为长相奇特而被别人取笑……淑永的故事里总是出现灰尘，总是有人被嘲笑、被欺负，史沃普觉得背后肯定有原因，他相信自己的这种感觉，他总是希望借助故事走进孩子的内心，于是，他开始向淑永的老师邓肯女士了解更多情况。

史沃普甚至心疼淑永了。这天史沃普出了一个好玩的作文题，他让孩子们在一张纸的正反面写作。正面写自己的外在，写出别人眼中的你是什么样子。反面写自己的内在，写别人所不知道的自己。淑永在反面写了什么呢？她写了半天，写得很少很少，她写道：“我一直很不快乐。”史沃普把其他孩子的“长篇大论”暂时放到了一边，他很心疼淑永，却不知道该怎么帮助淑永，于是他把这些文字拿给邓肯老师看，邓肯老师立刻让学校的心理辅导老师去找淑永。史沃普不知道心理辅导老师会怎么做，有没有用。他也尝试再和淑永好好聊聊，他们偶有互动，但长时间的沉默还是对话的常态。

淑永似乎在慢慢接纳史沃普。他们变得熟络起来，熟到淑永愿意告诉史沃普她的父母已经离婚，妈妈已经搬出去另住。偶尔，淑永会邀请史沃普一起写故事。史沃普总是保持足够的敏感希望把握淑永心里的一点儿蛛丝马迹。他们一起改写《小矮人》的故事，但淑永的故事令史沃普感到绝望，因为故事里的主人公永远是个可怜的女孩。史沃普心里想：假如一个孩子无法想象出快乐的故事结局，她在真实生活中有可能得到快乐的结局吗？

到了“小岛计划”课程阶段，史沃普特别关注淑永会设计怎样一个岛屿，心里有些害怕去看淑永的故事，因为她的故事大部分是悲伤的，甚至是悲剧性或者残忍的。史沃普甚至怀疑那是韩国文化的一部分。他不想像其他老师那样告诉或者规定孩子怎么写，他希望孩子写出自己内心的声音。在淑永落笔之前，史沃普和淑永聊故事，说是聊，实际上是倾听淑永的想法。

“这个故事讲的是，有一个勇敢的女孩，有一天她决定要……”

“爬上去。”

史沃普的心都快跳出来了，他觉得淑永快要突破自己了：“淑永有可能因为一个故事而改变吗？”

淑永最新的故事结尾是这样的：

莉萨走到另一端，看到了小岛的另一半。她一直以为在墙的另一边，一切都是黑暗的，但其实一切都很美。

淑永的故事里竟然出现了“飞”“美”等词语，史沃普欣喜若狂，可是淑永马上给了他当头一棒，对他说：“我这样写只是为了让你高兴。”是的，淑永陷溺在无穷无尽的孤独感中，并且紧紧抓住愿意和她亲近的人，然后把对方和自己拉下深渊。史沃普希望淑永爱上文字，让文字成为她的避难所。可事与愿违，她会阅读，但观察力不强；她会写，但写得心不甘情不愿。当史沃普意识到自己只能展现出热情，但无法将热情灌注到学生身上时，心中感到非常无奈。教育的复杂性远远超出我们的想象，但史沃普还在努力。

是的，史沃普老师一直在努力。淑永只是他努力的对象之一，淑永、美凯、罗茜、阿玛尔吉特、玛雅、加里、拉斐尔、卡拉、西泽……史沃普用自己的笔，清晰地记录了每一个学生的痛苦与挣扎，记录了他们成长的轨迹。

是的，史沃普老师一直在努力。他努力通过他的写作教学，深切地了解孩子们所面对的压力，所面对的生活、家庭、社会问题，以及他们内心的彷徨、焦虑等，并深深地同情他们，为他们担忧、焦虑，甚至为他们奔走，为他们寻求解决问题的途径。

图书在版编目（CIP）数据

让孩子学会写作 / 蒋军晶著. —北京：中国人民大学出版社，2017.6
ISBN 978 - 7 - 300 - 24432 - 7

Ⅰ. ①让… Ⅱ. ①蒋… Ⅲ. ①作文课—教学研究—中小学 Ⅳ. ①G633.342

中国版本图书馆CIP数据核字（2017）第114822号

让孩子学会写作
蒋军晶　著
Rang Haizi Xue Hui Xiezuo

出版发行	中国人民大学出版社		
社　　址	北京中关村大街31号	**邮政编码**	100080
电　　话	010 - 62511242（总编室）		010 - 62511770（质管部）
	010 - 82501766（邮购部）		010 - 62514148（门市部）
	010 - 62515195（发行公司）		010 - 62515275（盗版举报）
网　　址	http://www.crup.com.cn		
经　　销	新华书店		
印　　刷	北京华宇信诺印刷有限公司		
开　　本	720 mm × 1000 mm　1/16	**版　　次**	2017 年 7 月第 1 版
印　　张	16.5　插页1	**印　　次**	2025 年 6 月第 20 次印刷
字　　数	252 000	**定　　价**	39.80 元

版权所有　侵权必究　印装差错　负责调换